Kleine Mainzer Schriften
zur Theaterwissenschaft

Kleine Mainzer Schriften zur Theaterwissenschaft
Band 24

Re: Medium

Standortbestimmungen zwischen Medialität und Mediatisierung

herausgegeben von

Simone Brühl
und
Jakob C. Heller

Herausgegeben von Peter Marx,
Kati Röttger und Friedemann Kreuder

Tectum Verlag

Der Druck dieses Buches wurde unterstützt durch

den Allgemeinen Studierendenausschuss
und den Forschungsschwerpunkt Medienkonvergenz
der Johannes Gutenberg-Universität Mainz

Simone Brühl, Jakob C. Heller, Hrsg.
Re: Medium. Standortbestimmungen zwischen Medialität und Mediatisierung
Kleine Mainzer Schriften zur Theaterwissenschaft; Band 24

ISBN: 978-3-8288-3051-6
ISSN: 1867-7568

Umschlagabbildung: © Galushko Sergey | shutterstock.de
Printed in Germany

Besuchen Sie uns im Internet
www.tectum-verlag.de

Bibliografische Informationen der Deutschen Bibliothek
Die Deutsche Bibliothek verzeichnet diese Publikation in der Deutschen Nationalbibliografie; detaillierte bibliografische Angaben sind im Internet über http://dnb.ddb.de abrufbar.

Michael Bachmann

Vorwort

Mit dem vorliegenden Buch erscheint innerhalb der *Kleinen Mainzer Schriften zur Theaterwissenschaft* erstmals ein Sammelband anstelle einer Monographie. Dem Ziel der Reihe, vor allem ein Forum für die ersten Veröffentlichungen exzellenter Nachwuchswissenschaftlerinnen und Nachwuchswissenschaftler zu sein, bleibt diese Unternehmung unter dem Titel *Re: Medium – Standortbestimmungen zwischen Medialität und Mediatisierung* jedoch in besonderer Weise treu. Nicht nur versammelt der Band eine Reihe von Autorinnen und Autoren, die zum Zeitpunkt der Drucklegung gerade das Studium hinter sich haben und, zum größten Teil, die ersten Schritte Richtung Doktorarbeit gehen; jenseits der „schriftlichen" Exzellenz beweist er auch den Mut zweier junger Mainzer Wissenschaftler/-innen - Simone Brühl und Jakob Christoph Heller - parallel zum Schreiben der Magisterarbeit eigeninitiativ eine Konferenz auf die Beine zu stellen, Drittmittel einzuwerben, und eine Auswahl der Tagungsergebnisse in Druckform zu bringen. Umso erfreulicher ist es, dass die in diesem Band versammelten Beiträge der Nachwuchswissenschaftlerinnen und -wissenschaftler den betriebenen Aufwand mehr als rechtfertigen. Aus interdisziplinärer Perspektive behandeln sie Debatten und Standortbestimmungen zu Medien und Medialität - an Fallstudien, die von der Antike bis ins 21. Jahrhundert reichen, von den Briefen des jüngeren Plinius bis zu *Facebook*.

Die Beiträge, die noch einmal durch einen *Peer Review*-Prozess gegangen sind, beruhen auf einer von Simone Brühl und Jakob Christoph Heller organisierten Tagung, die im Mai 2011 - ermöglicht durch die Unterstützung des Mainzer AStA, der Abteilung Internationales und des Forschungsschwerpunkts Medienkonvergenz - am Institut für Theaterwissenschaft der Johannes Gutenberg-Universität stattgefunden hat. Im Namen der Mainzer Theaterwissenschaft freue ich mich sehr, dass wir die Tagung und die Drucklegung des Bandes auf diese Weise unterstützen und begleiten konnten.

Mainz, im September 2012

Michael Bachmann

Inhaltsverzeichnis

Simone Brühl/Jakob Christoph Heller

Einleitung

Méfiez-vous des morceaux choisis.

Antonio Tabucchi: *Indisches Nachtstück*

In seiner Erzählung *Indisches Nachtstück* lässt der italienische Schriftsteller Antonio Tabucchi die Fotografin Christine vom „beste[n] [Foto] meiner Laufbahn“[1] erzählen:

> ‚[E]s war ein vergrößerter Ausschnitt, und darauf war ein junger Neger zu sehen, nur der Oberkörper, [...] ein athletischer Körper, und auf seinem Gesicht lag der Ausdruck einer großen Anstrengung, die Arme hatte er wie zum Zeichen des Sieges erhoben: allem Anschein nach läuft er gerade durchs Ziel, vielleicht bei einem Hundertmeterlauf.‘[2]

Der ‚Anschein‘ trügt, wie der Blick auf die vollständige Fotografie offenbart:

> ‚Links steht ein Polizist, [...] mit einem Helm aus Plexiglas, hohen Stiefeln, einem Gewehr im Arm und gewalttätigen Augen unter seinem gewalttätigen Visier. Er schießt auf den Neger. Und der Neger flieht mit erhobenen Armen, aber er ist bereits tot: eine Sekunde, nachdem ich klick gemacht hatte, war er bereits tot.‘[3]

Was folgt, ist gleichsam die Lehre der Parabel und unser einleitendes Zitat: *„Méfiez-vous des morceaux choisis.“*[4] Damit verweist Tabucchi implizit auf die Problematik der Rahmung: Einerseits ist der Rahmen konstitutiv für die Wahrnehmung eines Objekts als Objekt, andererseits erzeugt er die Illusion von Geschlossenheit, Totalität. Zugleich aber ist hier eine für unsere Fragestellung weitaus relevantere, medienphilosophische Dimension angesprochen; man könnte diese den ‚medial-ontologischen Fehlschluss‘ nennen, die Überzeugung, dass das medial Vermittelte dem Gegebenen entspricht – gewissermaßen trifft hier Roland Barthes' Melancholie des „Es-ist-

---

1 Tabucchi 1994, 104.

2 Ebd.

3 Ebd., 104–105.

4 Ebd., 105.

so-gewesen"[5] auf Vilém Flussers Kritik der Fotografie als Technobild. Für Flusser stellen Technobilder als durch einen sogenannten ‚Apparat-Operator-Komplex'[6] hergestellte Rekodierungen von Geschichte(n) eine Herausforderung für die lebensweltliche und politische Orientierung dar; in der Übersetzung des Textes in das Technobild, so Flusser, werde die Ebene der Historizität verlassen, um statt dessen einen entmächtigenden „Zustand der reinen Kontemplation, des totalen Konsums"[7] zu erzeugen. Der Mensch missverstehe die Welt der technisch erzeugten Bilder durch Unkenntnis des Codes, des Produktionsprozesses und seiner veränderten geschichtlichen Situation. Die von Flusser vorgeschlagene Lösung ist eine neue Literalisierung: die Fähigkeit, „sich bewußt Bilder von Begriffen zu machen und diese dann auch zu entziffern"[8], d.h. die Produktions- und Rezeptionsbedingungen zu verstehen, zu erkennen und bewusst anzuwenden[9] - und sich somit nicht von der Rahmung täuschen zu lassen.

Was bei Flusser nahezu als (medien-)pädagogisches Programm erscheint, in dem auch die aktuellsten politischen und kulturellen Debatten um die Wirkung der medialisierten Gegenwart auf die Gesellschaft widerhallen,[10] ist (medien-)philosophisch gewendet die seit McLuhan[11] prominente These von der apriorischen, konstituti-

---

5 Siehe Barthes 1989, 87 und 95–99.

6 Siehe Flusser 1998, 150–157.

7 Ebd., 168.

8 Ebd., 169.

9 Flussers ‚Technobild' als Übersetzung des Textes (der lebensweltliches Bild war) in ein (technisches) Bild ähnelt strukturell Roland Barthes Definition des Mythos – folglich überrascht es nicht, dass auch die von Barthes kritisierten und analysierten Mythen durch ‚Technobilder' transportiert werden (siehe Barthes 1964).

10 Aus der Vielzahl an oftmals polemischen Sachbüchern zu diesem Thema seien hier nur Postman 1985, Schirrmacher 2009 und Spitzer 2012 herausgegriffen. Neil Postmans Klassiker *Wir amüsieren uns zu Tode* beinhaltet bereits all die kulturpessimistischen Motive, die später auf Internet, Mobiltelefone und sogar Navigationssysteme übertragen wurden. Bei ihm ist es das Fernsehen, das zu einer „dramatischen, unwiderruflichen Verschiebung im Inhalt und in der Bedeutung des öffentlichen Diskurses" (Postman 1985, 17), zur Auflösung der Demokratie und selbst zum Verlust der Erinnerungsfähigkeit führt (siehe ebd., 169).

11 Siehe McLuhan 1964.

ven Dimension des Mediums, der Medien.[12] Minder stark formuliert geht es um den „unauflöslichen Zusammenhang von Aisthesis (Wahrnehmung) und Medialität"[13]:

> Es gibt keine Wahrnehmung, die durch ihre natürliche Gegebenheit hinreichend bestimmt wäre. [...] Wahrnehmung ist stets eine des Mediums. Sie ist immer schon vom Künstlichen affiziert, im Sinne der ursprünglichen Bedeutung von Techné (List, Tüchtigkeit, Verstellung). Techné meint also die List der Entstellung, die überhaupt etwas erscheinen läßt, auch und gerade die Mediosphäre der Instrumente, Artefakte und Artefiktionen[.][14]

Die hier von Tholen postulierte Untrennbarkeit von Aisthesis und Medialität, die sich in der Ambivalenz von Erscheinung und Entstellung äußert, mag auf den ersten Blick minder radikal als

---

12 „Was ist nicht alles schon ‚Medium' genannt worden: ein Stuhl, ein Rad, ein Spiegel (McLuhan), eine Schulklasse, ein Fußball, ein Wartezimmer (Flusser), das Wahlsystem, der Generalstreik, die Straße (Baudrillard), ein Pferd, das Dromedar, der Elefant (Virilio), Grammophon, Film, Typewriter (Kittler), Geld, Macht und Einfluss (Parsons), Kunst, Glaube und Liebe (Luhmann)." (Roesler 2003, 34.) In Roeslers Aufzählung wird das Problem eines jeden Definitionsversuches des Mediums offensichtlich: Jede Bestimmung des Medienbegriffes ergibt sich aus impliziten und expliziten Voranahmen und schreibt sich in ein philosophisches (oder ideologisches) System ein. Im Bewusstsein dieser Schwierigkeit möchten wir im Folgenden darauf verzichten, uns in eine bestehende, das Medium konkretisierende Denktradition einzuordnen. Stattdessen setzen wir, der Heterogenität der im Band versammelten Ansätze Rechnung tragend, einen möglichst offenen und auch ‚abstrakten' Medienbegriff voraus; wir schließen uns hierbei vorläufig Alice Lagaays und David Lauers etymologischer Annäherung an das Medium an: „Das lateinische *medium*, als Fremdwort seit dem 17. Jahrhundert im Deutschen belegt, tritt auf in den Bedeutungsvarianten (a) ‚Mitte', im Sinne einer *räumlichen* Vermittlung von Elementen: also der Raum oder die Substanz zwischen ihnen, ihr ‚Milieu'; (b) ‚Mittler', im Sinne einer *funktionalen* Vermittlung von Elementen, die aber auch gerade in deren Spaltung beziehungsweise Distanzierung liegen kann (vgl. ‚Übermitteln'); und (c) ‚Mittel', im Sinne einer *finalen* Vermittlung mehrerer Objekte auf einen Zweck hin: also als Instrument beziehungsweise Werkzeug." (Lagaay/Lauer 2004, 9–10.) Damit wäre im Kontext des Bandes jenes als ‚Medium' zu bezeichnen, was sich – pragmatisch betrachtet – als räumlich, funktional oder final vermittelnd beschreiben lässt. Dass der Akt der Vermittlung durchaus ambivalent ist, werden wir im Folgenden diskutieren.

13 Tholen 2005, 162.

14 Ebd.

McLuhans Medienapriorismus erscheinen. Dafür aber impliziert sie mit ihrem Verdachtsmoment eine normative Tendenz zum anderen Extrem: Im Hinweis auf die verschiedenen Bedeutungsebenen des Techné-Begriffes artikuliert sich die Frage nach dem Objekt der Erkenntnis jenseits der Entstellung. Die Entscheidung zwischen den beiden Varianten - (potentiell entstellende) Sinnvermittlung versus (notwendige) Sinnkonstitution - bezeichnete Sybille Krämer zu Recht als „Gretchenfrage einer Medientheorie"[15].

Re: Medium - wie der Titel des vorliegenden Sammelbandes bereits - auf einer ersten Bedeutungsebene - zum Ausdruck bringt, suchen die Autorinnen und Autoren (auch) nach Antworten auf jene Gretchenfrage; das ‚Re:' des *Re: Medium* adressiert sich an eine lang anhaltende, komplexe und kaum überschaubare Diskussion, die dem Wesen des Mediums und der Medien, des Medialen und der Mediatisierung beizukommen trachtet.[16] Dass die ‚Betreffzeile', unter der sich die hier vorliegenden Aufsätze versammelt sehen, auf zeitgenössische Medien- und Kulturtechniken (namentlich die digitale Kommunikation) verweist, entspricht der theoretischen und kulturellen Verankerung der Autorinnen und Autoren. Zugleich aber wirft uns diese Adressierung auf die Frage nach dem Medium selbst zurück; die Antwort auf die Frage nach der Beschaffenheit des Mediums scheint auf die Tautologie ‚Ein Medium ist ein Medium' zu verweisen. Doch stellt *Re: Medium* nicht zuletzt auch einen autoreferentiellen Medienbegriff ins Zentrum des Interesses. Medien bedeuten, was sie tun.[17] Selbstreferentialität aber ist ein Merkmal performativer Äußerungen, und so mag es nicht überraschen, dass wir auch deren zweitem Merkmal - der wirklichkeitskonstituierenden Kraft - beipflichten würden. Der von uns für den Sammelband ver-

---

15 Krämer 2003, 84.

16 Weder diese Einleitung noch die im Band vorliegenden Aufsätze verfolgen das Ziel, die Geschichte der Medien(-theorie) erschöpfend oder auch nur umfänglich darzustellen. Dieses Unternehmen wird - noch unvollendet - bereits in zahlreichen medienwissenschaftlichen, -philosophischen, -theoretischen und -soziologischen Einführungen, Sammelbänden und Reihen verfolgt.

17 Laut Erika Fischer-Lichte sind performative Äußerungen „selbstreferentiell, insofern sie das bedeuten, was sie tun, und sie sind wirklichkeitskonstituierend, indem sie die soziale Wirklichkeit herstellen, von der sie sprechen." (Fischer-Lichte 2004, 32.) Fischer-Lichte bezieht sich hierbei auf *performatives* im Anschluss an John L. Austin, doch lässt sich die Erläuterung ohne weiteres auf Medien erweitern.

anschlagte Medienbegriff geht von der performativen Funktion des Mediums aus und beantwortet damit die Krämer'sche Gretchenfrage durchaus im Sinne der Fragestellerin; auch Sybille Krämer definiert ihren Ansatz als „am Performativen orientierte Metaphysik der Medialität"[18]. Sie betont, im Sinne des *performative turn*, das „Surplus des Gebrauchs gegenüber seinem Programm"[19] und perpetuiert damit die der Ununterscheidbarkeit von *constative* und *performative*[20] folgende Untrennbarkeit von Schema und Gebrauch, bzw. Universalem und Partikularem; eine „[f]lache Ontologie"[21] ist das Ergebnis ihrer Medienphilosophie, die im Rekurs auf die Konzepte der „Übertragung" und der „Inkorporation"[22] gleichermaßen eine nicht-essentialistische, quasi-konstruktivistische Position ermöglichen. Für Krämer wird das Prinzip der Verkörperung zur Bedingung der Möglichkeit, dass *„Medien im Akt der Übertragung dasjenige, was sie übertragen zugleich mitbedingen und prägen"*[23]. Daraus folgt aber auch, dass man über Medien wiederum nur in Medien sprechen kann - die Überdeterminierung von *Re: Medium* will ebendies einholen.

Mit dieser theoretischen Grundierung des Bandes ist freilich der dualistischen Ontologie der Boden entzogen; dennoch besteht die Notwendigkeit, sich jenen wirkmächtigen Formen der Mediendebatten zu stellen, die ihren antiken Ausgang einer solchen Ontologie

---

18 Krämer 2003, 83.

19 Ebd.

20 Während Austin beide noch strikt trennte (siehe Austin 1962), lehnt etwa Judith Butler im Anschluss an Jacques Derridas sprachphilosophische Untersuchung *Signature, événement, contexte* die Möglichkeit eines mimetischen Potentials von Sprache grundsätzlich ab: „[T]he mimetic or representational status of language, which claims that signs follow bodies as their necessary mirrors, is not mimetic at all. On the contrary, it is productive, constitutive, one might even argue *performative*[.]" (Butler 1993, 30.) So bedingt auch Butlers Negation einer vorsprachlichen Ontologie die wirklichkeits- und bedeutungsstiftende Kraft der Sprache, die die Dinge erst im Akt der Benennung in die Welt bringt - „the constative claim is always to some degree performative." (ebd., 11.) Konstative Äußerungen existieren in diesem System folglich nicht mehr.

21 Krämer 2003, 89.

22 Siehe ebd., 83-84.

23 Ebd., 84-85.

mitverdanken. Die Rede ist vom Urvater der Medienkritik, Platon.[24] Bekanntlich stellte dieser in seinem Dialog *Phaidros* der Schrift ein denkbar schlechtes Zeugnis aus, wenn auch nur bezeugt in Form einer Sage, eines Mythos: Als der Gott Theuth versucht, dem König von Ägypten die Schrift als „ein Mittel für Erinnerung und Weisheit"[25] anzupreisen, widerspricht dieser dem „kunstreichste[n]"[26] Theuth, er habe „als Vater der Buchstaben, aus Liebe das Gegenteil dessen gesagt, was sie bewirken."[27] Denn die Schrift offenbart sich als durchaus ambivalentes Medium - entbehrt sie in den Augen des ägyptischen Königs doch einer konservierenden Wirkung und flößt „den Seelen der Lernenden" stattdessen das Vergessen „aus Vernachlässigung der Erinnerung"[28] ein. „Nicht also für die Erinnerung, sondern nur für das Erinnern hast du ein Mittel erfunden, und von der Weisheit bringst du deinen Lehrlingen nur den Schein bei, nicht die Sache selbst."[29] Der Gedächtnisverlust auf Seiten des Rezipierenden hat seine Ursache, so Sokrates, im ‚monströsen' Charakter der Schrift:

> Denn dieses Schlimme hat doch die Schrift, Phaidros, und ist darin ganz eigentlich der Malerei ähnlich; denn auch diese stellt ihre Ausgeburten hin als lebend, wenn man sie aber etwas fragt, so schweigen sie gar ehrwürdig still. Ebenso auch die Schriften: Du könntest glauben, sie sprächen, als verständen sie etwas, fragst du sie aber lernbegierig über das Gesagte, so bezeichnen sie doch nur stets ein und dasselbe.[30]

Die Schriftsprache erscheint in dieser Argumentation als ‚Bastard' der gesprochenen Sprache: Statt die kommunikative Distanz und Differenz zu überbrücken und im Sinne des Krämer'schen ‚eroti-

---

24 Auch wenn es, wie Lagaay und Lauer vermutlich zu Recht schreiben, ein „Gemeinplatz" (Lagaay/Lauer 2004, 13) ist, eine Medientheorie mit Platon zu beginnen, möchten wir in diesem Falle dennoch daran festhalten. Nicht soll es darum gehen, dem *Phaidros* einen „Begriff des Medialen" (ebd.) unterzuschieben und ihn zu einer Medientheorie *avant la lettre* zu stilisieren. Vielmehr fungiert er in unserer Lesart als Ausgangspunkt für die Beschreibung pädagogischer, politischer und gesellschaftlicher Aspekte von Mediendebatten.

25 Platon 2004, 603.

26 Ebd.

27 Ebd.

28 Ebd.

29 Ebd., 603–604.

30 Ebd., 604.

schen Kommunikationsmodells'[31] als „personale[s] *Verständigungsmodell*"[32] zu fungieren, bleibt die schriftliche Repräsentation des gesprochenen Wortes im wahrsten Sinne des Wortes ein ‚stummer Mittler'. Sie subvertiert die Möglichkeit des Austausches zwischen Sender und Empfänger und wird somit zu einer kommunikativen Totgeburt. Was der Schrift als Technik also fehlt, und dieses Phantasma der Präsenz ist vielbehandelt,[33] ist genau das, was der Schrift im Moment ihrer Erfindung noch eigen war. Während der kunstreiche „Vater der Buchstaben" aus patronaler Zuneigung seiner Schöpfung hier, wenn auch rhetorisch erfolglos, noch beistehen kann, ist eben dieser verbale Beistand dem Geschriebenen nicht mehr gegeben:

> Ist sie aber einmal geschrieben, so schweift auch überall jede Rede gleichermaßen unter denen umher, die sie verstehen, und unter denen, für die sie nicht gehört [...]. Und wird sie beleidigt oder unverdienterweise beschimpft, so bedarf sie immer ihres Vaters Hilfe; denn selbst ist sie weder sich zu schützen noch zu helfen imstande.[34]

Es ist nicht unser Ziel, eine Platonexegese zu betreiben;[35] für uns ist die hier zwischen Vergessen und Erinnerung ausgestaltete und bis heute nachzuverfolgende Ambivalenz des ‚Mittels' und seiner ‚Wirkung' von Bedeutung, i.e. die Pharmakologie des *pharmakon* - im griechischen Original spielt Platon mit der Mehrdeutigkeit des *pharmakon* als ‚Heilmittel' und ‚Gift'. Ob Theuth im *Phaidros* nun Heiler oder Giftmischer ist, entscheidet sich normativ aus der (expliziten oder impliziten) Vorentscheidung des Kritikers - und dies gilt vom Urahn der Medienkritik bis hin zu seinen zeitgenössischen Nachfahren. Die gesellschaftlichen Debatten um Innovationen im Bereich der (Massen-)Medien schwanken zwischen der Interpretation als Linderung dessen, woran die Gesellschaft krankt und der Verdammung als Gift für die Gemeinschaft. So verurteilte beispielsweise Neil Postman das Fernsehen als Gift für die Denk- und Argumentationsfähigkeit,[36] während andere durchaus dessen Bil-

---

31 Siehe Krämer 2008.

32 Ebd., 14. [Hervorhebungen von uns, J.C.H. und S.B.]

33 Siehe Derrida 1979 und Derrida 1983.

34 Platon 2004, 604–605.

35 Dies leistet im vorliegenden Band wesentlich ausführlicher Anna Kołos (siehe 60–69).

36 Siehe Postman 1985.

dungs- und Informationsauftrag akzentuierten.[37] Dieses Spannungsfeld wird im Zeitalter des Web 2.0, das die unidirektionalen tradierten Massenmedien um ein hybrides, in seiner Rollenzuweisung dynamisches Kommunikationsmedium ergänzt und erweitert, umso virulenter. Nie haben Heilmittel und Gift einer krankenden Gesellschaft näher beieinander gelegen.[38] Dass wir uns in einer letzten Lesart des Titels des Bandes für die latinisierte Form - *remedium* - und ihre Eindeutigkeit entschieden haben, mag durchaus als optimistische Einstellung interpretiert werden.

Untrennbar mit der Frage nach einer an den Medien krankenden oder gesundenden Gesellschaft verbunden ist aber auch eine grundsätzlichere philosophische Verortung der Mediengenese selbst, die bei Lagaay und Lauer anschaulich dargestellt wird. Sie strukturieren die komplexen Debatten der Medientheorie heuristisch mittels zweier Extrempositionen:

> Eine Unterscheidung lässt sich [...] treffen zwischen den Theorien, für die Mediengeschichte zu einem bestimmten Zeitpunkt der Menschheitsentwicklung einsetzt und einen davor liegenden a-medialen Zustand beendet, und jenen, für die Menschheitsgeschichte per se Mediengeschichte ist, weil sich Mensch, Kultur und Geschichte ohne konstitutiven Bezug auf Medien gar nicht denken lassen[.][39]

Oftmals - wenn auch nicht immer - gehen die Vertreterinnen und Vertreter gesellschaftlicher Verfalls- oder Heilsgeschichten von einem Entwicklungsnarrativ aus, das auf der These vom ‚Einbruch' der Medien über die Welt und die Menschen zu einem historisch bestimmbaren Zeitpunkt fußt. Anders formuliert: Mit der These von der fortschreitenden Mediatisierung geht die Vorstellung von einem Zustand der Amedialität, der reinen Präsenz, einher, in dem ein unverstellter Zugang zum Seienden noch möglich gewesen zu sein scheint. Diese „Unmittelbarkeits-Utopie"[40], die Lagaay und Lauer vor allem für Jean Baudrillard und Paul Virilio veranschlagen, findet sich, wie ausgeführt, bei Platon, gleichermaßen aber auch bei

---

37 Siehe beispielsweise Zimmermann 2002.

38 Dem Lobpreis des Demokratisierungs- und Dehierarchisierungspotentials des Internets steht immer auch die Verurteilung desselben als Verdummungs- und Vereinzelungsmaschinerie gegenüber.

39 Lagaay/Lauer 2004, 23.

40 Ebd.

Autoren wie Jean-Jacques Rousseau[41] und, wenn auch komplexer, sogar in Kleists Aufsatz *Über das Marionettentheater*[42]. In den zeitgenössischen Ausformulierungen zeigt sich beispielsweise in Jean Baudrillards Spätschrift *Warum ist nicht alles schon verschwunden?* in fast schon absurder Weise die Nostalgie für die analoge Fotografie, die mit dem „Aufstieg des Digitalen“[43] verloren gehe. Aus der medientechnischen Entwicklung folgt hier - einmal mehr - eine apokalyptische Diagnose:

> Mit der programmgesteuerten 0/1-Konstruktion [...] verschwindet die ganze symbolische Artikulation der Sprache und des Denkens. Bald wird es keine Oberfläche mehr geben, die für eine Konfrontation empfänglich wäre, keine Spannung des Denkens zwischen Illusion und Realität mehr, keine Lücke, kein Schweigen, keinen Widerspruch mehr[.][44]

Der apokalyptisch-soteriologischen Position gegenüber steht das, was Lagaay und Lauer die „Immer-schon-Perspektive“[45] nennen. Hier herrscht ein Medienapriorismus, der als solcher in seiner stärksten Ausprägung zu einer Transzendentalphilosophie wird; beispielhaft nennen Lagaay und Lauer Mike Sandbothe, Niklas Luhmann und Vilém Flusser als Vertreter dieser Richtung.

Sybille Krämer wird von Lauer und Lagaay zu Recht als eine dritte Position - gewissermaßen als Mediatorin - präsentiert. Statt einen konservativen Medienmarginalismus gegen einen vermeintlich fortschrittlichen Medienapriorismus auszuspielen, figuriert Krämer ein Drittes, das die Medien als „Vermittler von etwas, das sie nicht selbst erzeugt haben, im Vollzug der Übertragung von Medium zu Medium aber gleichwohl konstituieren“[46], begreift. Ihr Modell kreist

41 Siehe Derrida 1983, 283ff.

42 Hier wird der Verlust der Unschuld in einem Idyll beim Bade vorgeführt - die Anmut des Jünglings ist in dem Moment unwiederbringlich verloren, da sie ihm bewusst wird; sich seiner selbst bewusst zu sein fungiert als interiorisiertes, selbstentfremdendes Medium (siehe Kleist 2008, 343-344).

43 Baudrillard 2008, 27.

44 Ebd., 29.

45 Lagaay/Lauer 2004, 23.

46 Ebd., 25. In den von uns bereits weiter oben zitierten Worten Krämers: Es gilt, dass Medien *„im Akt der Übertragung dasjenige, was sie übertragen, zugleich mitbedingen und prägen.“* (Krämer 2003, 84–85.)

um die Metapher des Botengangs:[47] „Boten übertragen das, was ihnen aufgegeben ist. Sie haben ihre Botschaft möglichst unbeschadet durch raum-zeitliche Differenzen weiterzureichen, keineswegs aber zu verändern."[48] Trotzdem beinhalten sie, und dieser Aspekt ist uns wichtig, die Möglichkeit dessen, was Krämer „diabolische Entgleisung"[49] nennt - „Neutralität ist die Wurzel des Mittleramts. Das allerdings ist eine systematische, keine historische Aussage"[50], so ihre ironische Wortwahl.

Wenn wir im Untertitel des vorliegenden Bandes von *Standortbestimmungen zwischen Medialität und Mediatisierung* sprechen, so geht es uns darum, ein Spannungsfeld zwischen Apriorismus und Historizität, zwischen Mittlerfunktion und Manipulation, zwischen Transparenz und Opazität zu eröffnen.

Dieses Spannungsfeld verhandeln wir im Folgenden anhand dreier thematischer Schwerpunkte, die mit der disziplinären Aufteilung des Bandes in philosophische, soziologische und kulturwissenschaftliche Fragestellungen korrespondieren. Unter den Signaturen (I) Mediatisierung, Transmission und Übersetzung, (II) Transparenz, Latenz und Opazität sowie (III) Diskursivierung, Affirmation und Subversion sollen die unterschiedlichen Aspekte des Problems der Medialität und Mediatisierung reflektiert werden.

So verhandelt der erste Teil, *Mediatisierung, Transmission und Übersetzung*, ausgehend von der Metapher des Mediums als Bote unterschiedliche - vor allem medienphilosophische - Konzeptionen von Medialität und Vermittlung, um im Anschluss der Frage nach Mechanismen der Übersetzung und des Medienwechsels nachzugehen.

Den Anfang macht Werner Konitzer mit grundsätzlichen Überlegungen zum *Verhältnis zwischen Medien und Denkformen*.[51] Für ihn wird Philosophieren unter den Bedingungen der Medialität und des medialen Wandels thematisch, wobei er den Medienapriorismus kritisch diskutiert. Die Schriftlichkeit und die um 1900 eingeführten Aufzeichnungs- und Übertragungstechniken bilden die beiden Be-

47 Siehe Krämer 2008, 9–10.

48 Ebd., 11.

49 Krämer 2010, 44.

50 Ebd.

51 Im vorliegenden Band, 29–46.

zugspunkte, deren Auswirkung auf Praktiken des Philosophierens untersucht wird. Im Anschluss an diese grundlegende Metareflexion erhebt Clara Rybaczek in ihrem Aufsatz *Potenzial wider Erwarten. Mediale Dysfunktion als Einsichts- und Erfahrungsmöglichkeit* auf der Grundlage von Michel Serres' Kommunikationstheorie die Störung zum produktiven Prinzip. „Kann eine auftretende Dysfunktion nicht auch Ermöglichung neuer Perspektiven sein?"[52], lautet die leitende Frage, die die Störung schließlich auch medienpädagogisch fruchtbar machen will. Anna Kołos' Aufsatz widmet sich wiederum der Revision des Modells der Zeichenbedeutung im Zeitalter der digitalen Reproduktion. Ihr „dialogue between the deconstruction of metaphysics introduced by Derrida and the critique of political aesthetics undertaken by Rancière"[53] skizziert ein horizontales Modell des Sinns, das die von ihr diagnostizierte ‚Anästhetik' der materialen Zeichenträger überwinden will. In einer vergleichbaren Geste zielt auch Jakob Kibalas Aufsatz auf eine Rekonzeptualisierung des Zeichenträgers. Im Anschluss an die soziologische *Actor-Network-Theory* und W.J.T. Mitchells *picture-image*-Unterscheidung konstatiert Kibala, dass Bilder „als körperliche Entitäten [...] je diskrete physische Orte in dem Materialkontinuum [haben], das unsere Sozialsphäre konstituiert"[54] und widmet sich anschließend der Konzeption eines ‚Unbewussten' der Bilder am Beispiel der *Batman R.I.P.*-Comics.

Anschließend verhandelt Charlotte Kempf in ihrem Aufsatz *Wahrnehmungswandel durch Medienwechsel? Das Beispiel der Epistulae von Plinius minor* Fragen der Transmission als Medienwechsel in medienhistorischer Perspektive. Detailliert rekonstruiert Kempf die Auswirkung des „frühneuzeitlichen Medienwechsel[s] von der Handschrift zum gedruckten Buch"[55] für den Möglichkeitsraum von Rezeption und Tradierung. Kempf macht deutlich, wie die veränderte Wahrnehmung eines Werkes sich der medientechnisch ermöglichten „materiellen Präsenz des Gesamtwerkes"[56] verdankt. Abgerundet wird die erste Sektion des Bandes durch Julia Timms Untersuchung zu Kafkas letzter Erzählung *Josefine, die Sängerin oder das Volk der Mäuse*. Timm identifiziert und analysiert vier heterogene

52 Im vorliegenden Band, 47.

53 Im vorliegenden Band, 62.

54 Im vorliegenden Band, 73.

55 Im vorliegenden Band, 91.

56 Im vorliegenden Band, 105.

Medien und Vermittlungsinstanzen in der Erzählung: „Performance, [...] hysterisierte[r] weibliche[r] Körper, [...] Stimme und [das] (Massen-)Medium Text“[57]. Ihr Aufsatz zielt dabei auf eine poetologische Pointe: die Differenzierung des Indifferenten durch die (Nicht-)Figur Josefine. In dieser Bewegung von der medienphilosophischen Überlegung zur konkreten Einzelanalyse versucht der erste Teil des Bandes somit, die Figuren, Techniken und Metaphern von Mediatisierung, Transmission und Übersetzung in ihrer ganzen Bandbreite zu erkunden.

Im zweiten Teil, *Transparenz, Latenz und Opazität*, eröffnet sich ein dynamisches Spannungsfeld, das vom scheinbaren Verschwinden des Mediums im Prozess der Vermittlung über das kritische und krisenhafte Verdachtsmoment medialer Eigengesetzlichkeit bis hin zum Zurücktreten der Botschaft hinter das Medium selbst reicht.

In diesem Sinne widmet sich Simone Brühl der Frage nach der medialen Performanz von Ordnungen des Sichtbaren. Aufbauend auf dem Foucault'schen Panoptismus-Begriff analysiert Brühl in ihrem Aufsatz[58] am Beispiel der Castingshow *Germany's next Topmodel* zeitgenössische Erscheinungsformen des Panoptismus und problematisiert das performative Potential der „panoptischen Maschine“[59] im Spannungsfeld zwischen Transparenz und Opazität. Katharina Rein thematisiert in ihrem Artikel *„Are you watching closely?“ Magie und Medien in Christopher Nolans The Prestige*[60] das Problem der Sichtbarkeit wiederum auf einer anderen Ebene. In einer Engführung der Zauberkunst mit der Medien-, Technik- und Wissensgeschichte liest Rein Nolans Film als eine medialisierte Geschichte zwischen Transparenz, Phantasmagorie und Verschwinden. Auch Jakob Christoph Heller verhandelt Fragen nach medial vermittelten – oder erzeugten? – Trugbildern und Erkenntnissen. In einem Close Reading von Peter Handkes *Die Angst des Tormanns beim Elfmeter* und Witold Gombrowiczs *Kosmos* stellt Heller medien- und zeichentheoretische Überlegungen an, um mediale Dispositive im Hinblick auf die „Möglichkeit von Weltordnung und Weltverstehen“[61] zu befragen. Abschließend wendet sich André Hansen den *Photographic Elements in the Narrative Technique of Antje Rávic Strubel's Offene*

57 Im vorliegenden Band, 111.

58 Im vorliegenden Band, 129–144.

59 Foucault 1994, 279.

60 Im vorliegenden Band, 145–165.

61 Im vorliegenden Band, 169.

Blende (Open Aperture) zu und schließt damit den Kreis der Frage nach der Reziprozität von Medium und Sichtbarkeit. Anschließend an Rávic Strubels Kapitelüberschrift „Über Fotografie" und in theoretischer Rückbindung an Susan Sontags und Roland Barthes' Reflexionen zur Fotografie diskutiert Hansen die Wirkung des Mediums auf intradiegetischer Ebene sowie hinsichtlich der narrativen Struktur des Textes als „viewpoint to [...] assumptions about reality"[62]. In diesem Sinne stellt sich unter (II) die Frage nach den Bedingungen und Möglichkeiten des ‚Erscheinen-'[63] und ‚Verschwindenlassens' sowie der Sichtbarkeit und Unsichtbarkeit des Mediums selbst.

Der dritte Teil, *Diskursivierung, Affirmation und Subversion*, integriert das Thema des Mediums in einen breiteren gesellschaftlichen Kontext: Nicht nur die öffentlichen Diskurse über Medien, sondern auch der Zusammenhang von Medientechnik und Gesellschaft ist hier von Relevanz; hinterfragt werden dabei sowohl die ‚agency' des Mediennutzers als auch jene des Mediums selbst, was zugleich die Frage nach einem performativen Medienbegriff aufgreift. Aus dieser Perspektive werden schließlich subversive Aneignungen medialer Mechanismen und daraus resultierende Widerstandspraktiken beleuchtet.

Die Sektion wird eröffnet durch Elke Wagners Arbeit *Unsichtbare Medien? Zur Genese und therapeutischen Funktion von Mediendebatten.* Unter dem medienphilosophischen Primat der Unsichtbarkeit des Mediums werden die gesellschaftlichen Debatten um Medienwandel paradox; aus diesem Spannungsverhältnis entwickelt Wagner die These von der Unterbestimmtheit des Mediums, *„die seinen Gebrauch ermöglicht und zu diversen Anschlüssen in Form von Mediendebatten führt."*[64] Von der makrosozialen Ebene hin zur Untersuchung mikrosozialer und intersubjektiver Praktiken führt uns Agnieszka Roguski mit ihrem Aufsatz zu authentischen Aufnahmen und Profil-Performances im sozialen Netzwerk *Facebook.* Roguski konzentriert sich auf die Darstellung - und damit Performance - von Authentizität über die Praxis des Webcam-Selbstportraits. Dabei kristallisiert sich die „Übereinstimmung der visuellen Repräsentation eines Selbst mit dessen Wahrnehmungsmodell"[65] als Strategie

62 Im vorliegenden Band, 186.

63 Siehe Krämer 2003, 83.

64 Im vorliegenden Band, 198.

65 Im vorliegenden Band, 235.

authentischer Selbstdarstellung heraus. Einer ganz anderen - wenn auch ihrer medialen Verfasstheit nicht minder bewussten - Form der Selbstrepräsentation nimmt sich Bernadette Appel in ihrem Artikel zur *Recharismatisierung einer entzauberten Welt* an. Am Beispiel Stefan Georges untersucht Appel das Verhältnis von charismatischer Wirkung und medialer Inszenierung und entwirft das Charismatische dabei im Spannungsfeld zwischen „persönliche[m] Auftreten, [den] neuen Bildmedien, publizistischen Verfahren und kultischen Rituale[n]“[66] als ein medial bedingtes Wirkungsphänomen.

Maria Delimata schlägt in ihrer Studie *Audio Book - A New or just Renewed Medium?* den Bogen von den visuellen zu den auditiven Medien. Auf der Grundlage einer kurzen Geschichte des Hörbuches untersucht Delimata das Hörbuch als „a negotiation between the forgotten medium of *aoidos* and the ‚usual' reading“[67] sowie als Wechselwirkung zwischen gesprochener und geschriebener Sprache, und diskutiert das Potential des Medienwechsels für die Hervorbringung von Bedeutung und Verstehen. Abschließend widmet sich Janine Wahrendorf den zeitgenössischen Praktiken der *Street Art* und des *Culture Jammings*.[68] Ausgehend von Theorie und Praxis der Situationistischen Internationale verortet Wahrendorf jenen popkulturellen Mediengebrauch zwischen Affirmation und Subversion des herrschenden Diskurses und diskutiert die daraus resultierenden Möglichkeiten der Rückeroberung des urbanen Raumes. Somit werden Medien auch hier als „konstitutive Infrastrukturen kollektiver wie auch individueller Sinnproduktion begriffen,“ die jedoch stets „an menschliche Gebräuche und Intentionalität“[69] rückgebunden bleiben.

Dieses Buch, hervorgegangen aus einer Tagung im Mai 2011, ist das Ergebnis eines einjährigen Arbeitsprozesses, der ohne die engagierte Unterstützung zahlreicher Personen und Institutionen nicht möglich gewesen wäre.

Kein Buch und keine Tagung lassen sich ohne die entsprechende finanzielle Unterstützung realisieren; dafür danken wir dem Forschungsschwerpunkt Medienkonvergenz sowie der Abteilung Internationales der Johannes Gutenberg-Universität Mainz. Unser

---

66 Im vorliegenden Band, 240.

67 Im vorliegenden Band, 250.

68 Im vorliegenden Band, 263-279.

69 Lagaay/Lauer 2004, 26.

besonderer Dank gilt dem Allgemeinen Studierendenausschuss der Mainzer Universität, der das als studentisches Projekt gestartete Vorhaben von Anfang an generös und unbürokratisch unterstützt hat. Jun.-Prof. Dr. Elke Wagner, Jun.-Prof. Dr. Michael Bachmann und apl. Prof. Dr. Werner Konitzer danken wir herzlich, dass sie unserer Einladung gefolgt sind und die Tagung mit ihren Keynotes bereichert haben.

Wir danken den Herausgeberinnen und Herausgebern der *Kleinen Mainzer Schriften zur Theaterwissenschaft*, Prof. Dr. Kati Röttger, Prof. Dr. Peter W. Marx und Prof. Dr. Friedemann Kreuder, für die freundliche Aufnahme in ihre Buchreihe. Heike Amthor vom Tectum-Verlag begleitete die Entstehung des Druckmanuskripts mit Geduld und einem offenen Ohr für alle Fragen. Carolin Brühl und Silke Dutz waren uns mit ihren sorgfältigen und kenntnisreichen Lektoraten der englischsprachigen Artikel eine große Hilfe. Für die inhaltliche und wissenschaftliche Begleitung der einzelnen Aufsätze möchten wir den engagierten Gutachterinnen und Gutachtern des Peer Reviews danken: Prof. Dr. Andrea Allerkamp (Europa-Universität Viadrina, Frankfurt/Oder), Jun.-Prof. Dr. Michael Bachmann (Johannes Gutenberg-Universität, Mainz), Prof. Dr. Bożena Chołuj (Europa-Universität Viadrina, Frankfurt/Oder), Prof. Dr. Axel Dunker (Universität Bremen), Prof. Dr. Winfried Eckel (Johannes Gutenberg-Universität, Mainz), Prof. Dr. Dobrochna Ratajczakowa (Adam Mickiewicz-Universität, Poznań), PD Dr. habil. Andreas Rauscher (Johannes Gutenberg-Universität, Mainz), Jun.-Prof. Dr. Judith Siegmund (Universität der Künste, Berlin) und Jun.-Prof. Dr. Elke Wagner (Johannes Gutenberg-Universität, Mainz).

Schließlich danken wir dem Institut für Theaterwissenschaft der Universität Mainz für die stete Offenheit und unbürokratische Unterstützung nicht nur des Bandes, sondern auch der Tagung. Insbesondere Michael Bachmann, der für unsere Fragen und Anliegen stets ein hilfsbereiter und engagierter Ansprechpartner war, gilt unser herzlichster Dank.

Bibliographie

Austin, John L. (1962): How to Do Things with Words. Cambridge, Massachusetts.

Barthes, Roland (1964): Mythen des Alltags. Übersetzt von Helmut Scheffel. Frankfurt am Main.

Barthes, Roland (1989): Die helle Kammer. Bemerkung zur Photographie. Übersetzt von Dietrich Leube. Frankfurt am Main.

Baudrillard, Jean (2008): Warum ist nicht alles schon verschwunden? Übersetzt von Markus Sedlaczek. Berlin.

Butler, Judith (1993): Bodies That Matter. On the Discursive Limits of Sex. New York.

Derrida, Jacques (1979): Die Stimme und das Phänomen. Ein Essay über das Problem des Zeichens in der Philosophie Husserls. Übersetzt von Jochen Hörisch. Frankfurt am Main.

Derrida, Jacques (1983): Grammatologie. Übersetzt von Hans-Jörg Rheinberger und Hanns Zischler. Frankfurt am Main.

Fischer-Lichte, Erika (2004): Ästhetik des Performativen. Frankfurt am Main.

Flusser, Vilém (1998): Kommunikologie. Herausgegeben von Stefan Bollmann und Edith Flusser. Frankfurt am Main.

Foucault, Michel (1994): Überwachen und Strafen. Die Geburt des Gefängnisses. Übersetzt von Walter Seitter. Frankfurt am Main.

Kleist, Heinrich von (2008): Sämtliche Werke und Briefe. Herausgegeben von Helmut Sembder. Zweite Auflage. München.

Krämer, Sybille (2003): Erfüllen Medien eine Konstitutionsleistung? Thesen über die Rolle medientheoretischer Erwägungen beim Philosophieren. In: Münker, Stefan/Roesler, Alexander/Sandbothe, Mike (Hrsg): Medienphilosophie. Beiträge zur Klärung eines Begriffs. Frankfurt am Main. 78–90.

Krämer, Sybille (2008): Medium, Bote, Übertragung. Kleine Metaphysik der Medialität. Frankfurt am Main.

Krämer, Sybille (2010): Selbstzurücknahme. Reflexionen über eine medientheoretische Figur und ihre (möglichen) anthropologischen Dimensionen. In: Gronau, Barbara/Lagaay, Alice (Hrsg.): Ökonomien der Zurückhaltung. Kulturelles Handeln zwischen Askese und Restriktion. Bielefeld. 39–52.

Lagaay, Alice/Lauer, David (2004): Einleitung - Medientheorien aus philosophischer Sicht. In: Dies. (Hrsg.): Medientheorien. Eine philosophische Einführung. Frankfurt am Main. 7–29.

McLuhan, Marshall (1964): Understanding Media. The Extensions of Man. New York.

Platon (2004): Phaidros. In: Ders.: Sämtliche Werke. Bd. 2. Übersetzt von Friedrich Schleiermacher. Reinbek bei Hamburg. 539–609.

Postman, Neil (1985): Wir amüsieren uns zu Tode. Urteilsbildung im Zeitalter der Unterhaltungsindustrie. Übersetzt von Reinhard Kaiser. Frankfurt am Main.

Roesler, Alexander (2003): Medienphilosophie und Zeichentheorie. In: Münker, Stefan/Ders./Sandbothe, Mike (Hrsg): Medienphilosophie. Beiträge zur Klärung eines Begriffs. Frankfurt am Main. 34–52.

Schirrmacher, Frank (2009): Payback. Warum wir im Informationszeitalter gezwungen sind zu tun, was wir nicht tun wollen, und wie wir die Kontrolle über unser Denken zurückgewinnen. München.

Spitzer, Manfred (2012). Digitale Demenz. Wie wir uns und unsere Kinder um den Verstand bringen. München.

Tabucchi, Antonio (1994): Indisches Nachtstück und Ein Briefwechsel. Übersetzt von Karin Fleischanderl. München.

Tholen, Georg Christoph (2005): Medium/Medien. In: Roesler, Alexander/Stiegler, Bernd (Hrsg.): Grundbegriffe der Medientheorie. Paderborn. 150–172.

Zimmermann, Bernhard (2002): Kommunikative und ästhetische Funktionen des Fernsehens in ihrer Entwicklung. In: Leonhard, Joachim-Felix/Ludwig, Hans-Werner/Schwarze, Dietrich (Hrsg.): Medienwissenschaft. Ein Handbuch zur Entwicklung der Medien und Kommunikationsformen. Bd. 3. Berlin. 2298–2308.

I

Mediatisierung, Transmission & Übersetzung

Werner Konitzer

Philosophie, Schriftlichkeit und Formen medialer Abbildlichkeit[1]

1.

Viele Theoretiker, die sich mit Medientheorie und Philosophie befassen, vertreten die Auffassung, unsere Apparate der Aufzeichnung und Übertragung *bestimmten* sowohl unsere Weise des Denkens und Fühlens als auch die Art und Weise, uns zu verständigen und uns selbst zu verstehen. Sie nehmen an, dass erst die Erfindung der alphabetischen Schrift die Idee von Philosophie hervorbrachte. Oder sie verweisen darauf, dass die Medienrevolution, in deren Mitte wir uns gerade befinden, bestimmte Formen des Denkens - etwa ein auf Wahrheit gerichtetes philosophisches Denken - in seinen Fundamenten erschüttere.[2]

Ich halte manches an den Überlegungen, die zu diesen Behauptungen geführt haben, für richtig. Die Bedeutung des Buches verändert sich mit der gegenwärtigen Veränderung der Medienlandschaft. Auch spielte die Entwicklung der Schrift eine bedeutende Rolle in der Entwicklungsgeschichte der Philosophie. Insgesamt aber halte ich diese Auffassungen für falsch. Ich meine, dass man die Bedeutung des Aufzeichnens und Übertragens nicht angemessen versteht, wenn man den Zusammenhang so beschreibt, dass diese Techniken

---

1 Bei dem Text handelt es sich um eine gekürzte und umgearbeitete Fassung des Schlusskapitels aus dem Buch *Medienphilosophie*, erschienen im Wilhelm Fink Verlag 2006.

2 Nachdem Derrida bereits in der *Grammatologie* auf mögliche Zusammenhänge zwischen dem Gebrauch der phonetischen Schrift und der Vorherrschaft einer Zeichentheorie in der europäischen Tradition aufmerksam gemacht hatte, versuchte Kittler in den *Aufschreibesystemen* die Einbindung kultureller Erzeugnisse in einen von den technischen Medien wesentlich mitbestimmten Diskurs nachzuzeichnen. Viele dieser Untersuchungen lassen immer noch den Einfluss jener kausalen Hypothese, die vom Stammvater der Medientheorie, Marshall McLuhan, am eindringlichsten formuliert, aber wohl auch am wenigsten begründet wurde, deutlich werden: Dass die technischen Medien den transzendentalen Rahmen für die möglichen Äußerungen einer bestimmten Kultur bilden (siehe McLuhan 1968). Siehe auch McLuhan 1992; Derrida 1974; Kittler 1995; Kittler 1986.

verschiedene Denkformen *bestimmen, erzeugen* oder *hervorbringen*. Wenn man das Verhältnis zwischen Medien und Denkformen auf diese Weise beschreibt, wird man nicht nur dem Spielraum des Verhaltens nicht gerecht, den einzelne Personen und gesellschaftliche Institutionen gegenüber solchen Techniken auch dann noch haben, wenn diese die gesellschaftliche Wirklichkeit im Ganzen verändern. Man übersieht auch, dass gewöhnlich von der Erfindung neuer Techniken bis zu der Funktionsweise, die man nach einiger Zeit als selbstverständlich ansieht, eine Zeit vergeht, in der andere Funktionsformen und Verwendungen ausprobiert werden; dass auch dann die selbstverständliche Verwendung wieder von anderen Funktionen überlagert und abgelöst werden kann.[3] Vor allem aber beschreibt man die Entwicklung von Aufzeichnung und Übertragung als einen Vorgang, der sich irgendwie außerhalb der Zusammenhänge von Sprechen und Handeln vollzieht: als sei die Entwicklung der Aufzeichnungs- und Übertragungstechniken eine Entwicklung ‚außerhalb' der ‚Inhalte' unseres Sprechens und Denkens – und wie soll man sich das vorstellen?

Ich werde in diesem Aufsatz eine andere Deutungsmöglichkeit darstellen. Ich konzentriere mich auf zwei Fragestellungen. Einmal die Bedeutung der Schriftlichkeit für die Entwicklung von Philosophie, zweitens die Bedeutung, die die Medienrevolution, die sich etwa zwischen 1850 und 1930 vollzog, für die Entwicklung der Philosophie hatte. Ich beginne mit einer Überlegung dazu, was die Besonderheit philosophischer Reflexion ist und gehe auf das Verhältnis von Schriftlichkeit und Philosophie ein, wie es sich vor dem Hintergrund einer nicht-phonozentrischen Schrifttheorie darstellt. Dann schildere ich einige Veränderungen, die sich mit der Entwicklung medial-abbildlicher Verfahren vollzogen haben und skizziere die Bedeutung, die diese für die Entwicklung philosophischer Überlegungen hatten.

2.

Philosophische Betrachtungen äußern sich gewöhnlich im Medium der Sprache. Sprechen wir einem Bild, einer Plastik, einem Musikstück oder einem Film philosophischen Gehalt zu, dann können wir

3 Zum Verhältnis zwischen der Erfindung von Techniksystemen auf der einen, Nutzungsweisen auf der anderen Seite siehe Flichy 1994, 115.

das deshalb tun, weil wir den Sinn des Ausdruckes ‚philosophisch' anhand der Charakterisierung anderer, nämlich sprachlicher Gebilde gelernt haben. Nun kann sich der Ausdruck ‚sprachlich' auf verschiedene Merkmale beziehen und ist daher mehrdeutig. Sprachlichkeit allein ist kein ausreichendes Kriterium, um philosophische Äußerungen von anderen abzugrenzen. Gedichte, Romane und Erzählungen gelten gewöhnlich an sich nicht als philosophische Äußerungen, auch wenn sie philosophischen Gehalt haben mögen. Sie mögen in einem irgendwie erweiterten Sinn einen Wahrheitsgehalt haben, aber sie stellen keine Behauptungen auf und weisen also auch nicht andere Aussagen so zurück, dass sie sich als deren Verneinungen verstehen ließen.[4] Nicht Sprachlichkeit als solche, sondern ein bestimmter Aspekt von Sprache, ihre Propositionalität, ist entscheidend dafür, dass Philosophie sich im Medium von Sprachlichkeit bewegt: Es wird etwas behauptet, und damit, dass etwas behauptet wird, wird ein Anspruch auf Begründung erhoben.

Nun bezeichnen wir auch nicht alles Reden, das irgendwie behauptenden Charakter hat, als ‚philosophische Rede'. Behauptet wird überall, und überall wo behauptet wird, wird auch irgendwie der Anspruch auf Begründung erhoben. Von anderen sprachlichen Tätigkeiten unterscheidet sich philosophisches Sprechen zunächst dadurch, dass es die in der Sprache mehr oder minder implizite propositionale Struktur expliziert, um die Frage nach der Wahrheit von Behauptungen möglichst weitgehend entscheidbar zu machen. Das geschieht nicht zuletzt dadurch, dass es die in Behauptungen enthaltenen Mehrdeutigkeiten aufklärt. Als ein wesentliches Merkmal von Philosophie gegenüber anderen Formen des Sprechens erscheint daher die Begriffsklärung. Nun ist auch Begriffsklärung kein Privileg der Philosophen. Wissenschaften wie Geschichte oder Physik, Ethnologie oder Geographie arbeiten nicht mit einmal festgelegten Begriffen, die sie dann in Experimenten oder Beschreibungen der Wirklichkeit anmessen. Vielmehr gehört es auch zu der Tätigkeit von Ethnologen wie auch Physikern, Historikern wie auch Biologen, sich im Verlaufe ihrer Untersuchungen immer erneut auf ihre Begriffssysteme zu besinnen, und sie, sei es nach und nach, sei es in plötzlichen und schnellen Veränderungen, umzuwälzen. Begriffsklärung ist noch nicht einmal ein Privileg von Wissenschaft-

---

4 Um nachzuweisen, dass Leonardo Philosoph ist, muss Valéry daher zunächst den Anspruch der Philosophie auf Wahrheit in diesem engeren Sinne zurückweisen. Philosophie ist nach seiner Meinung Konstruktion, Schöpfung von Ideengebäuden.

lern. Auch in der Alltagskommunikation finden sich immer wieder Anlässe zur Begriffsklärung, etwa, wenn einer sagt, er sei zwar verliebt in jemand anderen, liebe diesen aber nicht. Die Tatsache, dass Begriffe geklärt werden, reicht also nicht aus, um die Eigenart von Philosophie gegenüber den Wissenschaften oder der Alltagspraxis herauszustellen. Sowohl durch die Besonderheit der untersuchten Begriffe als auch durch die Art und Weise der Untersuchung unterscheidet sich Philosophie von anderen Wissenschaften und Praktiken der Symbolanalyse.

Betrachten wir zunächst die Besonderheit der Begriffe, so fällt, wenn wir philosophische Texte mit anderen vergleichen, auf, dass in der Philosophie immer wieder dieselben Ausdrücke thematisch wurden: Ausdrücke wie ‚wahr' oder ‚falsch', ‚Gegenstand', ‚Sein', ‚Bewusstsein', ‚gut' und ‚schlecht' und andere.[5] Es sind drei Eigenarten, die man als das Besondere dieser Begriffe angesehen hat. Die erste Eigenart ist ihre *Apriorität*, d.h. sie sind als Begriffe verstanden worden, die wir, wenn wir etwas verstehen wollen, immer schon voraussetzen müssen. Man hat diese Apriorität verschieden erklärt: Manchmal so, als seien die entsprechenden Worte Ausdruck angeborener Konzepte, die mit der Natur des Menschen verbunden sind; oder so, als sei die Rede von der Apriorität nur eine andere Ausdrucksweise dafür, dass solche Begriffe die Bedingung der Möglichkeit jedes begrifflichen Ordnungsvorganges als solchen bilden.

Wie auch immer man die Apriorität versteht, philosophische Begriffe sind nicht die einzigen, die diese Eigentümlichkeit aufzuweisen scheinen, und Philosophie ist noch nicht einmal die erste Wissenschaft, die solche apriorischen Begriffe thematisierte. Als apriorisch können auch Wissenschaften wie die Mathematik oder die Geometrie verstanden werden. Von der Philosophie unterscheiden sie sich dadurch, dass ihre Gebiete begrenzt sind, dass sie sich über eine Charakterisierung des Gegenstandsgebietes von anderen abheben lassen. Man kann, mit Husserl,[6] von diesen „regionalen Ontologien" die formale Ontologie abheben. Während die regionale Ontologie durch Abstraktionsschritte von einzelnen Begriffen zustande kommt, zeigen sich die Gegenstände der formalen Ontologie in der Reflexion auf das, was Urteile und Setzungen als solche enthalten – solcherlei Reflexion wird also durch Operationen der Formalisie-

5 Siehe dazu Tugendhat 1992, 262.

6 Husserl 1976, 31, §13.

rung möglich, die das in allen Setzungen enthaltene formale Gerüst herausarbeiten.

Mit dieser Unterscheidung machte Husserl auf eine weitere Eigenart philosophischer Begriffe aufmerksam: dass sie sich nicht auf einzelne Wissensgebiete, sondern auf *das Verstehen im Ganzen* beziehen. Während die Grundbegriffe etwa der Geometrie für die Geometrie unabdingbar sind - es aber doch denkbar ist, dass man keine Geometrie betreibt, und also diese Begriffe gar nicht (oder eben nur aus zweiter Hand) benutzt -, sind die Begriffe, die die Philosophie untersucht, Begriffe, ohne die wir uns eine Bezugnahme auf etwas überhaupt, ein handelndes und entscheidendes Existieren, gar nicht denken können. Sie spielen daher für das Ganze unseres Verstehens eine Rolle, und dadurch unterscheiden sie sich von den Grundbegriffen etwa der Geometrie, die man wohl als apriorisch verstehen kann, die aber nur für eine bestimmte Wissenschaft maßgeblich sind. Was immer wir sagen, in irgendeinem Sinne wird der Ausdruck ‚sein' in unserer Redeweise vorkommen. Dagegen müssen wir nicht, wenn wir sprechen, Ausdrücke wie ‚Linie' oder ‚Kreis' gebrauchen. Bei Husserl ist dieser Unterschied direkt mit dem zwischen formalen und regionalen Ontologien verknüpft. Um ihn zu erklären, greift er auf die Lehre von Ganzem und Teilen und deren Verhältnis zurück. Erst dadurch also werden auch bei ihm diejenigen Gegenstände bzw. Bedeutungen isoliert oder identifiziert, die dann Gegenstand einer philosophischen Betrachtung werden können. So führt in seiner Betrachtungsweise der Aufstieg zu den letzten Kategorien, die alle Wissenschaft fundieren, also zur Fundierung der Logik, über eine Reflexion über gegenständliche Eigenschaften.

Eine andere Möglichkeit der Erklärung ist, diese Bezugnahme auf ein allem Verstehen Innewohnendes als eine Eigenschaft unseres Verstehens zu erklären. Das bedeutet dann, dass jedes Verstehen aus irgendeinem Grund immer gleiche Eigenschaften haben muss - und man könnte dann von Eigenschaften eines Bewusstseins, die sich in allem Verstehen zum Ausdruck bringen, sprechen.

Deshalb, weil philosophische Begriffe bei jedem Verstehen eine Rolle spielen, *und* deshalb, weil sie apriorisch sind, weil diese Rolle also darin zu bestehen scheint, dass sie bei jeder Denkoperation schon vorausgesetzt werden, erscheinen sie uns nun drittens *als notwendig*,[7] als unabdingbar. Wir ‚haben' solche Begriffe immer schon, und wir können uns nicht vorstellen, sie nicht zu haben. Ein gutes Beispiel dafür ist der Zeitbegriff: Was immer wir tun, tun wir ja in einer zeitlichen Abfolge, und tun es auch so, dass wir, wie auch immer, von dieser zeitlichen Abfolge wissen. Die Art, davon zu wissen wie auch die Art, wie dieses Wissen ausgedrückt und ausdifferenziert wird, mag sehr verschieden sein. Aber es wird schwer sein, Menschen zu finden, die nicht in irgendeinem Sinne über Kategorien für zeitliche Koordinationen verfügen. Nun kann man auch diese Unabdingbarkeit gewisser Kategorien, wie etwa dem Zeitbegriff oder der Vorstellung, dass etwas *ist*, auf unterschiedliche Weise verstehen. Auch sie könnte man beispielsweise als gegenständliche Eigenschaft interpretieren. Dann gelangt man dazu, hinter dem Wechsel der Erscheinungen gleichbleibende, ruhende, unveränderbare Formen anzunehmen. Oder man versteht sie als eine Art Begrenzung unserer Fähigkeit, etwas anders zu denken. Oder man interpretiert sie als Moment der Regel unserer Verwendung von Sätzen. In jedem dieser Fälle erscheint natürlich ‚Notwendigkeit' als etwas grundsätzlich anderes: Als Eigenschaft der Welt, als Regel der Verwendung sprachlicher Ausdrücke oder als psychologisches Gesetz.

3.

Dass Schrift als Darstellung gesprochener Sprache zu verstehen ist – diese Auffassung ist seit den sechziger Jahren des vorigen Jahrhunderts einer gründlichen Kritik unterzogen worden.[8] Sowohl Philosophen als auch Linguisten haben deutlich gemacht, dass diese Konzeption auf einer Art Ideologie beruht, einer Ideologie, die erhebliche Auswirkungen auf das allgemeine philosophische Verständnis von Sprache hatte. Gibt man sie auf, so heißt das, dass man Schrift als eigenständiges Medium analysieren muss. Schrift erscheint vor dem Hintergrund einer solchen neuen Betrachtungsweise als ein Zusammenspiel von zwei Äußerungsformen: andauernde und gedehnte Äußerungen.[9]

---

7 Siehe Tugendhat 1992, 263.

8 Siehe Derrida 1974; Feldbusch 1985; Brockmeier 1998.

9 Den Begriff der gedehnten Äußerung habe ich in einer leichten Abwandlung von Konrad Ehlichs Begriff der zerdehnten Sprechsituation geprägt. Siehe dazu Ehlich 2007.

Schrift nicht mehr als Darstellung gesprochener Sprache, sondern als eigenständiges Medium zu analysieren, heißt zu untersuchen, wie im Zusammenspiel zweier Äußerungsformen - andauernden und gedehnten Äußerungen - andauernde Gegebenheiten, *Dinge,* propositionale Form annahmen und so Sprache wurden. So lassen sich auch die vielfältigen Formen verstehen, in denen geschriebene Sprache zu gesprochener in Verbindung gesetzt, wie Formen des Lesens möglich werden konnten - ‚Lesen' hier in dem speziellen Sinn der Umsetzung geschriebener in gesprochene Sprache verstanden. Mit ihnen ist auch die Voraussetzung dafür gegeben, dass Schrift als Instrument zur Aufzeichnung gesprochener Sprache, also als Merkzeichen, eingesetzt und dass umgekehrt gesprochene Sprache unter dem Gesichtspunkt, wie sie sich in schriftlich dargestellter Form verhalten würde, betrachtet werden kann.

Eine solche Analyse von Schriftlichkeit als symbolische Form mit eigenständigen Sinnstrukturen ermöglicht es, die Frage nach dem Zusammenhang von Schriftlichkeit und Philosophie neu zu formulieren als Frage danach, wie und in welcher Form Schriftlichkeit zu den Verständlichkeitsbedingungen von Philosophie als einem tradierten Zusammenhang bestimmter Aussagen und Aussagevoraussetzungen einerseits, zum Philosophieren als einer tradierten und tradierbaren Form gemeinsamen Sprechens andererseits gehört. Ich will zwei Bereiche nennen, bei denen deutlich wird, in welcher - und welch verschiedener - Weise Schriftlichkeit als Voraussetzung von Philosophie fungiert. Einmal die für die antike Philosophie grundlegende Konstruktion des Verhältnisses von Sprache, Wahrheit und Sein, wie sie sich in den platonischen Dialogen zeigt, und zweitens die Form des Dialoges, wie er in den platonischen Schriften vorgeführt wird.

Zunächst zum zweiten Punkt: Die allgemeine Form eines Gespräches, das einzig den Zweck hat, die Wahrheit von Aussagen und Aufforderungen in einer Prüfung von Rede und Gegenrede zu ermitteln und das die Stimmigkeit der Begründungen durch die Prüfung ihrer Kohärenz zu widerlegen oder zu erhärten versucht, erwies sich allein schon dadurch als an die Möglichkeit der Schrift gekoppelt, dass der Zusammenhang der Begründungen ein *systematischer* sein soll. Aussagen sollen gelten unabhängig vom Zeitpunkt ihrer Äußerung. Und sie sollen alle zugleich und gleichermaßen gelten; sie sollen aufeinander bezogen und wechselweise miteinander abgeglichen werden können. Diese Gestalt der Systematizität ist ohne Schrift nicht denkbar. Erst sie ermöglicht es, Aussagen vom

Zeitpunkt ihrer Äußerung so abzulösen, dass sie als andauernde Äußerungen in immer neue Konfigurationen mit anderen Aussagen gestellt und auf ihr Zusammenstimmen oder auf ihren Widerspruch hin befragt werden können. Welche besondere Form Schrift hierbei hat - ob es sich um piktographische, ideographische oder phonographische Systeme handelt - ist für die Möglichkeit der Gesprächsform dabei gleichgültig.

Nun zum ersten Punkt. Auch die besondere Fassung der Frage nach der Bedeutung sprachlicher Ausdrücke, die Gegenstand des philosophischen Gespräches ist und auf die philosophische Untersuchungen immer wieder zurückführen, setzt Schriftlichkeit als solche voraus. Sie verlangt ja, dass Laute nicht als bedeutende Gesten, sondern als ‚sinn-' oder ‚bedeutungslos' müssen gedacht werden können, und dass Bedeutung als etwas aufgefasst werden kann, das zu dieser Äußerung gewissermaßen von außen, durch einen besonderen Akt, hinzugefügt wird. Ich habe gezeigt, dass ein solches Verständnis von ‚Laut' bereits einen hohen Grad an Konzeptualisierung voraussetzt. Der Laut, von dem gefragt wird, wie es möglich ist, dass er etwas bezeichnet, ist ein bereits durch viele Praktiken der Isolierung, Klassifizierung, Darstellung hindurch auf eigentümliche Weise erfahrener und wahrgenommener Laut, und die strukturelle Koppelung von geschriebener und gesprochener Sprache ist ein unabdingbares Moment dieser Praktiken.

Wie ist es mit der *Antwort* auf die Frage nach der Bedeutung - mit der gegenstandstheoretischen Grundlegung der Sprachphilosophie, wie sie sich bereits bei Platon findet, und wie sie dann in der Aristotelischen Logik weiter ausgearbeitet wird? Hier wäre eine eingehendere Untersuchung erforderlich. Manches deutet darauf hin, dass sich die besondere Form der Formalisierung und die gegenstandstheoretische Erklärung dessen, was sprachliche Bedeutung ist, nicht vollständig voneinander trennen lassen. Denn auch die Idee der Formalisierung ist ja an die Überlegung geknüpft, dass an sich sinnlose Zeichen bedeutungsvolle sprachliche Ausdrücke vertreten, um deren Funktionsweise und deren Rolle im Satzganzen als solche sichtbar werden zu lassen. Die besondere Art der Formalisierung, die auf Aristoteles zurückgeht und in den platonischen Dialogen vorgeprägt ist, unterscheidet zwischen materialen und formalen Momenten. Materiale Momente (Husserl spricht von „sachhaltigen Kernen") sind danach diejenigen Momente, die einen Gegenstandsbezug herstellen können, ohne sich mit anderen Ausdrücken zu verbinden; das hervorragende Beispiel für solche ‚selbständigen'

Ausdrücke ist der Eigenname. Formale Momente dagegen sind diejenigen, die nicht selbständig verweisen und die auch nicht im weitesten Sinne als Namen interpretiert werden können. Auch eine solche Konzeptualisierung und Operationalisierung gesprochener Sprache als einer Zusammensetzung an sich sinnloser Laute wird wohl erst mitteilbar und denkbar vor dem Hintergrund einer schon herausgebildeten Parallelsetzung von Sprache und Schrift. Sprachliche Laute *als solche* zu klassifizieren (und das heißt: sie in dieser bestimmten Form aus ihrem Äußerungskontext herauszulösen), ist ohne Zuhilfenahme einer zweiten Symbolisierungsform nicht vorstellbar. Gleichwohl scheint die Entwicklung der Idee, dass sprachliche Ausdrücke auf Gegenstände verweisen, nicht *notwendig* alphabetische oder phonographische Schriften vorauszusetzen, beruht sie doch in ihrer spezifischen Form nicht auf der Möglichkeit, Laute als ‚sinnlose' Zeichen zu klassifizieren.[10]

Sowohl in ihren inhaltlichen als auch in ihren formalen Momenten lässt sich somit die Technik des philosophischen Gesprächs als eine besondere Antwort auf eine Vielzahl von Möglichkeiten, die durch Schriftlichkeit bereitgestellt werden, verstehen. Weder erforderte dieser Kontext diese Antwort, noch bestimmte er sie. Sie *musste* nicht gegeben werden. Sie war nicht unmittelbare Folge von Schrift. Schriftlichkeit aber ermöglichte es, mündliches Sprechen auf neue Weise zu verstehen und auf neue Weise mit ihm umzugehen. Philosophie war insofern ein Experiment, ein Experiment, das auch hätte ausbleiben können: Ein Experiment mit der gesprochenen Sprache im Angesicht der Möglichkeiten von Schriftlichkeit.

4.

Spätestens seit Anfang des 19. Jahrhunderts können wir zwei einander überlappende Bewegungen im Bereich der Medienkultur ausmachen. Auf der einen Seite wird Schriftlichkeit – spezifisch: alphabetische Schriftlichkeit – mit der Einführung der allgemeinen Schulpflicht eine von allen Mitgliedern moderner Gesellschaften gefor-

---

10 Es kann sein, dass man durch eine eingehendere Untersuchung zum Zusammenhang von Gegenstandsbegriff und Schriftlichkeit engere Abhängigkeiten zwischen beiden Momenten aufzeigen kann; eine solche Betrachtung hätte allerdings den Rahmen dieser Arbeit bei weitem überstiegen. Hier liegt ein großes Feld weiterer medienphilosophischer Untersuchungen. Siehe dazu auch: Stetter 1997.

derte Kompetenz; die Fähigkeit zu schreiben wird damit verallgemeinert und gewinnt somit noch an Bedeutung. Auf der anderen Seite treten mit der Entwicklung und Erfindung neuer technischer Medien neue Formen und Verbindungen von andauernden und gedehnten Äußerungen auf; in ihnen wird die Verbindung von Speicherung, Übertragung und Sprache stark modifiziert. Diese Entwicklung verändert die Erfahrung der Menschen in Bezug darauf, was es heißt, etwas zu sehen oder zu hören, wahrzunehmen und zu erinnern. Damit ermöglicht sie aber auch, neue Erfahrungen in Bezug darauf zu machen, was es überhaupt bedeutet, zu sprechen oder zu schreiben. Sie stellt damit auch die Möglichkeit bereit, auf neue Weisen zu verstehen, was ‚Sprache', was ‚Mitteilung' überhaupt ist.

Charakteristisch für diese Medienentwicklung vom 19. Jahrhundert bis etwa hin zur Mitte des 20. sind Techniken, die das, was man mit Fritz Heider ‚mediale Abbildlichkeit'[11] nennen kann, auf verschiedene Weise nutzbar machen: Phonographie, Photographie, Kinematographie, Telefon. Charakteristisch für Techniken medialer Abbildlichkeit ist, dass Ausläufermannigfaltigkeiten, Konfigurationen in einem Medium (Licht oder Luft) aufgezeichnet oder übertragen werden. Weil sie auf dem Prinzip medialer Abbildlichkeit beruhen, ist es das jeweils Gesehene oder Gehörte selbst desjenigen, was zum Material - sei es des Aufzeichnungs-, sei es des Übertragungsvorganges - wird. Sie verlangen daher von denjenigen, die sie gebrauchen, dass Gehörtes oder Gesehenes auf die Gestalt hin angesehen wird, die es als Aufgezeichnetes oder Übertragenes annimmt: Der Fotograf muss das Bild aus der Landschaft, der Regisseur den Film aus dem in der Zeit Gesehenen ‚heraussehen', der Tonaufzeichner muss im gerade Gehörten das später Aufgezeichnete hören lernen. Diese Techniken medialer Abbildlichkeit unterscheiden sich dadurch sowohl von der Schrift wie auch von den traditionellen Formen von Bildlichkeit oder akustischer Aufbewahrung. Dabei muss man sehen, dass nicht das Gehörte selbst übertragen oder aufgezeichnet wird, sondern dass es nur Ausgangsmaterial einer Darstellung ist, die eine besondere symbolische Form besitzt. Obwohl also all diese Formen von Aufzeichnung und Übertragung auf dem Prinzip medialer Abbildlichkeit beruhen, unterscheiden sie sich voneinander sehr weitgehend durch ihre *Bildform*, wenn man darunter die vorführbare Verwendung eines anschaulichen Gegenstandes,

11 Siehe Heider 1927, 139f.

der ein ‚Sehen als' ermöglichen soll, versteht. Und diese Bildform greift natürlich auf unterschiedliche Weise in das alltägliche Verstehen ein, je nachdem, ob sie in andauernde oder gedehnte Äußerungen Eingang findet. Bei der gedehnten Äußerung - beispielsweise im Falle des Telefons - verhält man sich durch das mediale Abbild der eigenen Stimme zu dem medialen Abbild der Stimme des anderen. Bei der andauernden Äußerung dagegen lernt man, das zukünftige Bild aus dem gerade Gesehenen oder Gehörten herauszuschauen, bzw. herauszuhören. In den neueren Aufzeichnungstechniken wird das Aufzeichnungs- und Mitteilungsverhalten also auf andere Weise zerlegt als in der schriftlichen oder mündlichen Rede: Einmal trennen sich andauernde und gedehnte Äußerungen so voneinander, dass sie als Äußerungstypen für sich fassbar werden. Bei den gedehnten Äußerungen wird die Unterscheidung zwischen einsinnig- (Hörfunk) und zweisinnig-gedehnten Äußerungen (Telefon) technische Form.

Die einsinnige medial-abbildliche *Übertragung* bringt andere Perspektiven auf Ausdrucks- und Mitteilungsverhalten mit sich als die medial-abbildliche *Aufzeichnung* (Phonographie), allein schon dadurch, dass sie nicht mehr die Wiedergabe durch einen Apparat, sondern das Gehör und das Verständnis von Rezipienten zum unmittelbaren Zielpunkt hat. Diese Rezipienten sind zwar zeitlich, aber nicht räumlich gegenwärtig. Sie sind zugleich aber nicht unmittelbar anschaulich erfahrbar. Der Radiosprecher ist gegen die Gegenwart seines Publikums blind und taub. Dieses wiederum kann dessen Gegenwart erfahren, ohne von ihm in dieser Erfahrung beobachtet zu werden.

Die telefonische Kommunikation ist eine Zusammensetzung zweier einsinnig medial-abbildlicher Übertragungsvorgänge. Durch diese Zusammensetzung wird ein geteilter Wahrnehmungsraum erzeugt. Das medial-abbildlich übertragene Ausdrucksverhalten wird zur Grundlage aktueller und gemeinsam erfahrener Kommunikation. Auch diese Zerlegung des Aufzeichnungs- und Mitteilungsverhaltens bietet eine Fülle neuer Kriterien für die Klassifizierung dessen, was wir mit recht allgemeinen Begriffen ‚Sprache' und ‚Kommunikation' nennen.

5.

Georg Simmel zeigt in seiner Philosophie des Geldes,[12] wie dadurch, dass im Tauschvorgang das Medium Geld zwischen das Begehren, den begehrten Gegenstand und die miteinander Tauschenden tritt, dieses ursprüngliche Begehren gebrochen wird; wie ein Lichtstrahl, wenn er in ein Prisma eintritt. Der Vorgang der Brechung führt zur Herausbildung von Kategorien, durch die sich die Geldbenutzer selbst neu verstehen und definieren lernen, zu der Herausbildung einer bestimmten Form von Intersubjektivität auf der einen, von Kategorien, durch die ‚Welt' überhaupt erst verstanden wird, auf der anderen Seite. Bei dem Bild der Brechung handelt es sich um eine Metapher. Sie kann uns aber helfen, den Zusammenhang zwischen der Entstehung und dem Gebrauch neuer soziologischer, linguistischer und philosophischer Kategorien und der Entwicklung von Aufzeichnungs- und Übertragungstechniken zu erfassen: Ähnlich wie mit der Verwendung des Geldes neue Konzepte von Sozialität und sozialer Handlung vorstellbar und kommunizierbar werden, werden mit der Verwendung neuer Aufzeichnungs- oder Übertragungsmedien (den verschiedenen Formen von Schrift, der Photographie, der Phonographie, der Telefonie usw.) Verhaltensformen wiederholbar, an denen neuartige Verwendungen sprachlicher Ausdrücke Anhaltspunkte gewinnen: die Aufzeichnungstechniken stellen gewissermaßen neue Kriterien für die Verwendung sprachlicher Ausdrücke bereit, indem sie bestimmte Korrekturen der Erwartung, Korrekturen von Aussagen über Erwartetes oder Gedachtes, ermöglichen.

Ich will hier drei Bereiche unterscheiden, in denen die neuen Aufzeichnungstechniken Gesprochenes und Mitgeteiltes sequenzieren, neue Äußerungsformen ermöglichen und damit neue Formen von *Sprache über die Sprache* hervorbringen können.

Der erste Bereich ist der Bereich derjenigen Phänomene, die sich darauf zurückführen lassen, dass eine Äußerung kopierbar und andauernd gemacht wird und dadurch als Äußerung in eine unbestimmte und unbestimmbare Zukunft hineinzureichen imstande ist. Hier ist es vor allem die Tatsache, dass die neuen Formen als Merkzeichen fungieren, also neue Kriterien für die Richtigkeit von Wahrnehmungsaussagen mit sich bringen, die auf das Sprechen über die Sprache Einfluss hat.

---

12 Siehe Simmel 1989.

Zum zweiten Bereich gehören diejenigen Phänomene, die mit der Äußerungsdehnung zusammenhängen. Die Dehnung der Äußerung *allgemein* ermöglicht es, Sender- und Empfängerrolle zu trennen; sie bringt es mit sich, dass Antwort- und Sprechverhalten erst voneinander getrennt und dann wieder aufeinander bezogen werden können; sie gibt ein Kriterium an die Hand, durch das wir Antworterwartungen losgelöst vom Antwortverhalten klassifizieren können; sie ermöglicht uns, eine Äußerung als Mitteilungsereignis zu klassifizieren und von ihr zu sagen, welchen Weg sie zurücklegt und wie viel Zeit sie dafür braucht. Das alles gilt schon für die älteren Formen von Äußerungsdehnung. Die *neuen Formen medial-abbildlicher Übertragung* fügen hier nun in vielerlei Hinsicht Neues hinzu. So tritt an die Stelle des Verstehens einer weitergesagten sprachlichen Äußerung, einer geschriebenen Botschaft oder der Auswahl eines übersandten Gegenstandes das Verständnis eines abbildlich-übertragenen Ausdruckes; die zeitliche Dehnung wird so weit reduziert, dass sie für diejenigen, die sich der Techniken bedienen, kaum mehr erfahrbar ist, auch wenn sie für den Blick eines technisch geschulten Beobachters relevant bleibt; die Verständigung wird unmittelbar zweisinnig; die Möglichkeit, entfernte Andere zu erreichen und mit ihnen zu sprechen, wird ständige Gegenwart.

Der dritte Bereich ist der Bereich derjenigen Phänomene, die daraus resultieren, dass sich der Unterschied zwischen andauernden und gedehnten Äußerungen deutlicher artikuliert, sodass wir zwischen beiden Formen unterscheiden *müssen*. Diese Differenzierung, die gewiss auch schon die Verwendung der Schrift mitbestimmte und die sich in verschiedenen Funktionen von Schrift bemerkbar machte, wird mit der Erfindung von Telegraph und Telefon zum Ausgangspunkt einer Kette weiterer Differenzierungen, bis hin zu den Chatrooms des Internets, in denen Geschriebenes nur so lange erscheint, wie es nötig ist, um von einem entfernten Ort aus gelesen zu werden: es ist hier nur mehr Moment gedehnter Äußerung. Die Dichotomie zwischen Sprache, Sprechen und Text auf der einen Seite, Kommunikation auf der anderen Seite, die das heutige Nachdenken über unsere symbolisch strukturierte Existenz durchzieht, hat hier vermutlich ihren gewichtigsten Anhaltspunkt.

6.

Wie verändert sich im Übergang von den Erfahrungen, die im Umgang mit der Schrift und dem Schreiben gemacht werden, zu denjenigen Erfahrungen, die im Zusammenhang mit medial-abbildlicher akustischer Übertragung und Aufzeichnung gemacht werden, die Redeweise über Sprache und Kommunikation? Ich will hier nur auf zwei – meines Erachtens allerdings – zentrale Umstellungspunkte in der Geschichte der Bedeutungstheorie eingehen: Erstens die Veränderung der Auffassung in Bezug auf das Verhältnis von Sprache und Kommunikation, wie es sich in der Entwicklung der grundlegenden Kategorien, auf deren Boden die Phänomenologie Husserls entsteht, aus den Kategorien der Brentanoschule herausgebildet hat. Hier sind insbesondere die Überlegungen von Kasimir Twardowski relevant, die er in seiner Schrift *Zur Lehre von Inhalt und Gegenstand der Vorstellungen* darstellt. Zweitens die Einbeziehung einer besonderen ‚Schicht des Verhaltens' in die philosophische Analyse von Bedeutung, wie sie innerhalb der phänomenologischen Philosophie in der Kritik an Husserls Konzeption von Intersubjektivität bei Scheler und Plessner, in einer anderen Tradition, nämlich der Sprachphilosophie Wittgensteins, mit der Einbeziehung der Verwendungsweisen in die Bedeutungstheorie vollzogen wird.

Twardowski entwickelt – eindrucksvoll klar – die Grundkonfigurationen eines mentalistischen Konzeptes, das für die Bewusstseinsphilosophie bis hin zu Husserl in unterschiedlichen Varianten unausgesprochene selbstverständliche Voraussetzung gewesen war: Er unterscheidet zwischen Erlebnissen des Vernehmens, Sprechens und Denkens sinnloser Laute einerseits, Erlebnissen von mit Bedeutung versehenen Lauten andererseits; Bedeutung entsteht durch Verbindung von Lauterlebnissen mit Erlebnissen von Gegenstandswahrnehmung oder -vorstellung. Diese Unterscheidung zwischen sinnlosen Lauten und als bedeutungsvoll wahrgenommenen Lauten: wie ist sie möglich? Wie lässt sie sich erklären? Meines Erachtens stellt die Operation des Erlernens alphabetischer (allgemeiner: phonographischer) Schriftzeichen wesentliche Kriterien für eine solche mentalistische Theorie bereit. Für die Unterscheidung zwischen faktisch gesprochenem und vernommenem Laut, die dann für Husserls Bedeutungstheorie (wie auch für die von de Saussure) maßgeblich wird, bietet sie jedoch keinen Anhaltspunkt.

Bei Husserl nun erfährt diese mentalistische Konzeption eine eigentümliche Verschiebung; durch sie erst eröffnet sich die Möglichkeit phänomenologischer Betrachtungsweisen, die zum Ausgangspunkt für verschiedene Philosophien des 20. Jahrhunderts werden. Husserl unterscheidet nämlich nicht mehr zwischen Lauthören und Sinnerleben; sondern – gleichsam im Inneren des akustischen Erlebens –

zwischen dem Vernehmen des Lautes und dem vernommenem Laut. Diese Unterscheidung ist nicht mit der zwischen dem tatsächlichen Laut und dem Lauterleben identisch. Die eine hat ihr Korrektiv daran, ob dem, was ich zu vernehmen glaube, tatsächlich etwas in der Wirklichkeit entspricht. Die andere hat ihr Korrektiv an der Erfahrung, dass ich etwas anderes gehört (wahrgenommen) habe, als ich in der Erinnerung gehört zu haben glaube.

Husserls neue Unterscheidungsweise, durch die er sich von der bis dahin üblichen Form des Mentalismus ablösen kann, geht einher mit der Ablösung des Bereiches der Kundgabe (also dem Bereich der Kommunikation) von dem der inneren Sprache (in Husserls Terminologie: dem des „bedeutungsvollen Ausdrucks“[13]). Während Twardowski zufolge der Laut die zugehörigen Bedeutungserlebnisse nach derselben Gesetzmäßigkeit hervorruft, nach der bei einem Verstehenden der - sei es sprachliche, sei es mimische - Ausdruck eines anderen Menschen die Vorstellung von dessen Erlebnissen nach sich zieht, sieht Husserl hier also zwei voneinander grundverschiedene Deutungsverfahren am Werk. Die Unterscheidung, die für diese Ablösung der Kundgabefunktion als einer *eigenen Weise des Bedeutens* maßgeblich ist, nämlich die Unterscheidung von Kundgabe und bedeutungsvollem Ausdruck, wird im Inneren des Erlebensbereiches angesiedelt. Auch für sie müsste es (ebenso wie für die Unterscheidung von Lautvorstellung und vorgestelltem Laut) Kriterien geben, die es möglich machen, den Ausdruck solchen Erlebens zu unterscheiden. Und es gibt sie tatsächlich: Sie sind durch die Form der medial-abbildlichen Geräuschaufzeichnung gegeben. Man kann sich das klar machen, indem man überlegt, welche neuartigen Lernschritte jemand, der phonographische Tonaufzeichnungen von Stimmen herstellt, in Bezug auf sein eigenes Hören mithilfe dieser Aufzeichnungen machen kann: Die Aufzeichnung gibt ihm die Möglichkeit in die Hand, die Wahrnehmung des stimmlichen Ausdruckes abzulösen von der Wahrnehmung der kommunikativen Absicht dessen, der zu ihm spricht.

Mit der Kritik an der Intersubjektivitätstheorie Husserls durch Scheler und Plessner scheint sich noch einmal ein radikaler Perspektivenwechsel zu vollziehen. Betrachtet man diese Entwicklung des Nachdenkens über das Verhältnis von Sprache, Bewusstsein und Kommunikation vor dem Hintergrund des gegenwärtigen Erfahrungshorizontes, so wirkt es so, als habe man sich mit wenigen Zü-

13 Husserl 1992, 30f.

gen aus den komplizierten Konstruktionen philosophischer Theorien herausgewunden, um zu einer neuen Form schlichter Beobachtung zu finden. So mündet Plessners Intersubjektivitätstheorie in Anweisungen für eine bestimmte Art der Wahrnehmung einer Sphäre, die sich bis dato dem Blick entzogen zu haben schien: der Schicht des Verhaltens. Dass diese Schicht, die zuvor nicht als solche wahrgenommen wurde, nun ins Zentrum der Betrachtung tritt, ist charakteristisch nicht allein für Plessners Philosophie, sondern bildet eine unausgesprochene Voraussetzung für eine Reihe von philosophischen Betrachtungen und Analysen, die in der ersten Hälfte des 20. Jahrhunderts entstanden sind, am wichtigsten vielleicht: der Wittgenstein'schen Sprachspieltheorie. Die Wahrnehmung dieser Schicht ermöglicht es, den Bereich der inneren Sprache nunmehr mit dem der Kundgabe, der Kommunikation, zusammen zu denken – aber nun auf ganz andere Weise, als es in dem mentalistischen Ansatz, der von Twardowski auf den Begriff gebracht wurde, noch geschah: Indem sie nicht nur das Sprechen in der Schicht des Verhaltens ansiedelt, sondern auch die Frage nach der Wort- und Satzbedeutung von der Schicht des Verhaltens aus aufzugreifen vermag, wird die Frage nach der Bedeutung formulierbar als Frage nach der Verwendungsweise eines Wortes, eines Satzes, einer Rede.

7.

Bis heute ist die Frage nach der Verwendungsweise eines Ausdruckes in ihren verschiedenen Ausformungen eine für die Philosophie maßgebliche Methode der Klärung von Begriffen geblieben; zu fragen, was die Bedeutung eines Ausdruckes ist – als philosophische Rückfrage auf einen gemeinten Sinn –, bedeutet immer zu untersuchen, was die *Erklärung der Bedeutung erklärt* (Wittgenstein), oder was es heißen könnte, den Ausdruck zu erklären für jemanden, der nicht schon in einer anderen Sprache (und sei es in der der Vorstellungen) über den Gebrauch des Ausdruckes verfügt. Fragestellungen wie etwa die in der Moralphilosophie nach der Bedeutung „dichter Begriffe"[14] (wie Grausamkeit usw.) für unser moralisches Selbstverständnis oder Fragen nach der notwendigen Unbestimmtheit jeder Übersetzung für unser Verständnis der Verschiedenheit und Offenheit von Kulturen sind erst vor dem Hintergrund der Überlegungen Wittgensteins denkbar geworden. Diese Überlegun-

14 Williams 1999, 197.

gen sind selbst aber, wie ich zu zeigen versucht habe, nicht voraussetzungslos. Den Hintergrund für ihre Verständlichkeit bildet eine neue Form der Erfahrung gesprochener und geschriebener Sprache, die in mehrfacher Hinsicht an die Existenz neuer Aufzeichnungs- und Übertragungsformen gebunden ist. Erlernen kann sie nur, wer sich zum einen aus den eingespielten Formen ‚vorsprachlicher' Verständigung so weit entfernt, dass dieses Verhalten sich nicht mehr durch seine Unmittelbarkeit der Aufmerksamkeit entzieht, wer es aber andererseits wieder in Vorgänge von Mitteilung und Verständigung einbringen muss. Beide Bedingungen sind im Gebrauch der Formen medial-abbildlicher Aufzeichnung und Übertragung erfüllt. In der Aufzeichnung etwa einer mündlichen Rede muss die Rede vom Aufzeichnenden so gehört werden, als sei sie von der Existenz des Sprechenden abgelöst. In der Übertragung muss die Rede so eingesetzt werden, als sei sie in eine wahrgenommene Umgebung hinein gesprochen, obwohl diese Umgebung vom Sprecher selbst nicht mehr wahrgenommen wird - er muss sich noch nicht mal ihrer Existenz sicher sein (etwa: wenn er nicht weiß, ob seine Rede noch übertragen wird). Beides zusammen ermöglicht es, die Funktionsweise des Ausdrucksverhaltens innerhalb der Kommunikation zu thematisieren und klassifizierend zu beschreiben.

Was bedeutet es, dass auch die neueren Formen des Philosophierens nicht ‚voraussetzungslos' sind? Diese Frage - vor dem Hintergrund einer genauen Analyse der Bedeutung der Medienentwicklung für die Entwicklung neuer Formen des Philosophierens - zu stellen und zu beantworten, wäre Aufgabe einer künftigen Medienphilosophie.

Bibliographie

Brockmeier, Jens (1998): Literales Bewußtsein. Schriftlichkeit und das Verhältnis von Sprache und Kultur. München.

Derrida, Jacques (1974): Grammatologie. Übersetzt von Hans-Jörg Rheinberger und Hanns Zischler. Frankfurt am Main.

Ehlich, Konrad (2007): Sprache und sprachliches Handeln. Bd. 3: Diskurs, Narration, Text, Schrift. Berlin.

Feldbusch, Elisabeth (1985): Geschriebene Sprache. Untersuchungen zu ihrer Herausbildung und Grundlegung ihrer Theorie. Berlin.

Flichy, Patrice (1994): Tele. Geschichte der modernen Kommunikation. Übersetzt von Bodo Schulze. Frankfurt am Main (u.a.).

Heider, Fritz (1927): Ding und Medium. Berlin.

Husserl, Edmund (1976): Gesammelte Werke. Bd. 3: Ideen zu einer reinen Phänomenologie und phänomenologischen Philosophie. Buch 1: Allgemeine Einführung in die reine Phänomenologie. Dordrecht (u.a.).

Husserl, Edmund (1992): Gesammelte Schriften. Bd. 3: Logische Untersuchungen. Bd. 2: Untersuchungen zur Phänomenologie und Theorie der Erkenntnis. Teil 1. Text nach Husserliana XIX/1. Hamburg.

Kittler, Friedrich A. (1986): Grammophon, Film, Typewriter. Berlin.

Kittler, Friedrich A. (1995): Aufschreibesysteme 1800 · 1900. 3., vollständig überarbeitete Auflage. München.

Konitzer, Werner (2006): Medienphilosophie. München (u.a.).

McLuhan, Marshall (1968): Die Gutenberg-Galaxis. Das Ende des Buchzeitalters. Übersetzt von Max Nänny. Düsseldorf (u.a.).

McLuhan, Marshall (1992): Die magischen Kanäle. Übersetzt von Meinrad Amann. Düsseldorf (u.a.).

Simmel, Georg (1989): Philosophie des Geldes. Gesamtausgabe. Bd. 6. Herausgegeben von David P. Frisby und Klaus Christian Köhnke. Frankfurt am Main.

Stetter, Christian (1997): Schrift und Sprache. Frankfurt am Main.

Tugendhat, Ernst (1992): Überlegungen zur Methode der Philosophie aus analytischer Sicht. In: Ders.: Philosophische Aufsätze. Frankfurt am Main. 261–274.

Williams, Bernard (1999): Ethik und die Grenzen der Philosophie. Übersetzt von Michael Haupt. Hamburg.

Clara Rybaczek

Potenzial wider Erwarten. Mediale Dysfunktion als Einsichts- und Erfahrungsmöglichkeit[1]

Der Begriff *Störung* scheint in der Medientheorie fest verankert, wird er doch als einer ihrer Grundbegriffe angeführt.[2] Verbunden sind damit unliebsame Phänomene, wie Ausfälle, Abstürze oder Pannen, die sich als *Dysfunktionen* verstehen lassen. Mit dieser Bezeichnung werden regelrecht ‚üble' oder ‚schlechte'[3] Funktionsweisen erfasst, die als fehlerhafte von der festgelegten und erwarteten Norm abweichen, diese stören und ihr widersprechen. Doch ist dieser Widerspruch gegen eine erwartete Funktion, wie er sich in einer Störung oder Dysfunktion[4] vollzieht, nur als Übel, das es auszugrenzen gilt, zugänglich? Kann eine auftretende Dysfunktion nicht auch Ermöglichung neuer Perspektiven sein? Gerade vor dem Hintergrund einer „grundlegende[n] Vermitteltheit der Dinge"[5], mit der sich unsere Weltverhältnisse immer schon als mediale und mittelbare[6], aber auch subjektiv bestimmte[7] konstituieren, scheinen Unterbrechungen auch als Perspektivwechsel zugänglich.

Um das im Folgenden näher auszuführen, werden Vermittlungen zunächst im kommunikationstheoretischen Zusammenhang betrachtet. Die Entwürfe des Begründers der mathematischen Informationstheorie, Claude Shannon, werden als paradigmatisch für ein

1 Ausführlichere Überlegungen zu diesem Thema finden sich in meiner kürzlich an der Universität Wien approbierten Diplomarbeit.

2 Siehe Kümmel 2005, 229-235.

3 So erschließt sich laut Duden 2003, 416 die griechische Vorsilbe *dys*.

4 Eben im Sinne eines Widerspruchs, der von Unschärfe bis zum Totalausfall gehen kann und sich gegen eine erwartete Funktion richtet - denn nur im Abgleich mit dem Erwarteten nehmen wir Gegenläufiges wahr - werden die Begriffe *Dysfunktion* und *Störung* im Folgenden synonym verwendet.

5 Buck 1969, 17.

6 So formuliert auch Sybille Krämer: „Alles was Menschen beim Wahrnehmen, Kommunizieren und Erkennen ‚gegeben ist', ist in Medien gegeben." (Krämer 2003, 83.)

7 Denn das scheinbar unmittelbar Gegebene wird durch Subjektivität vermittelt, durch unsere Antizipationen gleichsam gefärbt und geneigt (siehe Buck 1969, 17.)

effizienzgerichtetes Denken vorgestellt, das mit einer Abwertung von Störung einhergeht und Mittelbarkeit ins Unsichtbare drängt. Als Gegenmodell wird der Denkentwurf von Michel Serres aufgegriffen, in dem auch ein störendes Drittes Platz findet.

Weiters werden Überlegungen zu medialen Vermittlungsverhältnissen besprochen, die die Unsichtbarkeit des Mittlers als Grundbedingung hervorkehren. Die Ansätze von Marshall McLuhan und Sybille Krämer werden vor- und gegenübergestellt. Im Zuge dessen wird die Störung oder Dysfunktion als Moment herausgearbeitet, in dem Medien „selbst zur Geltung kommen“[8], und das sich auch in Hinsicht auf menschliches Lernen weiterverfolgen lässt.

Kommunikationstheoretische Perspektiven: Von der Abwehr zur Integration der Störung

In seinem informationstheoretischen Ansatz beschäftigt sich Claude Shannon mit dem Problem der Vermittlung; nämlich damit, „an einer Stelle entweder genau oder angenähert eine Nachricht wiederzugeben, die an einer anderen Stelle ausgewählt wurde.“[9] Mit Dieter Mersch lässt sich hier der Beginn des „medientheoretischen Mythos der zweiten Hälfte des 20. und des beginnenden 21. Jahrhunderts“[10] verorten, der Medien als technisch konstruierte Mittel zur Informationsverbreitung in den Blick bringt. Besonders die Störung wird bei Shannon prominent verhandelt und so „ein Fundament geschaffen, auf das die spätere medienwissenschaftliche Verwendung des Begriffs aufbauen konnte.“[11]

Shannons bekanntes Werk *Die mathematische Theorie der Kommunikation* erschien 1949 mit einer Einführung von Warren Weaver, unter dem Titel *Mathematische Grundlagen der Informationstheorie*. Die darin enthaltenen Ausführungen gehen auf Shannons Arbeit im militärischen Bereich während des Zweiten Weltkrieges zurück. Er war, wie andere Mathematiker, in geheime Regierungsprojekte eingebunden und betrieb „Kriegsforschung“[12]. Sein berühmtes Kommunikationsmodell (siehe Abb. 1), das heute oft als Verdeutlichung

---

8 Krämer 2008, 27.

9 Shannon 1976, 41.

10 Mersch 2006b, 27.

11 Kümmel 2005, 229.

12 Kittler 2004, 52.

zwischenmenschlicher Kommunikation gelesen wird[13], beruht auf Überlegungen zur Flugabwehr.[14] Shannon ordnet hier die „fünf notwendigen Teile"[15] eines Kommunikationssystems in einer Reihe an: Die „Nachrichtenquelle" produziert eine Nachricht oder wählt sie aus. Vom „Sender" wird sie in ein übertragbares Signal übersetzt, welches durch den „Kanal", repräsentiert durch das kleine Kästchen in der Mitte, an den „Empfänger" geht. Die „Störquelle" lauert auf dieser Wegstrecke. Sie fügt dem ursprünglichen Signal etwas hinzu oder löscht es gänzlich aus. Der „Empfänger" entschlüsselt das Signal und übersetzt es in eine Nachricht, die letztlich das „Nachrichtenziel" erreicht.

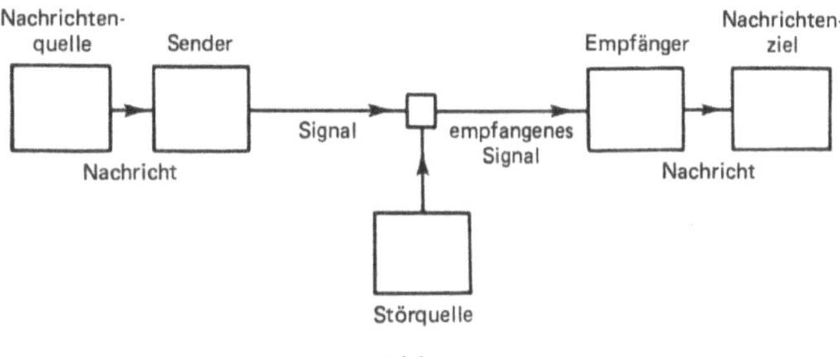

Abb. 1[16]

Ursprünglich wurden mit dem Modell Abläufe bei der Ortung und Verfolgung feindlicher Flugkörper skizziert: Es ging um die Entwicklung von Lenkwaffen, mit denen sich krummlinige Flugbahnen der Zielobjekte vorhersagen und ausgleichen ließen.[17] Doch diese Zusammenhänge unterlagen der Geheimhaltung. Nur in veränderter Form durften seine Überlegungen an die Öffentlichkeit gelangen: Konkrete Anwendungen mussten verschwiegen und hinter Verallgemeinerungen verborgen bleiben.

> Shannon hatte gar nicht die Absicht, eine Geschichte der Ideen zu erfinden, sondern er erhielt die Auflage, seine The-

13 Siehe etwa Badura 2004.

14 Siehe Roch 2009, 160.

15 Shannon 1976, 43.

16 Ebd., 44 (© Oldenbourg Wissenschaftsverlag GmbH).

17 Siehe Roch 2009, 160.

orien so zu veröffentlichen, dass keine spezifischen Anwendungen und Kontexte daraus ersichtlich werden konnten.[18]

Vor allem die Einführung von Warren Weaver legt die Eignung von Shannons Ansatz zur grundlegenden Kommunikationstheorie nahe: „Die Theorie ist genügend tiefgründig, dass die Beziehungen, die sie darlegt, unterschiedslos für all diese sowie für andere Formen der Kommunikation anwendbar sind."[19] Dabei betont er aber, dass Auseinandersetzungen mit Kommunikation hier auf die technische Ebene beschränkt bleiben. In den Blick kommt die Genauigkeit einer Übertragung, nicht die übermittelte Bedeutung oder eine erreichte Verhaltensänderung.[20] Entsprechend der Konzentration auf die technische Optimierung von Übertragungen werden Störungen als Hindernisse[21] behandelt. Unter dem Begriff *Störung* fasst Weaver „[a]lle Veränderungen im übertragenen Signal"[22], die je nach technischen Voraussetzungen unterschiedlich ausfallen können: von der Tonverzerrung in der Telefonie bis zur atmosphärischen Störung in der Funktechnik. Diese „unerwünschten Zusätze"[23] gilt es zu reduzieren oder auszuschalten.

Die ‚Ausgrenzung' und ‚Abwertung' der Störung wird auch an der Position deutlich, die sie im besprochenen Kommunikationsmodell einnimmt: Die „Störquelle" ist unterhalb der linearen Verbindung von Sender und Empfänger angesiedelt, sie operiert aus dem Abgrund; fungiert polemisch gesprochen als ‚informationstheoretischer Bösewicht', der in die heile Kommunikationswelt eingreift, den Austausch schwächt oder ihn verunmöglicht. Entsprechend der Leserichtung von links nach rechts und von oben nach unten wird durch die Verortung ‚unterhalb' und ‚dazwischen' außerdem die Nachträglichkeit, das Hinzutreten, von Störungen markiert.

Bei Michel Serres wird diese Instanz zum Teil des Austauschs. In seinem Buch *Der Parasit* kommt er auf das schon besprochene Kommunikationsmodell zurück, das er als schemenhafte Abbildung

---

18 Ebd., 122.

19 Weaver 1976, 36.

20 Siehe ebd., 12ff.

21 Ein Nutzen von Störungen findet in Shannons Entwürfen nur insofern Platz, als sie durch Rückkopplung Daten zur Korrektur von Fehlern liefern können.

22 Siehe ebd., 17.

23 Ebd.

integriert (siehe Abb. 2) und in Abgrenzung davon seinen Entwurf anführt (siehe Abb. 3).

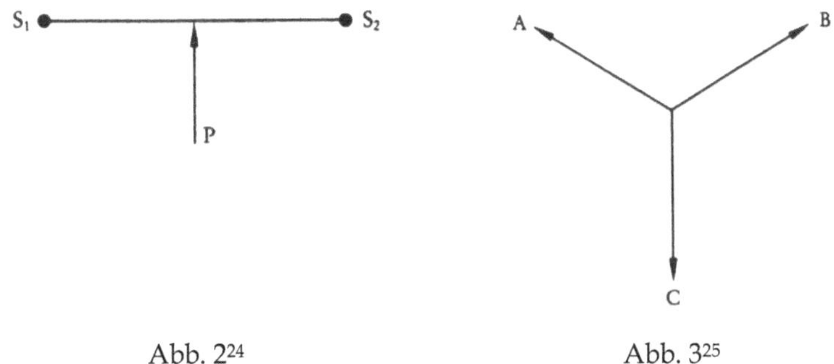

Abb. 2[24] Abb. 3[25]

Der Parasit, der sich im linearen Modell „dem Fluß der Relation aufpfropft“[26] wird bei ihm als gleichwertiger Zweig integriert. „Was mit Shannon begann, kommt bei Serres ans Ziel: Aus dem linearen Kanal, der an einer Stelle gestört wird, ist ein Y-förmiges Modell gleichwertiger Störungsrelationen geworden“[27]. Hier ist variabel, wer stört und wer den Ton angibt. Ein Rollentausch ist jederzeit möglich. Der Parasit kann den Sender seiner Funktion entheben, den Empfänger vertreiben und sich selbst an deren Stelle setzen.

Mit dem Parasit greift Serres die französische Bezeichnung für die Störquelle auf, die im englischen Original, ebenfalls mehrdeutig, als *noise source* benannt ist, und arbeitet sich an damit verbundenen Analogien ab: Mit *parasite* werden sowohl schmarotzende Lebewesen als auch Störgeräusche oder Rauschen bezeichnet. Indem Serres Kommunikation als Akt der Unterscheidung und der Einführung von Ordnung aufzeigt,[28] verdeutlicht er, dass Unordnung hier immer schon miteinbezogen und berücksichtigt ist: „In aller Kommunikation geht jedem Ausdruck, jedem Appell und jeder Referenzierung ein Bezug zur Unterbrechung, zur Differenz, zur Abweichung voraus.“[29] Doch diese ist gleichzeitig auch notwendiger Teil von

24 Serres 1987, 85.

25 Ebd.

26 Ebd., 84.

27 Kümmel 2005, 233.

28 Siehe Siegert 2001, 91.

29 Ebd., 90.

Kommunikation: Erst die Möglichkeit, dass eine Funktion wegfallen könnte, ruft sie sozusagen in die Existenz.

> Die Systeme laufen, weil sie nicht laufen. Das Nicht-Funktionieren bleibt für das Funktionieren wesentlich. [...] Wenn die Beziehung glückt, perfekt, optimal, unmittelbar, dann hebt sie sich als Beziehung auf. Wenn sie da ist, existiert, so weil sie misslungen ist.[30]

Die Notwendigkeit zur Kommunikation - die nur zwischen Instanzen besteht, die nicht eins sind und zwischen denen sich insofern Distanz auftut - ist gleichsam schon mit Fehlern, Ausfällen und Schwierigkeiten verbunden. Gibt es Zwei, dann ist auch der Abstand dazwischen mitzudenken; eine Unterbrechung, die es zu überbrücken gilt.

> Das Hintergrundrauschen ist der Grund des Seins, das Parasitentum ist der Grund der Beziehung. Das Hintergrundrauschen ist der Grundraum, der Parasit der Grund des Kanals, der durch diesen Raum führt.[31]

Michel Serres' Überlegungen lassen sich auch als Kritik an den dualistischen Schemata verstehen, mit denen die abendländische Philosophie Erkenntnis generiert.[32] Den Lärm, der dabei mitläuft, die „logischen Geräusche"[33], die dieses wissenschaftliche Denken hervorbringt, und die es umgekehrt erzeugen, versucht er zu verdeutlichen. Sprach- und Begriffsfindung veranschaulicht er als Akt der Unterscheidung und der Ausscheidung.

Vor dem Hintergrund dieser Überlegungen wird Vermittlung nun aus medientheoretischen Perspektiven in den Blick genommen. Als notwendiges Moment erfolgreicher Übertragung wird dabei besonders der Ausschluss eines Dritten hervorgekehrt, der auch in der Dysfunktion keinen unmittelbaren Eingang finden kann.

Vermittlung als medialer Selbstausschluss

Medien werden vielfach als vermittelnde Instanzen erörtert, die etwas wahrnehmbar machen, aber selbst nicht in Erscheinung treten. So formuliert etwa Niklas Luhmann eine grundlegende Diffe-

30 Serres 1987, 120.

31 Ebd., 83.

32 Siehe Siegert 2001, 89.

33 Serres 1987, 363.

renz zwischen Medium und Form, mit der er festhält: „das Medium ‚an sich' ist kognitiv unzugänglich. Nur die Formen machen es wahrnehmbar."[34] Während das Medium Möglichkeiten zur Unterscheidung bietet, indem es Regeln zur Kopplung von Elementen festlegt, kommen nur dadurch bedingte Formen zum Ausdruck.

Von Sybille Krämer wird das Zurücktreten des Mediums als Bedingung erfolgreicher Vermittlung formuliert. Anhand der Figur des Boten erörtert sie zentrale Momente jeder Kommunikation und betont dabei unter anderem eine *„Selbstneutralisierung"*[35] als notwendig.

> Erst mittels der Ausblendung der Eigensinnlichkeit und Eigenstruktur kann ein Fremdsinnliches und eine Fremdstruktur medial überhaupt zur Erscheinung gebracht werden. Das Medium präsentiert seine Botschaft, indem es sich selbst im gleichen Zug zurücknimmt.[36]

Ein Bote muss dementsprechend mit ‚fremder Stimme sprechen' - er muss aussprechen, was ihm vorgegeben wird, nicht, was ihm selbst auf der Zunge liegt.[37] In gewisser Weise beruht Vermittlung demnach auf Täuschung, insofern die Mittler nicht (eigenständig) wahrnehmbar sind und stattdessen die *„Illusion einer Unmittelbarkeit"*[38] besteht. Medien bleiben ein *„blinder Fleck"* im Mediengebrauch und funktionieren umso besser, „je mehr sie uns vergessen lassen, dass es Medien sind, durch die wir etwas zu sehen oder zu hören bekommen."[39]

Marshall McLuhan bezeichnet übermittelte Inhalte gar als ein Ablenkungsmanöver, das für die Wesensart von Medien blind macht: „Denn der ‚Inhalt' eines Mediums ist mit dem saftigen Stück Fleisch vergleichbar, das der Einbrecher mit sich führt, um die Aufmerksamkeit des Wachhundes abzulenken."[40] Die Inhalte ziehen zwar Aufmerksamkeit auf sich, Auswirkungen haben aber gerade die medialen Strukturen, die sie ermöglichen: Sie verändern menschliche Denk- und Verhaltensweisen. Medien erörtert McLuhan als

---

34 Luhmann 1995, 180.

35 Krämer 2008, 271.

36 Ebd.

37 Siehe ebd., 39.

38 Ebd., 30.

39 Ebd.

40 McLuhan 1992, 29.

technische Ausweitungen des menschlichen Körpers, unserer Sinnesorgane oder unserer Person, die sich zwischen Mensch und Welt stellen. Die Verwendung einer Technik bedingt unabhängig von Inhalten Veränderungen von Maßstab und Tempo des menschlichen Lebens; insofern ist „das Medium die Botschaft."[41] McLuhan verdeutlicht dies in *Die magischen Kanäle* anhand detaillierter Analysen von Techniken wie dem Buchdruck, der Schreibmaschine oder dem Kino. Er macht deutlich, dass Medien zwar unsichtbare, aber dennoch wirkmächtige Mittler sind. Ihre ‚Körperlichkeit' und Materialität schlägt sich schon im übermittelten Sinn nieder, indem etwa ein gewisses menschliches Sinnesorgan betont wird. So zeigt er beispielsweise die Prägung des westlichen Denkens durch das lateinische Alphabet und die dadurch bedingte Betonung des Sehsinns auf.[42]

> Jede Form von Transport befördert nicht nur, sondern überträgt und verändert den Absender, den Empfänger und die Botschaft. Die Verwendung irgendeines Trägers oder einer Erweiterung des Menschen verändert den Kanon der gegenseitigen Abhängigkeit zwischen Menschen genauso wie das Verhältnis der Sinne zueinander.[43]

Dementsprechend legt McLuhan die Möglichkeit eines Sichtbarmachens von Medien nahe, indem die Veränderungen, die sie und der Umgang mit ihnen mit sich bringen, als Hinweise auf ihre Mittlertätigkeit und ihre Beschaffenheit verstanden werden. Vermittlungen kommen so im Nachhinein in den Blick und werden an Brüchen evident, wo sich veraltete Denk- und Handlungsweisen nicht reibungslos in neu ermöglichte auflösen. Das Auftreten eines neuen Mediums zeigt sich insofern auch als Störung: Ein neues Medium stört die gewohnten Wahrnehmungsweisen; andererseits stören diese die Annäherung an ein neues Medium.[44]

---

41 Ebd., 17.

42 Siehe ebd., 102ff.

43 Ebd., 109.

44 Siehe Schüttpelz 2003, 20.

Dysfunktion als (medialer) Selbstverweis

Der Gedanke eines Sichtbarwerdens von Medien an Brüchen findet sich auch bei Sybille Krämer[45] - sie erwähnt Störungen als Kehrseite des einwandfreien Funktionierens und der Neutralität von Medien, denn sie „vergegenwärtigen, indem sie selbst dabei unsichtbar bleiben; selbst zur Geltung kommen sie umgekehrt nur im Rauschen, also in der Dysfunktion und Störung."[46] Doch kippt damit auch ihre Mittlerstellung und die notwendige Neutralität. Das Medium tritt aus der Mitte und wird zum „Nichtmedium"[47]. Es verweist auf sich selbst, wird so aber nicht direkt sichtbar. Vielmehr ist es im Selbstverweis ‚selbst' gar nicht mehr als Medium anwesend. Dieser Verweis bleibt daher ebenfalls nur indirekt möglich: Als Übertragungsvorgang, der eine Mitte und Differenzen braucht, ist er letztlich nur aus Distanz zum ‚Selbst' denkbar.

Distanz erweist sich so nicht nur als notwendige Bedingung von Vermittlungsverhältnissen, sondern auch als Voraussetzung für theoretische Annäherungen an Medien. Von einem ‚Reflexionsabstand' aus werden rückwirkend Einsichten in mediale Vermittlungsverhältnisse möglich. Dementsprechend formuliert etwa Dieter Mersch den Ansatz seiner „negativen Medienphilosophie": in Anbetracht der Unsichtbarkeit und des Entzugs von Medien „kann eine Theorie der ‚Medien' im Sinne einer Untersuchung ihrer je spezifischen ‚Medialität' bestenfalls nur indirekt erfolgen, gleichsam aus einem ‚Blickwinkel von der Seite her'."[48] Mit seinem ‚obliquen' Blick setzt Mersch nun ebenfalls an Dysfunktionen an. Denn hier tritt das Zutun von Medien nachträglich ins Bewusstsein, die scheinbar mühelos überbrückte Distanz breitet sich als Abgrund, als rauschender Zwischenraum, vor den Inhalten aus. Eine auftretende Dysfunktion verweist auf das bis dahin unsichtbare Medium; es wird als Material deutlich, das sich widersetzen kann. Dementsprechend fallen Störungen, abhängig von den technischen Grundlagen, unterschiedlich aus, wie eben auch schon Warren Weaver festhält.

---

45 Erwähnt seien hier auch ihre Ausführungen zu ‚authentischen' oder ‚opaken' Mittlern, denen sie ausgehend von ihren Überlegungen zur Spur eine direkte Präsenz zuschreibt und die ebenfalls als Störung auftreten: Sie erscheinen als „unauflösbar Fremde" und stören die Ordnung der Welt (siehe Krämer 2008, 290ff).

46 Ebd., 27.

47 Ebd., 274.

48 Mersch 2006a, 3f.

Das störende Dritte - sonst ausgeschlossene ‚Nebensache' einer geglückten Vermittlung - drängt sich hier nach vorne, und behauptet sich. Das kann momentan die Bedingung erfolgreicher medialer Vermittlung, eben die *„Illusion einer Unmittelbarkeit"*, erschüttern und neben den technischen Mitteln, die die Verbindung bisher aufrecht erhielten, auch die Mittelbarkeit als solche deutlich machen. Die Medialität von Medien zeigt sich gerade an Abweichungen und Unterbrechungen am deutlichsten; in Sprüngen und Widersprüchen tritt sie hervor.[49] Der blinde Fleck der geglückten Vermittlung rückt ins Bild, er verschiebt sich und begründet den nächsten Austausch. Von einem Ende jeglicher Illusion kann also keinesfalls die Rede sein, vielmehr eröffnen sich hier mit Mersch Möglichkeiten zum partiellen Aufbrechen des medialen Entzugs - eine ästhetische Erkenntnis, die am Zeigen, nicht am Gezeigten ansetzt.[50]

Neben der Ermöglichung partieller Erkenntnisse einer entzogenen Medialität bergen Dysfunktionen aber auch Potenzial hinsichtlich der Wirkung auf Betroffene. Denn sie stören nicht nur Übertragungen, sondern auch unsere Erwartungen an die Mittler. Enttäuscht wird nicht nur der Schein einer medialen Unmittelbarkeit, sondern auch vermeintliche Gewissheiten, die wir an die Welt herantragen. Wird das Auftreten einer Dysfunktion derart als Erfahrungsmöglichkeit begriffen, eröffnen sich auch Verbindungen zum Bereich des Lernens. Eine Enttäuschung, die Erfahrung von Entzug, Abwesenheit oder Versagen, wird dabei zum Ausgangspunkt von Lernprozessen. Sie bewegt sich zwischen Verunsicherung und Erneuerung und treibt ein Lernen voran, das nicht in der „*Integration* von Wissenselementen" besteht, sondern in der „*Konfrontation* zwischen unausdrücklich leitendem Vorwissen und neuer Sicht, neuer [sic] Erfahrungs- und Handlungsmöglichkeiten."[51] Dieses Lernen wird als *Umlernen* bezeichnet und ereignet sich als Wandel der Lernenden selbst.[52] Es kommt in Gang, wenn aktuelle Erfahrungen in Widerspruch zu den bisher gemachten und deshalb erwarteten geraten. Es läuft dann gewissermaßen auch unsere Welterfahrung nicht ganz rund und störungsfrei, eine „Maximierung [...] von Gedanken- und Informationsbeständen"[53] wird so behindert. Dagegen werden

---

49 Siehe ebd., 6f.

50 Siehe ebd., 15f.

51 Meyer-Drawe 1982, 34.

52 Siehe Buck 1969, 44.

53 Meyer-Drawe 2008, 29.

wir angehalten, unsere Welterfahrung unter andere Prämissen zu stellen, unseren Erfahrungshorizont neu zu arrangieren und sind insofern auf uns selbst verwiesen. Nachträglich und indirekt erschließen sich unsere Voraannahmen als unzulänglich, das Geschehen als mittelbar; auch eine Annäherung an uns selbst erfolgt aus der Distanz. Unser Ich bleibt uns nur „im Modus des Entzugs gegeben."[54]

In diesem Kontext lässt sich eine Dysfunktion als Unterbrechung des linearen Wissenszuwachses verstehen, woraus sich allerdings keinesfalls ein Stillstand, vielmehr ein Wandel ergibt. Denn sie irritiert und stellt bisheriges Wissen und Antizipationen der Erfahrenden in Frage, konfrontiert mit Irrtümern und macht uns so im weitesten Sinne selbst zum verhandelbaren Gegenstand. Verhandelbar wird dabei auch die These eines souveränen Selbst, denn „diese Einsicht kann nicht in freier Beliebigkeit durch spontane Reflexion erzeugt werden. Sie braucht einen Anlaß in der Erfahrung selbst, auf Grund dessen sich alles umkehrt."[55] Die Einsicht nimmt ihren Ausgang in der „Störung eines unter anderen Umständen verlässlichen Vollzuges."[56] Wir begegnen diesem Ereignis in „aktive[r] Passivität"[57] - es tritt unwillkürlich auf, als Moment der Erschütterung, das sich nicht souverän herbeiführen und kontrollieren lässt. Die Verbindung von Erfahren und Erleiden, sowie die dadurch bedingte Verflechtung von Selbst und Fremd lässt sich in phänomenologischen Überlegungen weiterverfolgen. „Die Eigenheit, ohne die niemand er oder sie selbst wäre" wird hier dem „Eingehen auf Fremdes, das sich uns entzieht"[58] zugesprochen. Erfahrung findet in diesem Wechselspiel aus Eigenem und Fremdem, aus Anteilnahme und Widerfahrnis statt. Brüche sind dabei immer schon mitgedacht, nicht als ausgeschlossene ‚Bösewichte', die als zu vermeidende Behinderungen einer reibungslosen Wissensanhäufung behandelt werden müssen, sondern als Möglichkeiten zum Rück- und Selbstbezug, die am Erfahrungshorizont neue Perspektiven entfalten.

---

54 Ebd., 51.

55 Buck 1969, 52.

56 Meyer-Drawe 2008, 153.

57 Meyer-Drawe 2005, 29.

58 Waldenfels 2004, 819.

Bibliographie

Badura, Bernhard (2004): Mathematische und soziologische Theorie der Kommunikation. In: Burkart, Roland/Hömberg, Walter (Hrsg.): Kommunikationstheorien. Ein Textbuch zur Einführung. 3., überarbeitete und erweiterte Auflage. Wien. 16–23.

Buck, Günther (1969): Lernen und Erfahrung. Zum Begriff der didaktischen Induktion. 2., verbesserte Auflage. Stuttgart (u.a.). [Orig. 1967].

Duden (2003): Deutsches Universalwörterbuch. 5., überarbeitete Auflage. Mannheim (u.a.).

Kittler, Friedrich (2004): Unsterbliche. Nachrufe, Erinnerungen, Geistergespräche. München.

Krämer, Sybille (2003): Erfüllen Medien eine Konstitutionsleistung? Thesen über die Rolle medientheoretischer Erwägungen beim Philosophieren. In: Münker, Stefan/Roesler, Alexander/Sandbothe, Mike (Hrsg.): Medienphilosophie. Beiträge zur Klärung eines Begriffs. Frankfurt am Main. 78–90.

Krämer, Sybille (2008): Medium, Bote, Übertragung. Kleine Metaphysik der Medialität. Frankfurt am Main.

Kümmel, Albert (2005): Störung. In: Roesler, Alexander/Stiegler, Bernd (Hrsg.): Grundbegriffe der Medientheorie. Paderborn. 229–235.

Luhmann, Niklas (1995): Die Kunst der Gesellschaft. Frankfurt am Main.

McLuhan, Marshall (1992): Die magischen Kanäle. Understanding Media. Übersetzt von Meinrad Amann. Düsseldorf (u.a.). [Orig. 1964].

Mersch, Dieter (2006a): Mediale Paradoxa. Zum Verhältnis von Kunst und Medien. Einleitung in eine negative Medienphilosophie. In: Sic et Non. Zeitschrift für Philosophie und Kultur im Netz 6. <http://www.sicetnon.org/content/perform/Mersch_Medienphilosophie_sw.pdf> [Letzter Zugriff: 12.03.2012].

Mersch, Dieter (2006b): Medientheorien. Zur Einführung. Hamburg.

Meyer-Drawe, Käte (1982): Lernen als Umlernen. Zur Negativität des Lernprozesses. In: Lippitz, Wilfried/Dies. (Hrsg.): Lernen und seine Horizonte. Phänomenologische Konzeptionen menschlichen Lernens - didaktische Konsequenzen. Königstein im Taunus. 19–45.

Meyer-Drawe, Käte (2005): Anfänge des Lernens. In: Benner, Dietrich (Hrsg.): Erziehung - Bildung - Negativität. Zeitschrift für Pädagogik. Beiheft 49. 24–37.

Meyer-Drawe, Käte (2008): Diskurse des Lernens. München.

Roch, Axel (2009): Claude E. Shannon. Spielzeug, Leben und die geheime Geschichte seiner Theorie der Information. Berlin.

Schüttpelz, Erhard (2003): Frage nach der Frage, auf die das Medium eine Antwort ist. In: Kümmel, Albert/Ders. (Hrsg.): Signale der Störung. München. 15–29.

Serres, Michel (1987): Der Parasit. Übersetzt von Michael Bischoff. Frankfurt am Main. [Orig. 1980].

Shannon, Claude E. (1976): Die mathematische Theorie der Kommunikation. In: Ders./Weaver, Warren (Hrsg.): Mathematische Grundlagen der Informationstheorie. Übersetzt von Helmut Dreßler. München. 41–143. [Orig. 1949].

Siegert, Bernhard (2001): Kakographie oder Kommunikation? Verhältnisse zwischen Kulturtechnik und Parasitentum. In: Engell, Lorenz/Vogl, Joseph (Hrsg.): Mediale Historiographie. Archiv für Mediengeschichte 1. Weimar. 87–99.

Waldenfels, Bernhard (2004): Phänomenologie zwischen Pathos und Response. In: Hogrebe, Wolfram/Bromand, Joachim (Hrsg.): Grenzen und Grenzüberschreitungen. XIX. Deutscher Kongress für Philosophie. Bonn, 23.–27. September 2002. Vorträge und Kolloquien. Berlin. 813–825.

Weaver, Warren (1976): Ein aktueller Beitrag zur mathematischen Theorie der Kommunikation. In: Shannon, Claude E./Ders. (Hrsg.): Mathematische Grundlagen der Informationstheorie. Übersetzt von Helmut Dreßler. München. 11–39. [Orig. 1949].

Anna Kołos

Reflections on the Medium of Writing and the Work of Literature in the Age of Digital Reproduction. From Plato to Derrida

[...] instead of thinking that we are living at the end of writing,
I think that in another sense we are living in the extension
– the overwhelming extension – of writing.
At least in the new sense... I don't mean the alphabetic writing down,
but in the new sense of those writing machines that we're using now
(e.g. the tape recorder).
And this is writing too.

Jacques Derrida

Introduction

The above-quoted motto, derived from an interview with Jacques Derrida,[1] should be considered an invitation for the alternative conception of the role of writing in European culture. Derrida's statement was intended to be contradictory to Marshall McLuhan's assertion on the relation between the end of the culture of writing and the rise of new media. Even though some significant convergence between both theoreticians' beliefs may be perceived in the pair of the oppositions *speech/writing* and *content/medium*, Derrida's strong and intense refutation of his opponent's thought leads to the conviction of eminent philosophical difference in the two approaches. It is probably most famously stated in the following passage from *Margins of philosophy*:

> We are not witnessing an end of writing which, to follow McLuhan's ideological representation, would restore a transparency or immediacy of social relations; but indeed a more and more powerful historical unfolding of a general writing of which the system of speech, consciousness, meaning, presence, truth, etc., would only be an effect, to be analyzed as such. It is this questioned effect that I have elsewhere called *logocentrism*.[2]

1 Brennan 1983, 42.

2 Derrida 1982b, 329.

From the point of view fostered by grammatology, McLuhan's idea of a *new orality* is nothing but the contribution to the aged and somewhat hoary myth of unmediated society dating back to Plato and shared by Rousseau, as has become apparent in the quoted interview. Hence, it seems that McLuhan avoids reconsidering the ramifications of *metaphysics of presence* hidden both in the past culture of writing and the future status he foreshadows. On the contrary, Derrida obviously has made every effort to deconstruct *logocentrism* that has been sustaining the traditional notion of writing in the Gutenberg galaxy. All the emergent facilities that mark the second half of the 20th century are still being subordinated to the very logic of *metaphysics of presence* and for that reason Derrida might have called the tape recorder a writing machine. Not one technical novelty by the times of the 1980s could have reversed the fixed tense between *speech* and *writing* for no matter what form a message is being applied to, either a *written* or *spoken* one, it is still premised upon the difference between the meaning and the medium that is not intended to have any impact on the content. In these terms both audio- and e-books have been nothing more than a kind of writing suppressed by speech. But the persistence of the metaphysical scheme is only one side of a coin; the other one is the possibility of altering the paradigm.

The Main Concern

Let us now turn to the explicit expression of the main concern of the following article, basically premised upon the very obvious conviction that we are actually witnessing a particular age of decline of typographic culture and the entrance into a digital one. Like each kind of cultural breakthrough, it provokes numerous debates about representation and the role of medium, leading either to enthusiastic futuristic forecasts or to apocalyptic and pessimistic predictions. This was also the case of Walter Benjamin's renowned essay on the shift between the era of unique, original works of art, characterized by aura, and the age of mechanical reproduction of the image.[3] Nowadays one can hardly seem to be unaccustomed to the processes of reproduction and the possibilities offered by cinematography. But in the 1930s such a reflection concerning some aspects of the

---

3 Cf. Benjamin 1969.

philosophy of art and the history of culture was necessary for intellectual familiarization with the new phenomenon.

Bearing in mind examples of crucial cultural changes and their intellectual background, we should find ourselves encouraged to introduce a kind of philosophical revision of the written medium as well as printing. Both of them contribute to the declining cultural paradigm dating back to Plato, and in recent decades have been questioned by the poststructuralist thought represented by such thinkers as - most notably - Derrida and Michel Foucault, the latter's way of thinking being followed by Jacques Rancière.

The superiority of full speech with regard to the medium shall be thus examined in the dialogue between the deconstruction of metaphysics introduced by Derrida and the critique of political aesthetics undertaken by Rancière. Still there will remain some room for semiological claims on the nature of the sign, derived from Norman Bryson's theoretical writings. The profound reconstruction of the past shall support the progressive view of the hopefully forthcoming cultural change in the architecture of meaning, switching the vertical to the horizontal.

Plato or There and Back Again

Let us begin by taking a closer look at Plato's condemnation of writing that has influenced more than two thousand years of European culture and found its embodiment - for the greater part - in the Gutenberg galaxy.

The invention of script had of course been well known in Classical Greece for centuries, but nevertheless it needs to be remembered that in the Archaic period only administrative texts were written down on clay tablets. No archaic literary Greek texts from the Minoan or Mycenean era have been found. A groundbreaking change was occurring just in full view of Socrates and Plato in 5th and 4th centuries BC. At this time, Greece increased the number of imported papyrus from Egypt, which resulted in making the practice of writing more and more common, due to the relative simplicity of writing on paper. The shift between the traditional, oral culture and the chirographic one was a gradual, long-running process. Even though it was Plato who - owing to the writing - was credited with saving the teachings of Socrates from oblivion, he condemned the invention in his dialogues, most famously in *Phaedrus*. This crucial opus has been examined closely by many renowned scholars - let us only remember Derrida in the early essay *Plato's Pharmacy* from 1972. We will not be following Derrida's conclusions too closely, for his goals were slightly different from ours. We shall therefore omit the issue of identifying the script with the so called *pharmakon,* which means both ‚cure' or ‚medicine' and ‚poison'.

From the perspective of the European culture of reading and the significance of the script, light needs to be shed on the assumption that the role of writing in supporting *metaphysics of presence* is based upon a paradox deriving from Plato's dialogues. It consists of the fact that Socrates' pupil accused the writing of those qualities which in the long run have become contradictory to the European idea of writing, which - especially beginning with early modern times - had been founded upon Platonic metaphysics. But for the time being, let us go back to *Phaedrus*. Probably the most eminent excerpt, interpreted both by Derrida and Rancière, reads:

> Writing, Phaedrus, has this strange quality, and is very like painting; for the creatures of painting stand like living beings, but if one asks them a question, they preserve a solemn silence. And so it is with written words; you might think they spoke as if they had intelligence, but if you question them, wishing to know about their sayings, they always say one and the same thing.[4]

In the 4th century BC, it seemed that writing did not fit into the metaphysical categories established by Plato, because of its resemblance to visual art. Let us try to imagine Lessing's astonishment following such a statement![5] It was ‚an intelligent word graven in the soul of the learner,' ruled by knowledge and recollection in oral culture, that was considered *significant* in terms of Plato's philosophical system. The letters of the alphabet were only regarded as material signs unable to mean any truth, unable to speak, but only to ‚preserve a solemn silence' just like the inanimate art of painting did. Speech is considered animate because it remains attached to the subject, involves memory and mental interior, whilst words - after being written down - lose their link to the subject, become stray and rebellious. Derrida argues that Plato's valorisation submits to specific paternalism:

---

4 Plato 1999, 565.

5 Cf. Lessing 1984.

> One could say anachronously that the ‚speaking subject' is the *father* of his speech. And one could quickly realize that this is no metaphor, at least not in the sense of any common, conventional effect of rhetoric. *Logos* is a son, then, a son that would be destroyed in his very *presence* without the present *attendance* of his father. His father who answers. His father who speaks for him and answers for him. Without his father, he would be nothing but, in fact, writing.[6]

Let us stop for a moment at this point and conclude the reasons why Plato as a metaphysical philosopher was bound to condemn writing. It resembled painted signs, seemed inanimate, silent and material, whilst it ought to have been animate, able to speak and - perhaps what is most significant - ideal. Therefore Plato was not only a philosopher, but also - so to say - a social thinker. Rancière, known for his political perspective, draws attention to the rebellious potential of writing that does not obey any sort of paternity or lordship. In his book *The Politics of Aesthetics. The Distribution of the Sensible* Rancière claims:

> By stealing away to wander aimlessly without knowing who to speak to or who not to speak to, writing destroys every legitimate foundation for the circulation of words, for the relationship between the effects of language and the positions of body in shared space.[7]

Rancière included his revision of Plato's condemnation of writing in the major concept of the so called *partage du sensible*, a concept uniting the question of experience both in terms of aesthetics and politics. The distribution of the sensible is defined by the philosopher in the following words:

> *Le partage du sensible* refers to the implicit law governing the sensible order that parcels out places and forms of participation in a common world by first establishing the modes of perception within which they are inscribed.[8]

We may assume - according to Rancière - that each subject of a community in the given historical moment experiences (or perhaps *is being experienced by*?) reality on the basis of a certain configuration of imposed, *a priori* rules that precondition the circumstances of cognition and define what may be seen or sensed at all, and what

6 Derrida 2004, 82.

7 Rancière 2006, 13.

8 Ibid., 85.

remains hidden within the unconsciousness of *anaesthetic*, as Wolfgang Welsch would call the very sphere of experience that is not able to be approached by the subject.[9] This system, defined by the French philosopher as the distribution of the sensible, *partage du sensible*, preconditions each community and serves as a kind of mediation between what is accessible to the mind and what is recognized by the senses.

Each political structure or - defined even more broadly - cultural formation approves of a certain kind of mediation that results in the so called regime of visibility. In terms of Plato's political philosophy and ethical regime, which was meant to console and unite the community in obedience, writing seemed to be too liberal, subversive and dangerously contributive to free-thinking. As Rancière states in his book *The Philosopher and his Poor* from 1983:

> But this mute discourse is also too loquacious. The text cannot defend itself, but, once unleashed, can drift all over the place.[10]

This is exactly what Plato feared, as proved by the words he put into Socrates' mouth:

> And every word, when once it is written, is bandied about, alike among those who understand and those who have no interest in it, and it knows not to whom to speak or not to speak; when ill-treated or unjustly reviled it always needs its father to help it; for it has no power to protect or help itself.[11]

Derrida calls the valorised living speech that is attached to the father *memory without the sign*, which means pure *logos*, deprived of the mediation of *semeia* that „reveal their true nature as simulacra",[12] as Rancière argues.

This Platonic order of distinction between living *logos* whose attribution is first of all *voice* and inanimate *signs* influenced the whole history of European culture. The Platonic formation called by Derrida *logocentrism* signifies the domination of voice and the higher *signifié* over the contingent and accidental sign. As Derrida put it in the initial theses:

---

9 Cf. Welsch 1997, 72.

10 Rancière 2004, 40.

11 Plato 1999, 565-567.

12 Rancière 2004, 40.

> *the history of* (the only) *metaphysics* [...] always assigned the origin of the truth in general to the logos: the history of truth, of the truth of truth, has always been [...] the debasement of writing, and its repression outside ‚full' speech.[13]

According to this logic, writing has been deprived of its graphic and material dimension that resembled a painted sign. Instead its visibility has become almost transparent, serving merely as a necessary medium that has no significance in itself but is only executed in terms of immaterial *signifié,* the virtual and living sense.

From the beginning of the Gutenberg galaxy, the experience of reading has entirely lost touch with the materiality, meaning the surface of a sheet of paper covered by script. The visibility of writing has become *anaesthetic,* whilst only the transcendent meaning has remained the subject of aesthetics. Lessing's famous conception of the division between the temporal literary art ruled by the ability to be mentally comprehended by the reader and the visual one that is meant to be seen by the eye of the viewer, approached by the sense of sight, is premised upon this very conviction. On the one hand, it is obviously contradictory to Plato's notion that writing resembles painting, but on the other hand it is founded upon *metaphysics of presence,* according to which the materiality of text remains absent in the act of reading.

We may also consider this issue from the perspective of semiology. According to Norman Bryson, an art historian, semiologist and the author of the book *Word and Image,* a sign consists of two dimensions: a *figural* and *discursive* one. As Bryson claims:

> By the ‚discursive' aspect of an image I mean those features which show the influence over the painting of language [...]. By the figural aspect of an image, I mean those features which belong to the image as a visual experience independent of language – its ‚being-as-image'.[14]

In each historical and cultural period a certain interrelation between word and image is being established. It may be generalized that within the chirographic culture, the letters of the alphabet and the writing were considered both discursive and figural, for both were comprehended by mind and perceived by the sense of sight as a kind of visual art. Yet from the 15th century on, this – let us say –

13 Derrida 1982a, 3.

14 Bryson 1981, 6.

distribution of the sensible has changed due to the possibility of mechanical reproduction of script, which resulted in limiting the experience of reading to the discursive dimension only.

But writing was not the only issue submitted to this logic. Rancière draws attention to the certain similarity of the early modern idea of the printed page and the illusionist painting. As it is well known, only in the modernist breakthrough mere stains of paint on the surface of a canvas have contributed to the autonomy of art and the picture has gained the self-confidence of being a picture in its own right instead of being a picture that needs to tell some transcendent story. Rancière claims that the optic space within a painting in the early modern regime of visibility was bound to reproduce the immaterial sense that resembled the living act of speech:

> The reproduction of optical depth was linked to the privilege accorded to the *story*. In the Renaissance, the reproduction of three-dimensional space was involved in the valorization of painting and the assertion of its ability to capture an act of living speech, the decisive moment of action and meaning.[15]

Paradoxically, the flat printed page was also bound to reproduce this metaphorical depth of virtual *signifié*, when printing presses have become - as it was stated by James Burke - the machines meant to organise human thoughts.[16] To achieve its goal, the writing had to become transparent.

Against Metaphysicians

In the common history of literature we may consider only few examples of attempts to abolish the paradigm that established the general cultural practice of reading in Europe. Before the time of the modernist breakthrough, William Blake's poetry consisting of both image and word constituted a notable instance of the combination of both elements. However, the most significant attempt at involving the materiality and space into the work of literature was made in the late 19th century by Stéphane Mallarmé, not accidentally much appreciated by Derrida. In his famous opus *Un coup de dés jamais n'abolira le hazard,* the poet managed to destroy the regime of presence, introducing the meaningful empty spaces of absence. It is also

15 Rancière 2006, 16.

16 Cf. Burke 1985.

thought that he anticipated Derridean theory of dissemination and difference.

Even though from the 20th century to the present day more and more writers and poets have been aiming at deconstructing the Platonic hierarchy of vertical meaning, deriving their experiences from Mallarmé, the theory of literature still is not able to cope with the change of paradigm because of the unbearable burden of philosophy. Let us hope that the critical, poststructuralist thought of recent decades, along with our entrance to the culture of - so to say in reference to Walter Benjamin - digital reproduction will manage to replace the vertical model of meaning, represented by the structuralist theory of sign, as well as by Roman Ingarden's highly influential conception of the work of art, with a horizontal model of meaning, which may be regarded as derived from Derrida's deconstruction.

Let us look forward to whatever future discourse brings. Hopefully, in about twenty years' time scholars will have gained the opportunity to discuss these crucial changes in present perfect tense.

Works Cited

Benjamin, Walter (1969): The Work of Art in the Age of Mechanical Reproduction. Translated by Harry Zohn. In: id.: Illuminations. Edited by Hannah Arendt. New York. 217–251.

Brennan, Paul (1983): Excuse Me, but I Never Said Exactly So: Yet Another Derridean Interview. In: id.: On the Beach 1. 42.

Bryson, Norman (1981): Word and Image. French Painting of Ancien Régime. Cambridge.

Burke, James (1985): The Day The Universe Changed. London.

Derrida, Jacques (1982a): Of Grammatology. Translated by Gayatri Chakravorty Spivak. Baltimore/London.

Derrida, Jacques (1982b): Signature Event Context. In: id.: Margins of Philosophy. Translated with additional notes by Alan Bass. Chicago. 307–330.

Derrida, Jacques (2004): Plato's Pharmacy. In: id.: Dissemination. Translated by Barbara Johnson. London/New York. 67–186.

Lessing, Gotthold Ephraim (1984): Laocoön. An Essay on the Limits of Painting and Poetry. Translated by Edward Allen McCormick. Baltimore.

Plato (1999): Phaedrus. In: id.: Euthyphro, Apology, Crito, Phaedo, Phaedrus. Translated by Harold North Fowler. Introduction by W.R.M. Lamb. Cambridge, Massachusetts/London.

Rancière, Jacques (2004): The Philosopher and his Poor. Translated by John Drury, Corinne Oster and Andrew Parker. Edited and with the Introduction by Andrew Parker. Durham.

Rancière, Jacques (2006): The Politics of Aesthetics. The Distribution of the Sensible. Translated by Gabriel Rockhill with the Afterword by Slavoj Žižek. London/New York.

Welsch, Wolfgang (1997): Undoing Aesthetics. Translated by Andrew Inkpin. London.

Jakob Kibala

Konzeptualisierungen eines Unbewussten von Bildern. Helen Mirras Indizes und Grant Morrisons *Batman R.I.P.*

Die Belebung der Dingwelt als populärer Topos und in Perspektive der *Actor Network Theory*

2006 erregt der US-amerikanische Verlag DC Comics einiges Publikumsinteresse durch die Neuverpflichtung prominenter Autoren und Zeichner, die beauftragt werden, die Heftserie *Batman* und den Superman-Titel *Action Comics* neu auf dem Markt zu positionieren. *Action Comics* wird in die Hände der Autoren Geoff Johns und Richard Donner gelegt - eine Sensation, realisierte der Regisseur Donner doch den von Liebhabern bis heute als glücklichste Adaption eines Superheldenstoffs gefeierten Film *Superman* (1978). Illustriert werden ihre Skripts von dem vielbeachteten Adam Kubert. Der war - zusammen mit seinem sein Bruder Andy - bislang exklusiv an DCs Konkurrenten Marvel Comics gebunden, wo sie am prestigeträchtigen *X-Men*-Franchise arbeiteten. Andy Kubert wird denn auch mit *Batman* betraut, deren Skripts der schottische Autor Grant Morrison verfasst.[1] Morrison genießt hohes Ansehen dafür, sowohl populären wie auch obskuren Titeln wiederholt zu kreativen und kommerziellen Erfolgen verholfen zu haben. Bezüglich *Batman* tritt bei den Lesern jedoch rasche Ernüchterung ein. Morrisons Arbeit an der Serie wird von Kritikern abqualifiziert als

> slow flaming out of the writer who was once the most solid reason to keep an eye on mainstream comics followed by the realisation […] that Morrison has pulled off the ‚best writer in comics' act for longer than anyone else in the medium's history and the comics that are coming out these days are him cashing in a well-earned public rest on his laurels.[2]

---

1 Andy Kubert kann mit dem monatlichen Erscheinungsrhythmus der Serie bald nicht mehr mithalten, weshalb der Verlag ihn durch den Zeichner Tony Daniel ersetzt. Der illustriert fortan Morrisons ersten, über circa zwei Jahre hinweg serialisierten Geschichtenzyklus.

2 Seneca 2011.

Das vorliegende Paper will sich dieser Einschätzung nicht anschließen. Vielmehr wird vorgeschlagen, in Morrisons *Batman* (im Folgenden *Batman R.I.P.*)[3] ein anspruchsvolles bildtheoretisches Programm realisiert zu sehen: Die Konzeption eines Unbewussten von Bildern. Um diese These nachvollziehbar zu machen, werden zunächst ausgewählte Positionen der jüngeren kunst- und literaturtheoretisch informierten Bildwissenschaften skizziert. Einer der Hauptvertreter dieses Forschungsfeldes ist W. J. T. Mitchell, dessen an den Arbeiten der Künstlerin Helen Mirra entwickelte Idee,[4] wie ein Unbewusstes von Bildern verstanden werden kann, dargestellt und in Beziehung gesetzt wird zu *Batman R.I.P.*

Mitchell attestiert in einem Rückgriff auf populäre Science Fiction, dass diese seit geraumer Zeit das für die Bildwissenschaften grundlegende Konzept der belebten Dingwelt und ihren Status gegenüber der Referenzgröße Mensch verhandele:

> Filme wie *Blade Runner, Alien, Matrix, Videodrome, Die Fliege, The Sixth Day, AI* und *Jurassic Park* machen die Vielzahl an Fantasien und Phobien deutlich, die sich um die Biokybernetik herum gruppieren: Das Gespenst der ‚lebendigen Maschine' […] sowie die grenzenlose Formbarkeit des menschlichen Geistes und Körpers sind zu Gemeinplätzen der Alltagskultur geworden.[5]

Für die Kunstwissenschaft sind diese Genre-Fiktionen deshalb bemerkenswert, weil sie anzeigen, dass die in hohem Maße theoretischen und theoriehistorischen Intuitionen, anhand derer für eine Lebendigkeit oder gar das „Lebensrecht von Bildern"[6] plädiert wird, Anerkennung in außer-akademischen Diskursen erfahren. Dabei lässt sich die Verbindung von den (bio-)kybernetischen Protagonisten der Science Fiction - die mit dem Auftauchen des Klon-Schafs Dolly ihren realen Einzug in die Lebenswelt angekündigt haben[7] - zu pars pro toto die Dingwelt bezeichnenden Bildern deshalb scheinbar problemlos ziehen, weil Kunstgeschichte als die mit Bil-

---

3 Der in vier Büchern zusammengefasste Heft-Zyklus kulminiert in der Geschichte *Batman R.I.P.*, deren Titel der Übersichtlichkeit wegen auf den gesamten Zyklus angewandt wird. Die ihrem Titel nach ausgesparten Bände werden bibliographisch vollständig im Literaturteil aufgeführt.

4 Siehe Mitchell 2009.

5 Mitchell 2008, 199f.; siehe auch Bredekamp 2010, 125f. und 133–135.

6 Bredekamp 2010, 211f.

7 Siehe Mitchell 2008, 28f. und 41–43.

dern betraute Wissenschaft einen weit in die Objekt- und Körpersphäre ausgreifenden Gegenstandsbereich verwaltet: Architektur, Skulptur und Malerei werden ergänzt um Zeichnungen und Lichtbilder, Performances und Installationen; auch Automaten, bis hin zu mittelalterlichen Proto-Robotern, finden Beachtung.[8] Die Bilder der Bildwissenschaften dürfen demnach nicht als ausschließlich flache, das heißt streng vorderansichtige Objekte missverstanden werden. Diese gehören natürlich zu den am aufmerksamsten behandelten Bildern und haben in Form des an der Wand hängenden Tafelbildes (oder des Wandbildes) so wirkmächtige Metaphern wie diejenige vom Fenster zur Welt, auch der Innenwelt des Künstlers, bedingt. In dieser Perspektive wird der Bildträger - ob eine Leinwand oder Holz - als ein Loch im Träger des Bildes - der Wand - behandelt, das den Blick auf eine in ihrer kompositorischen Geschlossenheit voll ausgeformte alternative Lebenswelt freigibt. Je schlüssiger diese alternative Realität in sich ist, umso mehr kann das Bild dazu verführen, fiktive und lebensweltliche Realitäten miteinander gleichzusetzen als sodann veritable Parallelwelten.

Dieser Vorstellung ist der für die Bildwissenschaften zentralen Unterscheidung von *picture* und *image* verwandt, die ebenfalls die Ablösbarkeit - mindestens die voneinander losgelöste Behandelbarkeit - von Träger und Inhalt unterstellt, die bereits anklingt im Schauen durch eine Leinwand hindurch auf die/eine Welt: „Die englische Sprache besitzt die glückliche Unterscheidung von ‚image' und ‚picture', mit der sie das ‚Bild' als mentales oder als Bild der Vorstellung von den Artefakten trennt, die von Menschen produziert werden".[9] Eine Vielzahl von Anschlussunterscheidungen lassen sich von dieser basalen *picture-image*-Differenz ausgehend vornehmen, zumal die dichotomische Gegenüberstellung durchaus auch in komplexere und nuanciertere Differenzierungen überführt werden kann.[10]

Darüber hinaus müssen die Gegenstände der Bildwissenschaft vorrangig als vollplastische Gebilde der Lebenswelt begriffen werden: „Sie weisen nicht nur eine Oberfläche auf, sondern auch ein *Gesicht* [die Hauptansichtsseite eines Objektes; J.K.], das dem Betrachter entgegensieht."[11] Und sie haben, so lässt sich ergänzen, immer einen

---

8 Siehe Bredekamp 2010, 124–138.

9 Belting 2008, 7

10 Siehe Mitchell 1987, 9–14; Mitchell 1994, 4.

11 Mitchell 2008, 48.

nicht auf das Gesicht reduzierbaren Körper: Im Fall der Skulptur ist dieser häufig anthropomorph; beim flachen Bild kann die Kante des Keilrahmens als Körper gelten, der auch die besonders von Provenienzforschern vielbeachtete Rückseite umfasst, auf der Aufkleber über Besitzer- und Standortwechsel des Objektes informieren; bei *tableaux vivants*, Choreografien oder Performances wird der menschliche Körper als Bildkörper involviert: Beispielsweise das britische Künstlerduo „Gilbert und George *sind* [als ‚living sculptures'; J.K.] das Werk als lebendes Bild, und damit ahmen sie sich selbst in Echtzeit nach, so daß die Unterscheidung von Bild, Nachbild und Leben verschwindet"[12].

In ihrer Eigenschaft als körperliche Entitäten haben Bilder je diskrete physische Orte in dem Materialkontinuum, das unsere Sozialsphäre konstituiert. Ihren Einfluss nehmen sie darin nicht ‚einfach' zeigend und simulierend:

> In dieser Perspektive zeigt nicht das Bild etwas von einer Wirklichkeit, die sich unabhängig von diesem Bild konstituiert hat, sondern das Bild bestimmt, was die Wirklichkeit *ist*. Dies geschieht [...] zunehmend durch die Omnipräsenz von Bildern, die unsere Sichtweisen und Wissensbestände so stark strukturieren, dass wir nur das als die Wirklichkeit wahrnehmen, was sich uns in Form von Bildern, insbesondere fotografischen oder anderweitig massenmedial erzeugten Bildern, darstellt.[13]

Bilder werden als Bezugsgrößen situationalen Handelns verstanden, die von sozialen Teilnehmern individuell adressiert zu werden scheinen:

> Ich glaube, dass in der modernen Welt magische Haltungen gegenüber Bildern ebenso machtvoll sind, wie es in den sogenannten Zeiten des Glaubens der Fall war. Des Weiteren glaube ich, dass die Zeiten des Glaubens ein wenig skeptischer waren als wir es ihnen zugestehen. Ich meine, dass das doppelte Bewusstsein, das wir in Bezug auf Bilder zeigen, ein tiefsitzendes und beständiges Merkmal des menschlichen Verhaltens gegenüber bildlichen Darstellungen ist.[14]

Dieses Verhältnis zu den das Soziale okkupierenden Bildern lasse sich dauerhaft nicht entzaubern:

---

12 Bredekamp 2010, 120.

13 Breckner 2010, 268.

14 Mitchell 2008, 23.

> Kunsthistoriker mögen ‚wissen', dass die Bilder, die sie analysieren, bloß materielle Objekte sind, die mit Farben und Formen bedacht wurden; doch sie reden und handeln häufig so, als hätten Bilder Gefühle, Willen, Bewusstsein, Wirkkraft und Begierden [...]. Kein moderner, rationaler, säkularer Mensch denkt, dass Bilder wie Personen behandelt werden müssen, doch scheinen wir stets gewillt zu sein, für besondere Fälle Ausnahmen zu machen.[15]

Der von Mitchell in seiner Funktion als Wissenschaftshistoriker geschätzte[16] Objektphilosoph Bruno Latour stellt dasselbe Phänomen fest und spricht sich dezidiert dagegen aus, in solchen Bezugnahmen auf Objekte bloß metaphorische Redensarten zu erkennen.[17] Man müsse die Selbstauskünfte beispielsweise von Puppenspielern ernst nehmen, die ihrem Spielobjekt eine Rückwirkung auf das Spiel des Spielers unterstellen:

> There is not a single puppeteer, however confident of her skill to manipulate figurines, who does not claim that her puppet characters ‚make her do' the motions in their story, ‚dictate' to her their lines, instigate new ways of moving, ‚which surprise even her' and ‚which she would not have thought of herself'.[18]

Latour sitzt aber nicht dem Fehlschluss auf, das Spieler-Gespielter-Verhältnis, mithin Spezialfall einer allgemeinen Subjekt-Objekt-Beziehung, würde hier invertiert; der Spieler ist nicht zur eigentlichen Puppe einer Puppe geworden, die nunmehr als der eigentliche Spieler gilt. Der Sachlage wird man vielmehr dadurch gerecht, Handlungskompetenz als in der Sozialsphäre distribuiert zu erkennen, zwischen belebten und unbelebten Entitäten gleichermaßen. Handlungsurheber sind dieser Vorstellung nach weder vollumfänglich selbstbestimmt in ihrem Handeln, noch sind sie vollständig determiniert. Alle belebten und unbelebten Entitäten (*Aktanten*) bilden ein Netzwerk gegenseitiger Verbundenheit (*attachments*), in der es keine kausalen Erstursachen von Handlungen gibt. Jede Netzwerkkomponente ermächtigt eine andere zu einem gewissen Handeln. Handeln wird hier nicht intentional gestiftet, sondern strukturell vermittelt (*Mediation*). Im Falle von Bildern gilt deshalb:

---

15 Ebd., 49.

16 Ebd., 44.

17 Latour 1999, 25.

18 Ebd.

> It [Mediation; J.K.] does not imply an appearance of the work *ex nihilo*; on the contrary, the notion suggests the active role of all that which ensues from the implemented dispositions, actions, material objects, procedures, devices and arrangements which inform and surround art - and even from the works themselves (but always indirectly: through a work, precisely).[19]

Es ist gerade das indirekte Moment, das die Distribuiertheit von Handlungskompetenz kennzeichnet. So wird kein Aktant von einem anderen Aktanten manipuliert, jedoch wirkt der Umgang eines Aktanten verändernd auf den ‚umgegangenen' Aktanten. Die Veränderung wirkt wiederum zurück auf spätere Umstände des Umgangs mit diesem nunmehr neugestaltigen Aktanten. Anschaulich wird dies am Beispiel von Interaktionen am Postschalter, das Latour an anderer Stelle anbietet:

> Wenn wir von der Interaktion, die uns (die Schalterbeamtin und mich) provisorisch verbindet, zu den Mauern, der Sprechvorrichtung, den Regulierungen und Formularen übergehen, dann haben wir uns an einen anderen Ort versetzt. Wir springen nicht unerwartet in die ‚Gesellschaft' oder in die ‚Administration'. Wir bewegen uns ohne Umwege zu den Büros des Architekten der Post, wo das Modell des Schalters entworfen und der Besucherstrom modelliert wurde. Meine Interaktion mit der Schalterbeamtin wurde hier auf der Basis der Vorjahre statistisch antizipiert; meine Art, mich auf den Schalter zu stützen, eine feuchte Aussprache zu haben und Formulare auszufüllen wurde von den Ergonomen antizipiert und in die Einrichtung des Postbüros eingeschrieben.[20]

Latour sieht sich in direkter Verbundenheit mit dem Architektenbüro stehend, „und zwar durch einen feinen, aber soliden Faden, der mich von einem persönlichen Körper, der sich in Interaktion mit einer Schalterbeamtin befindet, zu einem Kundentyp auf dem Papier der Planung macht."[21]

Beschrieben wird die Mediation eines Körpers: Vom rein privaten zum sozialen Körper der Interaktionssituation zum statistischen Körper der architektonischen Planung, deren Realisation die räum-

---

19 Hennion/Grenier 2000, 346.

20 Latour 2001, 247f.

21 Ebd., 248.

lich verfasste Situation umgestaltet und damit den Körper verändert, etwa durch ‚Modellierung' des Besucherstroms (durch seine Lenkung in vorgezeichnete Richtungen):

> Der vor Jahren gezeichnete Plan bleibt - durch die Vermittlung [Mediation; J.K.] der portugiesischen Arbeiter, des Betons, der Zimmermänner und verglasten Holzes - der Rahmen, der meine Konversation mit der Schalterbeamtin aufrechterhält, begrenzt, kanalisiert und autorisiert.[22]

Ein so nachgezeichnetes Netzwerk lässt sich deskriptiv potentiell unendlich ausweiten, ohne dass man eine letztgültige Erstursache für soziale Phänomene identifizieren könnte. Die von Mitchell vertretenen Spielarten der Bildwissenschaften stimmen mit dieser soziologischen Objektperspektive überein, dernach Objekte und Menschen in wechselseitigen Überformungsprozessen aufeinander bezogen sind:[23]

> Ein Medium ist nicht nur eine Anhäufung von Materialien, ein Apparat oder ein Code, der zwischen Individuen ‚vermittelt'. Es handelt sich vielmehr um eine komplexe soziale Institution, die Individuen in sich einschließt und durch eine Geschichte von Praktiken, Riten und Gewohnheiten, Fertigkeiten und Techniken ebenso konstituiert wird wie durch eine Reihe von materiellen Gegenständen und Räumen.[24]

Ein fetischistisch-magischer Glaube an eine autonome Lebendigkeit von Bilder im Speziellen und der Dingwelt im Allgemeinen lässt sich diesem Impetus folgend als die Erfahrung eines personalen Autonomieverlustes (über Handlungsurheberschaft) plausibilisieren, die dem persönlichen Erleben nach als Emanzipation der Dingwelt erscheint (die in Wirklichkeit immer schon emanzipiert gewesen ist).

Die Konzeptualisierung eines Unbewussten von Institutionen und Texten am Beispiel von Helen Mirra

Weiter ausgeformt hat Mitchell sein Verständnis von Medien als ‚komplexe soziale Institutionen' in Auseinandersetzung mit der

---

22 Ebd.

23 Mitchell 2008, 181.

24 Ebd., 179.

Künstlerin Helen Mirra.[25] Indem er deren Arbeiten in Beziehung setzt zur Philosophie von Charles Sanders Peirce, bereichert er die Bildwissenschaften um die Konzeption eines ‚Unbewussten' von Texten, Institutionen und - so wird zu zeigen sein - von Bildern. Mirra erstellt Stichwortregister, Indizes, zu philosophischen Publikationen, die sie dann als dem Raum eingeschriebene Installationen[26] oder in Buchform arrangiert.[27] Darin sieht Mitchell das Unbewusste von Institutionen (hier: der University of Chicago) und Büchern visualisiert.

Beispielsweise in wissenschaftlichen Arbeiten werden Schlüsselbegriffe häufig und an prominenter Stelle verwendet, wobei die konkreten Begriffe vom gewählten theoretischen Rahmen und den Denktraditionen, denen die Autoren verpflichtet sind, abhängen. Die Häufung von Schlüsselbegriffen bringt der Index systematisch zur Darstellung. Beispielsweise in Mitchells eigener, bildtheoretischer *Iconology*, deren Index dem Stichwort „image" wenig überraschend den umfangreichsten Eintrag zuordnet;[28] selbst im Nichtwissen um das eigentliche Thema des Buches ließe sich bereits angesichts des Indexes darauf schließen, dass es sich um eine irgendwie mit Bildern beschäftigte Studie handeln muss.

Der Index legt die dem Text zugrundeliegenden Substrukturen offen. Als Unbewusstes kann er dahingehend gelten, als seine ‚Gestalt' in keiner bewussten gestalterischen Entscheidung aufgeht:

> [I]t in some sense provides a snapshot of the totality of the text, suddenly revealing a previously unknown set of patterns disclosed not by the unfolding of its narrative, discursive, dramatic, or lyrical logics but by a completely alien logic.[29]

Die Entscheidungen für oder gegen Theorien, an und mit denen der Wissenschaftler arbeitet, werden nach Maßgabe eines pragmatischen Erkenntnisinteresses getroffen. Diesem Erkenntnisinteresse genügen in methodischer Hinsicht und in Abhängigkeit vom Impetus des Forschers einzelne Theorien mehr als wiederum andere; dass mit der Auswahl eines theoretischen Rahmens nahezu not-

25 Siehe Mitchell 2009.

26 Siehe ebd., 1030f.

27 Siehe Mirra 2007.

28 Siehe Mitchell 1987, 223.

29 Mitchell 2009, 1030.

wendig die den Index formierenden, spezifischen Begriffshäufungen einhergehen, ist ein Epiphänomen der wissenschaftlichen Entscheidung, nicht ihr Gegenstand. Nichtsdestoweniger weisen Indizes Regelhaftigkeiten, Symmetrien, Gestalten auf, und erlauben begrenzte Rückschlüsse von dieser Gestalt auf ihren textlichen Überbau, das eigentliche Buch.[30]

Mirras künstlerischer Schaffensprozess überführt die Index-Einträge aus dem Bereich der Epiphänomene eines „eigentlichen" Buchtextes in die Sphäre der diskreten, Bedeutung tragenden Bildzeichen eigenen Rechts:

> Mirra locates a kind of found poetry to be indexed in their [der von ihr bearbeiteten Autoren; J.K.] texts, from ‚Abstract, in a bad sense, 6' to ‚World, as fearful and awful, 42.' She simultaneously gathers and scatters this poem, as if planting seeds and gathering the harvest at the same time.[31]

Die Wort-Formationen gewinnen dabei an bildlicher Qualität, wenn Mirra in *Cloud, the, 3* die einzelnen Einträge auf der Buchdoppelseite gegeneinander versetzt arrangiert und im Text-Verlauf abwechselnd verschiedene Seitenzonen besetzt (Abb. 1). Dass es sich um präzise Arrangements handelt, in denen die einzelnen Seitenlayouts stets im Blick auf die vorhergehenden und nachfolgenden Seitengestalten entworfen worden sind, wird augenfällig, sobald man die Seiten von *Cloud, the, 3* wie ein Daumenkino durch die Finger gleiten lässt: Die nunmehr reine Bildzeichen darstellenden Texteinträge ‚flirren' nicht willkürlich über die Seiten, sondern offenbaren eine (primitive) trickfilmartige Choreografie. Als nicht länger textliches Bewegtbild ist dieser Index von seiner Referenzfunktion befreit.

30 Siehe ebd., 1029f.

31 Ebd., 1031.

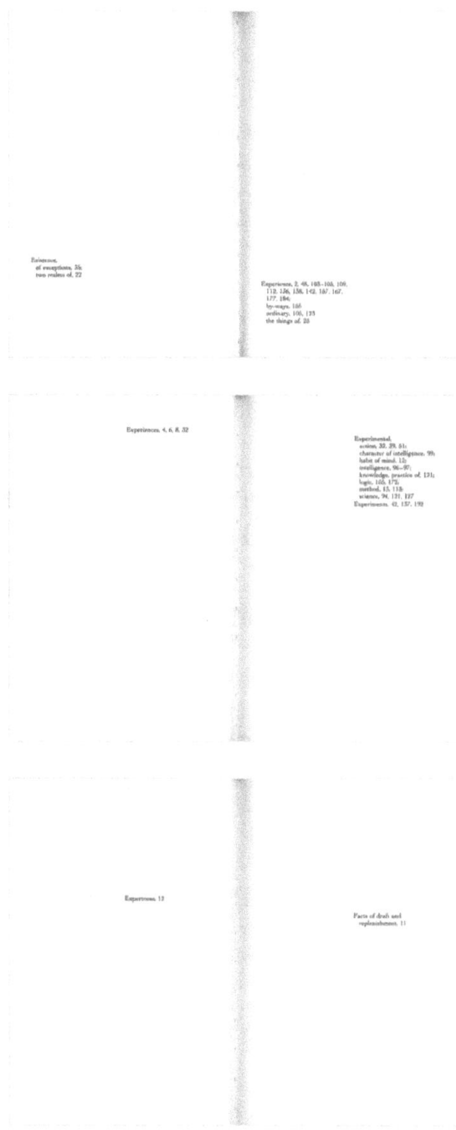

Abb. 1: Drei aufeinanderfolgende Doppelseiten aus Mirra 2007. In: Dies.: Cloud, the, 3.

Ein Unbewusstes von Comics als indexikalischer Bildtext: *Batman R.I.P.*

Künstlerische Indizes als das Unbewusste sinntragender Materialformationen sind nicht ausschließlich auf Worte als ihr alleiniges Zeichenvokabular beschränkt. Grant Morrison demonstriert dies in *Batman R.I.P.*, wo er Mirras Prinzip der textlichen Referenzierung durch künstlerisch-wissenschaftliche Indizes ausgehend vom Ausdruckspotential von Bildern neu entwirft.

In *Batman R.I.P.* beschreibt Morrison den Versuch der Geheimorganisation *The Black Glove*, sowohl Batmans Superhelden-Operation zu sabotieren als auch sein Privatleben als Multimillionär und Playboy Bruce Wayne zu zerstören. Dies alles in der Absicht, letztgültig zu klären, welches die überlegene Macht in der Welt ist: Das Gute oder das Böse – ein Kräftemessen, auf das der *Black Glove* sich seit Jahren vorbereitet, um die Schlinge nunmehr zuzuziehen. Hinter dem *Black Glove*, so stellt sich heraus, steht Dr. Simon Hurt, ein Bekannter aus Batmans Vergangenheit. Durch gezielte psychologische Suggestionen und Angriffe will er Batman zuletzt vollständig brechen: Er behauptet, Batmans totgeglaubter Vater zu sein, spielt der Boulevardpresse gefälschte pornografische Aufnahmen von Batmans Mutter zu, dringt zuletzt in dessen Heim ein, wo er Batman mit Heroin betäubt und hilflos in den Slums der Großstadt Gotham City aussetzt. Was Dr. Hurt jedoch nicht weiß: Batman hat in Antizipation genau solcher psychologischer Angriffe eine ‚fail-safe-Persona' hypnotisch in seinem Unbewussten ‚installiert': Den ‚Batman of Zur-En-Arrh' als Alter Ego zu Waynes Alter Ego Batman. Sollte Batmans rationales Bewusstsein temporär beeinträchtigt werden, übernimmt der psychisch dissoziierte Batman of Zur-En-Arrh die motorischen Funktionen des Körpers, vorrangig um diesen im Falle zeitweiliger Unbewusstheit unmittelbaren Gefahren zu entziehen. Wie auf Autopilot erfüllt er so seine Superhelden-Funktionen weiter: „SEE, I'M THE BATMAN OF **ZUR-EN-ARRH**", lassen Morrison & Daniel ihren wie von Sinnen durch Gothams Unterwelt wütenden Batman sagen, „I'M WHAT YOU GET WHEN YOU TAKE BRUCE OUT OF THE EQUATION".[32]

---

32 Morrison/Daniel 2009a, 101. Aus lizenzrechtlichen Gründen zeigt dieser Aufsatz Bildmaterial aus den deutschen Heftausgaben. Deren Übersetzung ist allerdings nicht immer geglückt. So wird die hier angeführte Stelle ins Deutsche übertragen als „ICH BIN DAS, WAS MAN KRIEGT, WENN MAN BRUCE ZU MANIPULIEREN VERSUCHT" (Morri-

Obdachlos, physisch zerschunden und von einem monomanischen Furor motiviert nimmt Batman die Verfolgung von Dr. Hurt auf. In der letztendlichen Konfrontation der Antagonisten kommen beide vermeintlich um.

Batman R.I.P. kann als ein Index, das Unbewusste der *Batman*-Comics im Allgemeinen verstanden werden. Morrison zielt darauf ab, die Gesamtheit der Abenteuer, die der fiktionale Protagonist seit seiner Erfindung 1939 erlebt hat, in seine eigene Erzählung so einzubinden, als hätte sie ein Mann im Laufe seines Lebens alle erleben können: „This for me was the story that hadn't been told yet: the story of how his life might include the complete trajectory of Batman as a character from the 1930s to the 2000s."[33] Dies ist ambitioniert, denn in der 70-jährigen Publikationsgeschichte hat *Batman* allerlei Verwandlungen in Ton und Inhalt durchgemacht. Die Arbeiten zahlloser Autoren und Zeichner zeugen von einer Vielzahl distinktiver Visionen davon, wie Batman richtiger und falscher Weise darzustellen sei. Betrachtet man die Geschichten in ihrer Gesamtheit, wird man unüberbrückbar erscheinende Diskrepanzen erkennen. Anschaulich ist der Kontrast zwischen den Batman-Geschichten der 1950er Jahre und Batman-Comics, die der Autor und Zeichner Frank Miller in den 1980er Jahren verantwortet hat. Erstere gelten in der Rückschau als

> the despised ‚sci-fi Batman' era of the 1950s when the Dark Knight Detective was thrust awkwardly into stories involving other dimensions, time machines, space travel and colorful alien worlds. Most Batman fans prefer to ignore the often surreal and outlandish stories of the 50s and for good reason, as they tend to violate some of the basic ‚real world' rules which help to make Batman's adventures convincing to an older and more sophisticated audience.[34]

Paradigmatisch für den Ton dieser Geschichten steht die Figur der ‚Bat-Mite'. Hierbei handelt es sich um einen in der „5. Dimension" beheimateten fliegenden Zwerg im Batman-Kostüm, der mit seinen magischen Fähigkeiten Batman helfen will, ihn durch seine Tolpat-

---

son/Daniel 2009b, [o. S.]). Morrisons Implikation, dass es sich beim Batman of Zur-En-Arrh um einen archetypischen, von seiner bürgerlichen Person abgelösten Superhelden handelt, kann die Übersetzung nicht kommunizieren. Deshalb wird für Textzitate auf die amerikanischen Buchausgaben zurückgegriffen.

33 Morrison 2009, 4.

34 Ebd., 4f.

schigkeit aber häufig eher behindert.[35] Dem diametral entgegen steht Frank Millers und David Mazzuchellis *Batman: Das Erste Jahr* von 1987.[36] *Das Erste Jahr* ist eine dem stilisierten Realismus des Noir-Genres verpflichtete Neuerzählung von Batmans Herkunft. Statt extraterrestrischer Invasoren und transdimensionaler Plagegeister bekämpft Batman nunmehr einen korrupten Polizeiapparat und von der Mafia geschmierte Politiker; die Großstadt ist sein natürliches Habitat. Selbst das für Batman bezeichnende Superschurken-Pantheon findet bei Miller & Mazzuchelli keine Beachtung; lediglich die Juwelendiebin Catwoman hat einen Kurzauftritt, wird von den Autoren aber als prekär situierte Prostituierte neu besetzt.

Abb. 2: Andy Kubert: Titelbild *Batman* 4.

35 Siehe Finger/Moldoff 2009.

36 Siehe Miller/Mazzuchelli 2002.

Diese beiden Pole, und zahlreiche Abstufungen dazwischen, führt Morrison in seinem elaborierten Verweisungssystem zusammen. Er bedient sich dabei sowohl einfacher Bildbezüge, wenn zum Beispiel die auf einer Kunstausstellung aufgehängten Pop-Art-Gemälde die ‚sound words' der *Batman*-TV-Serie aus den 1960er Jahren nachempfinden (Abb. 2–3). Aber auch inhaltliche Neubewertungen vergangener Geschichten werden vorgenommen. So qualifiziert Morrison die Abenteuer der 50er Jahre als Halluzinationen, die auf Experimente Batmans mit Drogen zurückzuführen sind. Die für Frank Miller typischen, internen Monologe, werden bei Morrison zu Tagebucheinträgen die Batman zur Freude seines Butlers Alfred im abgebrühten Ton von Kriminalromanen abfasst.[37] Selbst die Bat-Mite findet in *Batman R.I.P.* ihren Platz (Abb. 4–5).[38] So, wie die Benutzeroberfläche von Computerprogrammen oft ein verniedlichtes ‚Maskottchen' beheimatet, das den Benutzer mit eingeblendeten Hilfestellungen über die Funktionen des Programms eduziert, ist die Bat-Mite eine Art mentales Hilfe-Icon für den Batman of Zur-En-Arrh:

Abb. 3: Grant Morrison/Andy Kubert:
Batmans Sohn Damian
Teil 2: Man-Bats in London.

37 Siehe Nevett 2007.

38 Abbildung 4 zeigt Batman in seinem Zur-En-Arrh-Kostüm, das er aus im Abfall gefundenen Kleiderresten improvisiert; über ihm schwebt die Bat-Mite. Die Vergleichsabbildung 5 zeigt den Superhelden im Kontrast zum unrasierten, sperrigen und trotzig posierenden Batman of Zur-En-Arrh in seinem Normalzustand: Athletisch, präzise bewegt, ungebremst von seinen Verletzungen; sein Gesichtsausdruck zeugt von konzentrierter Entschlossenheit.

Abb. 4: Grant Morrison/Tony Daniel: *Batman R.I.P.: Zur-En-Arrh.*

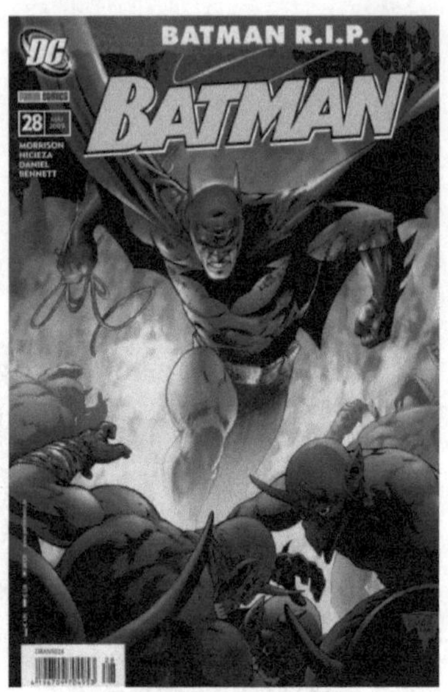

Abb. 5: Tony Daniel: Titelbild *Batman 28.*

„ARE YOU REALLY AN ALIEN HYPER-IMP FROM **THE 5TH DIMENSION...OR** JUST A FIGMENT OF MY IMAGINATION" lässt Morrison seinen Batman fragen, worauf Bat-Mite antwortet: „IMAGINATION **IS** THE 5TH DIMENSION."[39] Der Batman of Zur-En-Arrh wiederum war in den Geschichten der 1950er ein Superheld von einem ‚Zur-En-Arrh' genannten Planeten, der den irdischen Batman zu seinem persönlichen Vorbild auserkoren hat, und dessen bunte Kostümierung dessen futuristische Fabrikation verdeutlichen sollte.[40]

Batman R.I.P. ist nicht nur angereichert mit Zitaten. In zahlreichen offensichtlichen und subtilen Details wird auf vorhergehende *Batman*-Publikationen hingewiesen.. Deren Inhalte bildet *Batman R.I.P.* dabei nicht vollumfänglich (lexikalisch) ab; wie der Index die Argumente um die aufgezählten Stichworte nicht wiedergeben kann, lediglich darauf hinweist wo sie angeführt sind, verweist Morrisons

39 Morrison/Daniel 2009a, 115.

40 Siehe Herron/Sprang 2009.

Index auf ein Mehr an Geschichte(n), dass sich außerhalb seiner Erzählung verfasst findet.

Genauso wie das klassische psychoanalytische Verfahren Sigmund Freuds, ist die Visualisierung des Unbewussten der Comics ein interpretatorisches Verfahren, an dessen Ende eine Beschreibung der Klischees steht, die die aktuelle Verfassung der Comic-Figuren informiert. Sybille Krämer fasst die der Freud'schen Psychoanalyse zugrundeliegende Logik zusammen:

> Der Patient soll längst vergangene und vor allem: verdrängte Gefühle im Hier und Jetzt der analytischen Gesprächssituation ausagieren können. Doch zugleich ist klar, dass es nicht einfach um eine Wiederholung zu tun ist, sondern um eine Wiederholung unter *veränderten* Bedingungen, welche die Chance eröffnen (soll), dass das wieder Hervorgeholte sich durch die Wiederholung zugleich verändert, indem es ausgesprochen und erinnert, also bewusstgemacht wird. Die Übertragung [so bewusstgemachter psychischer Inhalte zwischen Patient und Therapeut; J.K.] ist nicht nur ein Vorgang der Regression, sondern auch der Progression.[41]

In dieser medientheoretischen Perspektive ist das Ziel der Psychoanalyse demnach, die im Unbewussten zu Klischees geronnenen Traumata aufzulösen durch ihre Entkontextualisierung aus dem ursprünglichen Erlebniszusammenhang. Anschließend werden die primären Emotionskomplexe wiedereingepasst in das aktuale Alltagskontinuum. Dies muss nicht zwingend als eine regenerative Methode verstanden werden, sondern birgt auch ein generatives Moment, das der Mirra zugesprochenen „kind of found poetry [...] as if planting seeds and gathering the harvest at the same time"[42] ebensowenig gleicht wie unähnlich ist.

Analog dazu geht es *Batman R.I.P.* als indexikalische Versuchsanordnung darum, die Darstellungskonventionen und die den einzelnen ‚Epochen' der *Batman*-Historie eigenen ‚Funktionslogiken' offenzulegen und nach einem Prozess der interpretativen Rekonfiguration (Wiederholung unter veränderten Bedingungen) zu einem zeitgemäßen neuen Ganzen zu synthetisieren. Bereits der Titel seines ersten Kapitels weist programmatisch darauf hin, dass Morrison nicht einfach die Rekapitulation nostalgischer ‚Best Of'-Momente im Sinn hat. Ihm ist an der Dekonstruktion und einem letztendlichen

41 Krämer 2008, 204.

42 Mitchell 2009, 1031.

Upgrade der *Batman*-Figur gelegen: „Building a Better Batmobile."[43] Dieser den Status quo der *Batman*-Geschichten vor Morrison rekapitulierende Teil kann als Kommentar auf die kreative Stagnation der *Batman*-Comics in den vorangegangenen Jahren gelesen werden, etwa wenn Bruce Wayne sich von seinem väterlichen Butler instruieren lassen muss, wie die Rolle des Multimillionärs und Playboys sozialen Erwartungen gemäß zu spielen ist: „I HAVE TO LEARN TO BE **MYSELF?** THIS IS **INSANE...**" – „SOMETIMES IT'S EASY TO LET THINGS **SLIP,** MASTER BRUCE."[44] Oder wenn Batman seinen Partner Robin von dem unter einer Plane befindlichen, neuen Batmobile verscheucht: „DON'T PEEK. SHE'S NOT DONE"[45], bevor das Fahrzeug im finalen Band dramatisch eingeführt wird, von Robin im Dialog mit Batman kommentiert: „OKAY, I'M IMPRESSED. THUMBS UP. NEW BATMOBILE." – „I DON'T KNOW... IT'S NOT HOW I **SAW** IT WHEN I FIRST HAD THE IDEA."[46]

Man meint zugleich Morrison zu hören, der in seinen Comics wiederholt die vierte Wand durchbricht[47] und Auskunft darüber gibt, er müsse zunächst und im erzählerischen Vollzug den richtigen Ton für seine Figuren finden („Learn to be myself"). Dies muss vor dem Hintergrund verstanden werden, dass die populären amerikanischen Comic-Hefte selten mit einem zeitlichen Vorlauf von mehr als einem Monat produziert werden; langwierige Vorbereitungen und intensive Überarbeitungen der Comic-Skripts durch ihren Szenaristen sind unter solchen Bedingungen nur begrenzt möglich. Zugleich deutet Morrison an, in *Building a Better Batmobile* die partikularen Erzählbausteine seiner Geschichte in Position gebracht zu haben, bevor sie in *Batman R.I.P.* erst ins Ganze fallen. Ebenso wie die in monatlichem Rhythmus, oftmals über Jahrzehnte hinweg serialisiert publizierten Heft-Kapitel des amerikanischen Comics im allgemeinen, hat Morrison keinen vorweg definierten Endpunkt: „I DON'T KNOW... IT'S NOT HOW I **SAW** IT WHEN I FIRST HAD THE IDEA."[48]

---

43 Morrison/Kubert 2007a.

44 Ebd., 29.

45 Ebd., 20.

46 Morrison/Daniel 2009a, 20.

47 Exemplarisch dafür steht Morrisons zwischen 1980 und 1990 geschriebene Serie *Animal Man*.

48 Morrison/Daniel 2009a, 20.

Superhelden durchlaufen die immer gleichen Zyklen von Herkunftsgeschichte - Tod - Auferstehung; demnach wundert es nicht, dass Morrisons auf *Batman R.I.P.* folgender zweiter Zyklus, *Batman Reborn*,[49] vornehmlich damit beschäftigt ist, Bruce Waynes Rückkehr vorzubereiten, bevor Morrison mit der Serie *Batman Inc.* seine dritte Geschichte mit einem frischen Konzept neu startet: Der in Zeiten des internationalen Terrorismus global organisierten, als Geschäftsmodell operationalisierten Kriminalität gegenübergestellt wird der Superheld des 21. Jahrhunderts. Kein an seinen Melancholien leidender ‚Dunkler Ritter', sondern ein global vernetztes Unternehmen - Die ‚Batman Incorporation' als Weiterentwicklung der Superhelden-Gruppe als Familienbetrieb (*Batman and Son*): „THIS IS THE BEGINNING OF SOMETHING **NEW**"[50] proklamiert Morrison denn auch durch seine Batman-Figur hindurch; „STARTING TODAY, WE FIGHT **IDEAS** WITH **BETTER IDEAS**. THE IDEA OF **CRIME** WITH THE IDEA OF **BATMAN.**"[51]

Das von Morrison verhandelte Problem geht der bildwissenschaftlichen *picture-image*-Trennung parallel. Innerhalb der Handlung werden Antworten auf die (selbst aufgeworfene) Frage angeboten, was die Natur der Entität ‚Batman' sein soll: Ist Batman als der Batman von Zur-En-Arrh ein von der realen Person Bruce Wayne ablösbarer, autonomer Akteur? Oder ein *image*, das performativ enaktiert wird von einer realen, ihrem sozialen Ort nach verort- und deshalb identifizerbaren Person? Und wie real ist die soziale Person(a) Bruce Wayne? Als wie autonom kann die Idee von Batman in ihrer Entkoppelung von ihrem Performer und über dessen Tod hinaus von anderen Rollenträgern ausgelebt verstanden werden?

Als indexikalischer Verweisungszusammenhang transzendiert *Batman R.I.P.* diesen Oberflächentext und wirft analoge Fragen bezüglich der realen Welt des Betrachters auf, bietet aber im Gegensatz zur poetischen Kontingenz der Geschichte eine eindeutige Antwort an: Der Index ist die Idee, und als diese das *image* als inhaltlicher Wesenskern der Kunstfigur ‚Batman', die mehr ist als die Aggregation heterogener künstlerischer Intentionen. In Comic- und Buchform, als Filmfigur oder als Spielzeugpuppe wird dieses *image* mas-

---

49 Die *Batman Reborn* umfassenden drei Bände inklusive der Supplement-Geschichten *Final Crisis*, *Time and the Batman* und *Batman: The Return of Bruce Wayne* finden sich im Literaturverzeichnis aufgelistet.

50 Morrison/Finch (u.a.) 2011, 131.

51 Ebd., 132.

senmedial in der Sozialsphäre distribuiert. Die vielgestaltigen Objekte stellen den dezentralisierten Körper der Idee ‚Batman' dar, der dem Betrachter im Umgang als diskrete Materialität begegnet. Jedoch: Nicht als autonom handelndes Objekt, sondern als Aktant in einem Mediationszusammenhang. *Batman* ist integraler Bestandteil eines Mediums in Mitchells Sinne, eben „keine Anhäufung von Materialien", von Comics, Büchern, Filmen und Spielzeugpuppen. Vielmehr erscheint *Batman* als die skizzierte „komplexe Institution, die Individuen in sich einschließt und durch eine Geschichte von Praktiken, Riten und Gewohnheiten" - die diversen individuell ausgestalteten Konsum- und Rezeptionsgewohnheiten - „Fertigkeiten und Techniken" - des Verstehens und Inbeziehungssetzens von Inhalten sowie deren Genuss - „ebenso konstituiert wird wie durch eine Reihe von materiellen Gegenständen und Räumen."[52]

Bibliographie

Belting, Hans (2008): Vorwort. In: Mitchell, W. J. T.: Das Leben der Bilder. Eine Theorie der visuellen Kultur. München. 7-10.

Breckner, Roswitha (2010): Sozialtheorie des Bildes. Zur interpretativen Analyse von Bildern und Fotografien. Bielefeld.

Bredekamp, Horst (2010): Theorie des Bildakts. Berlin.

Dini, Paul/Morrison, Grant/Milligan, Peter/Nicieza, Fabian/Champagne, Keith/López, David/Pearson, Jason/Daniel, Tony S./Williams II., Freddie E./Kramer, Don/Benjamin, Ryan/Baldeón, David (2008): Batman: The Resurrection of Ra's Al Ghul. New York.

Finger, Bill/Moldoff, Sheldon (2009): Batman meets Bat-Mite. In: Batman: The Black Casebook. New York. 91-102. [Orig. 1959].

Hennion, Antoine/Grenier, Line (2000): Sociology of Art: New Stakes in a Post-Critical Time. In: Quah, Stella R./Sales, Arnaud (Hrsg.): The International Handbook of Sociology. London/New Delhi. 341-355.

Herron, France/Sprang, Dick (2009): Batman - The Superman of Planet X! In: Batman: The Black Casebook. New York. 81-90. [Orig. 1958].

Krämer, Sybille (2008): Medium, Bote, Übertragung. Kleine Metaphysik der Medialität. Frankfurt am Main.

52 Mitchell 2008, 179.

Latour, Bruno (1999): Factures/Fractures. From the Concept of Network to the Concept of Attachment. Übersetzt von Monique Girard Stark. In: Res 36. 20–31.

Latour, Bruno (2001): Eine Soziologie ohne Objekt? Anmerkungen zur Interobjektivität. Übersetzt von Herbert Kalthoff. In: Berliner Journal für Soziologie 11. 237–252.

Miller, Frank/Mazzuchelli, David (2002): Batman: Das Erste Jahr. Übersetzt von Christian Heiss. 2 Bde. Detective Comics 5–6. Nettetal-Kaldenkirchen. [Orig. 1987].

Mirra, Helen (2007): Cloud, the, 3. Zürich.

Mitchell, W. J. T. (1987): Iconology. Image, Text, Ideology. Chicago.

Mitchell, W. J. T. (1994): Picture Theory: Essays on Verbal and Visual Representation. Chicago.

Mitchell, W. J. T. (2008): Das Leben der Bilder. Eine Theorie der visuellen Kultur. Übersetzt von Achim Eschbach, Anna-Victoria Eschbach und Mark Halawa. München.

Mitchell, W. J. T. (2009): Art, Fate, and the Disciplines: Some Indicators. In: Chandler, James/Davidson, Arnold I. (Hrsg.): The Fate of Disciplines. Critical Inquiry. 1023–1031.

Morrison, Grant (2009): The Black Casebook. Introduction. In: Batman: The Black Casebook. New York. 4–6.

Morrison, Grant/Kubert, Andy (2007a): Building a Better Batmobile. In: Dies./Fleet, John van: Batman and Son. New York. 5–32.

Morrison, Grant/Kubert, Andy/Fleet, John van (2007): Batman and Son. New York.

Morrison, Grant/Stewart, Cameron/Clarke, Andy/Nguyen, Dustin/Hannah, Scott (2010): Batman & Robin. Batman VS. Robin (Batman & Robin. Bd. 2). New York.

Morrison, Grant/Sprouse, Chris/Irving, Frazer/Paquette, Yanick/Jeanty, Georges/Sook, Ryan/Garbett, Lee (2011): Batman: The Return of Bruce Wayne. New York.

Morrison, Grant/Finch, David/Batt/Wynn, Ryan (2011): Batman: The Return. In: Dies./Irving, Frazer/Stewart, Cameron/Burnham, Chris: Batman & Robin. Batman & Robin Must Die! (Batman & Robin. Bd. 3). New York. 117–148.

Morrison, Grant/Nicieza, Fabian/Daniel, Tony S./Richards, Cliff/Kubert, Andy/Quietly, Frank/Finch, David/Kolins, Skott (2011): Batman: Time and the Batman New York.

Morrison, Grant/Quietly, Frank/Tan, Philip (2010): Batman & Robin. Batman Reborn (Batman & Robin. Bd. 1). New York.

Morrison, Grant/Irving, Frazer/Finch, David/Stewart, Cameron/Burnham, Chris/Batt/Wynn, Ryan (2011): Batman & Robin. Batman & Robin Must Die! (Batman & Robin. Bd. 3). New York.

Morrison, Grant/Jones , J. G./Mahnke, Doug/Pacheco, Carlos/Clark, Matthew (2009): Final Crisis. New York.

Morrison, Grant/Williams III., J. H./Daniel, Tony S./Benjamin, Ryan (2008): Batman: The Black Glove. New York.

Morrison, Grant/Daniel, Tony S. (2009a): Batman R.I.P. In: Dies./Garbett, Lee: Batman R.I.P. New York. 1–164.

Morrison, Grant/Daniel, Tony S. (2009b): Batman R.I.P.: Ein Wunder in der Crime Alley. Übersetzt von Steve Kups. In: Batman 29. Nettetal-Kaldenkirchen.

Morrison, Grant/Daniel, Tony S./Garbett, Lee (2009): Batman R.I.P. New York.

Nevett, Chad (2007): Building a Better Batman: Morrison's First Year on Batman. <http://graphicontent.blogspot.com/2007/10/building-better-batman-grant-morrisons.html> [Letzter Zugriff: 12.09.2012].

Seneca, Matt (2011): Comix Surgery: Morrison's Closeted Batman. <http://deathtotheuniverse.blogspot.de/2011/04/comix-surgery-morrisons-closeted-batman.html> [Letzter Zugriff: 12.09.2012].

Bildnachweis

Abb. 1: Mirra, Helen (2007): Drei aufeinander folgende Doppelseiten. In: Cloud, the, 3. Zürich. O. S.

Abb. 2: Kubert, Andy (2007): Titelbild Batman 4. In: Batman 4. Nettetal-Kaldenkirchen: Panini.

Abb. 3: Morrison, Grant/Kubert, Andy (2007): Batmans Sohn Damian Teil 2: Man-Bats in London. In: Batman 4. Nettetal-Kaldenkirchen: Panini. O. S.

Abb. 4: Morrison, Grant/Daniel, Tony S. (2009): Batman R.I.P.: Zur-En-Arrh. In: Batman 28. Nettetal-Kaldenkirchen: Panini. O. S.

Abb. 5: Daniel, Tony S. (2009): Titelbild Batman 28. In: Batman 28. Nettetal-Kaldenkirchen: Panini.

Charlotte Kempf

Wahrnehmungswandel durch Medienwechsel? Das Beispiel der *Epistulae* von Plinius minor

Während Autographen von mittelalterlichen Autoren bereits eine Seltenheit darstellen, fehlen sie für antike Autoren gänzlich. Die antike Literatur wird erst durch die medialen Träger späterer Epochen fassbar. Diese Träger des Textes bleiben jedoch nicht bloß eine äußere Hülle, sondern tragen in ihrer Eigenschaft als Medium maßgeblich zur Wahrnehmungsgeschichte des Textes bei. Ein Wechsel des Trägermaterials im Sinne eines Medienwechsels hat daher entscheidende Auswirkungen auf die Rezeption eines Werkes. Ohne den Medienwechsel vom fragilen Papyrus, wie er als Beschreibstoff in der Antike üblich war, hin zum haltbaren Pergament wäre die antike Literatur heute nicht greifbar. Dieser Medienwechsel markiert daher einen entscheidenden Schritt für die Überlieferung der antiken Literatur, er ist in gewisser Hinsicht Grundvoraussetzung für die Überlieferung und Tradierung antiker Textzeugnisse.

Übertragen auf spätere Epochen lässt sich hieraus die These ableiten, dass ein Medienwechsel nicht nur Risiken und Nebenwirkungen, sondern auch Chancen und Rettungsmöglichkeiten mit sich bringen kann. Exemplarisch soll diese These an dem antiken Schriftsteller Plinius dem Jüngeren und dem frühneuzeitlichen Medienwechsel von der Handschrift zum gedruckten Buch verdeutlicht werden.[1] Im Verlauf seines Lebens hatte Plinius (61/62 n.Chr. bis

---

1 Eigenständige Untersuchungen in Form von kommentierten Briefausgaben und Übersetzungen von Plinius' Werk, die zum Teil mehrfach rezensiert wurden, lassen sich bis ins 18. Jahrhundert zurückverfolgen. Allein die Datenbank „Retrospektive Digitalisierung wissenschaftlicher Rezensionsorgane und Literaturzeitschriften des 18. und 19. Jahrhunderts aus dem deutschen Sprachraum" (siehe <http://www.ub.uni-bielefeld.de/diglib/aufklaerung/>) listet unter der Schlagwort- und Autorensuche nach „Plinius" insgesamt 18 Beiträge auf, deren bekannteste die Übersetzungen von Christoph Martin Wieland sein dürften.

Die zu Beginn der neueren Forschung publizierte Fachliteratur behandelt zahlreiche Aspekte des Werkes von Plinius. Neben textimmanenten Untersuchungen sowie Analysen zur Überlieferungssituation seien hier zur Rezeption und Textgestalt der *Epistulae* nur zwei Aufsätze Merrills vom Beginn des 20. Jahrhunderts (Merrill 1910 und Merrill 1915), Lefèvres umfangreiche „Plinius-Studien" (Lefèvre 1977/1978/1987/1988/1989/

113/114 n. Chr.) zahlreiche politische Ämter inne, war Quästor, Tribunus plebis, Praetor und wurde schließlich in den Kreis der Auguren aufgenommen. Durch seine politische Tätigkeit stand er in engem Kontakt mit Kaiser Trajan.[2] Von seiner schriftstellerischen Arbeit ist heute eine Briefsammlung von zehn Büchern, die *Epistulae*, und eine Lobrede auf Kaiser Trajan, der sogenannte *Panegyricus*, überliefert.

Den entscheidenden Wandel für die Überlieferung seiner Werke bewirkte die wichtigste Erfindung in der Mediengeschichte: der Buchdruck.[3] Dieser von Johannes Gutenberg um das Jahr 1450 ausgelöste Medienwechsel markiert einen Einschnitt in der Mediengeschichte, weil er die Rezeption und Überlieferung von Schriftlichkeit grundlegend veränderte.[4] Im Mittelpunkt der folgenden Ausfüh-

---

1996) sowie Detailuntersuchungen zur Rezeption von Plinius etwa bei Ambrosius von Mailand (Zelzer 1987 sowie Savon 1995), Francesco Petrarca (Schmidt 2000a) oder Rudolph Agricola (Römer 1988) genannt.

Einen Überblick über die Handschriften, frühe und neuere Editionen, Übersetzungen und Kommentare von Plinius' Werk liefert Pauschs Artikel „Plinius Caecilius Secundus, Caius (Plinius der Jüngere)" im zweiten Supplementband des *Neuen Pauly* (Pausch 2007). Der vorliegende Aufsatz möchte an Pauschs Ergebnisse anknüpfen, aber Fragen der Mediengeschichte, insbesondere der Bedeutung des Medienwechsels im 15. Jahrhundert für Plinius in den Mittelpunkt rücken.

2 Zu Leben und Werk von Plinius siehe überblicksartig: Krasser 2000.

3 Mediengeschichtlich interessant ist hierbei, dass der Innovationscharakter des Buchdrucks zunächst die Art und Weise der technischen Produktion von Texten betraf. So schreibt Bein in seinen Ausführungen zur „Textkritik" über den Buchdruck: „Denn die Erfindung des Buchdrucks [...] hat zwar die intellektuelle Welt revolutioniert, aber neu ist nicht die sprachliche Medialität, sondern lediglich ihre technische Umsetzung." (Bein 2011, 18). Hierzu passt auch die Tatsache, dass die ersten Druckwerke lediglich bereits handschriftlich vorliegende Texte in das neue Medium überführten und dabei versuchten, das Medium der Handschrift als Vorbild möglichst exakt nachzuahmen. Erst in der folgenden Zeit erschienen Druckwerke, die nicht auf tradierten, handschriftlichen Vorlagen basierten. In einem zweiten Schritt setzte nach den Veränderungen der technischen Produktion auch ein Wandel auf weiteren Ebenen ein, wie der Distribution, Kommunikation und - wie für Plinius gezeigt wird - der Rezeption.

4 Zur Bedeutung des Medienwechsels für die Geschichte der (antiken) Texte und zu seinen Auswirkungen für die Geschichte des Wissens siehe beispielsweise: Eisenstein 1997; Füssel 2005; Mazal 2003; Müller 2007; Neddermeyer 1998; Pettegree 2010; Raible 1998; Schneider 2005.

rungen soll daher die Frage stehen, wie sich die Wahrnehmung von Plinius' *Epistulae* durch die Medienrevolution geändert hat.[5]

Den Wahrnehmungswandel durch Medienwechsel kann man unter drei Aspekten betrachten: (1) zunehmende Verfügbarkeit der *Epistulae* - (2) wachsender Rezipientenkreis - und (3) die neue Beschäftigung mit der Textgestalt.

Die *Epistulae* sind in zwei Corpora überliefert: zum einen als Privatkorrespondenz in den Büchern 1-9, zum anderen als Sammlung in zehn Büchern. Von diesen zwei Corpora leiten sich wiederum sieben Handschriften ab.[6] Die früheste Handschrift, der Kodex Parisiensis, stammt aus dem 5./6. Jahrhundert. Anscheinend enthielt sie jedoch ursprünglich sämtliche Briefe (Buch 1-10) und gehörte damit zum zweiten Handschriftencorpus. Sie ist nur fragmentarisch überliefert und umfasst lediglich Epistel 2,20,13-3,5,4. Das Schicksal einer unvollständigen Überlieferung teilt diese Handschrift mit den übrigen handschriftlichen Zeugnissen.

Die Rezeptionsgeschichte der *Epistulae* zeigt bereits im Medium Handschrift einige Charakteristika, an denen sich der Wahrnehmungswandel, den dieser Autor erfuhr, deutlich abzeichnet. Wurden die *Epistulae* noch in der Spätantike als Vorbild und Muster für eigene Briefsammlungen rezipiert, ging dieses Interesse an Plinius im Mittelalter zurück. So ist die Arbeit mit seinem Text in dieser Zeit vor allem dadurch gekennzeichnet, dass die *Epistulae* nur auszugsweise Eingang in mittelalterliche Briefsammlungen erhielten.[7]

5 Um die Überlieferungsgeschichte der *Epistulae* bis zum Einsetzen des Buchdrucks zu rekonstruieren, wäre es im Sinne einer vollständigen Textgeschichte notwendig, zu ermitteln, wie viele Handschriften im Mittelalter insgesamt existiert haben. Dies ist außerordentlich schwierig; lediglich bei den frühen Drucken lässt sich grundsätzlich die Verbreitung eines Werkes auch anhand der zum Teil bekannten Auflagenhöhe, der Neuauflagen und Nachdrucke sowie der unterschiedlichen Druckorte abschätzen. Die Frage nach der Überlieferungssituation früher Druckwerke ist daher im Vergleich zur Frage nach der Überlieferung der Handschriften leichter zu beantworten. Der Frage nach der Provenienz der Handschriften und Drucke kann in diesem Rahmen allerdings nicht nachgegangen werden.

6 Zur Überlieferungssituation der Handschriften siehe den Überblick bei: Pausch 2007, 484, sowie Albrecht 1992, 915.

7 Zum zusammenfassenden Überblick zur Rezeption der *Epistulae* siehe: Kempf 2010.

Fragen nach der Anordnung der Briefe (in neun oder zehn Büchern), nach der Chronologie oder der inhaltlich-thematischen Konzentration der einzelnen Briefe, also die Auseinandersetzung mit dem Briefwerk insgesamt, standen dabei nicht im Vordergrund. Stattdessen wurde Plinius als Quelle wahrgenommen, die wegen einzelner inhaltlicher Aspekte interessant war. Das Abschreiben der *Epistulae* zur Vervielfältigung und Verbreitung der Texte insgesamt ging zugunsten einer Auswahl einzelner Textpassagen zurück. Beispielhaft für diese Rezeptionspraxis sind der Gelehrte Einhard oder der Kleriker Rather von Verona, die durch Zitate in ihren Werken Bezug auf Plinius nehmen.[8]

Das Mittelalter nahm Plinius somit zwar als überlieferungswürdigen antiken Autor wahr, hielt das Wissen um sein Werk wach und tradierte es weiter. Doch die Art der Wahrnehmung seiner Briefe fokussierte sich darauf, sie als Quelle für literarische Zitate zu nutzen. Formen der Auseinandersetzung, die über diese formale Funktionalisierung hinausgehen, sind im Mittelalter offenbar nicht bezeugt. Die Besonderheit der *Epistulae* als Gesamtwerk blieb unbeachtet. Überdies fand keine breit angelegte Rezeption statt, Plinius wurde – bedingt durch das Medium Handschrift – zu einer Quelle für wenige Gelehrte. Kenntnisse der *Epistulae* können somit für das Mittelalter zwar nachgewiesen werden, jedoch lässt sich mit Blick auf den ‚eklektischen' Charakter der Auseinandersetzung sagen, dass sie von ihrer Grundintention her nicht darauf angelegt war, den Text der Briefsammlung insgesamt bekannt und gesichert zu halten.

Das Medium Handschrift leistete im Mittelalter aufgrund dieser Form der Rezeption sowie aufgrund seiner medialen Eigenschaften keine Gewähr für eine dauerhafte integrale Wahrnehmung von Plinius' Briefsammlung. Sicherung und Überleben der *Epistulae* waren in der Handschriftenzeit stets mit dem Risiko des Abbruchs der Überlieferungstradition verbunden. Wie sehr sich demgegenüber die Situation in der Renaissance und mit dem Aufkommen des Buchdrucks veränderte, wird deutlich, wenn man sich die Geschichte der frühen Plinius-Drucke vor Augen führt.

---

8 Siehe den kurzen Aufriss bei: Manitius 1911, 644, sowie Manitius 1889, 567.

Die *Epistulae* lagen seit 1471 durch Christoph Valdarfers Ausgabe in Venedig in gedruckter Form vor und waren dadurch einem breiteren Publikum zugänglich. Diese Ausgabe der *Epistulae* wird als „Editio princeps" bezeichnet. Sie enthält jedoch nur acht der insgesamt zehn Bücher, nämlich die Bücher 1–7 und Buch 9.[9]

Gutenbergs Erfindung erreichte Venedig im Jahr 1469. Das Jahr 1471, in dem die „Editio princeps" von Plinius erschien, gehört dadurch zur Frühphase der Druckgeschichte Italiens. Dass schon in diesem Jahr eine gedruckte Plinius-Ausgabe vorlag, macht deutlich, dass Plinius bereits sehr früh zu den antiken Autoren gehörte, die für die Gelehrten der Renaissance relevant waren.

Heute lassen sich von Plinius' *Epistulae* elf Inkunabel-Ausgaben und rund 60 Druckausgaben des 16. Jahrhunderts nachweisen.[10] Betrachtet man die Druckorte der Inkunabeln, so fällt auf, dass sie alle in Italien erschienen sind. Italien war in der Epoche der Renaissance ein Zentrum geistiger Entwicklungen und nahm in Europa eine Vorrangstellung ein. Dieser allgemeine Befund, dass Italien das Zentrum der Antikenrezeption war,[11] hat sich auch in der Beschäftigung mit Plinius niedergeschlagen: es ist das Ursprungsland für die anschließende Auseinandersetzung mit den *Epistulae*. Von den ins-

---

9 Pettegree führt aus, dass bis zum Jahr 1471 in Venedig 85 neue Textausgaben von klassischen Autoren gedruckt worden sind, zu denen auch die Plinius-Ausgabe zu zählen ist. Nach Pettegree repräsentieren die 85 allein in Venedig erschienenen Ausgaben „a third of the total output of printed books published throughout the whole of Europe in this year." (Pettegree 2010, 50.)

10 Siehe hierzu: Gesamtkatalog der Wiegendrucke (= GW), <www.gesamtkatalogderwiegendrucke.de/docs/PLINGAI1.htm>; Incunabula Short Title Catalogue (= ISTC), <http://istc.bl.uk/search/search.html>; „Verzeichnis der im deutschen Sprachbereich erschienenen Drucke des 16. Jahrhunderts" (= VD 16), <https://opacplus.bib-bvb.de/TouchPoint_touchpoint/refineSearch.do?methodToCall=filterSearch&id=yearnavigator&subval=lt%3D1598>; sowie die entsprechenden französischen und italienischen Kataloge: Sudoc, <http://www.sudoc.abes.fr/xslt/DB=2.1/SET=1/TTL=1/REL?PPN=027076474> beziehungsweise Edit16, <http://edit16.iccu.sbn.it/scripts/iccu_ext2.dll?fn=40&i=10213&fz=1>.

11 Zur Antikenrezeption in der Renaissance siehe unter anderem: Buck 1976; Buck 1981; Burke 2005; Heldmann 2003; Rüdiger 1961 sowie Widmann 1977.

gesamt elf Inkunabeln sind vier in Venedig, drei in Rom sowie jeweils eine in Neapel, Mailand, Treviso und Bologna erschienen. Bereits diese frühen Ausgaben verhalfen den *Epistulae* zu einer neuen Wahrnehmung. Die Inkunabeln bildeten den Ausgangspunkt für eine anhaltende Beschäftigung mit Plinius, indem sie eine dauerhaftere Sicherung des Textes gewährleisteten, als dies noch dem Medium Handschrift möglich war.

Auch nach 1500 erschienen in Italien weitere Textausgaben, vor allem in Mailand, Bologna und Venedig. Grundsätzlich jedoch wurde das Drucken neuer Ausgaben antiker Texte zu einem europaweiten Phänomen. So wurden nach 1500 zunehmend auch die Werke Plinius' im deutsch- und französischsprachigen Raum publiziert.

Der erste Plinius-Druck außerhalb Italiens war zugleich der erste im deutschsprachigen Raum: Er erschien 1510 in Köln bei Martin von Werden und enthielt nur das erste Buch der *Epistulae*. Eine vollständige Textausgabe aus dem deutschsprachigen Raum, die die Bücher 1–10 enthält, scheint erst nach 1600 gedruckt worden zu sein.

Betrachtet man die bis zum Jahr 1600 erschienenen Druckausgaben, so fällt auf, dass einigen Plinius-Editionen Werke von Sueton und Obsequens beigefügt wurden. Tranquillus Caius Sueton (um 70 n. Chr. bis circa 130/140 n. Chr.) war ein Zeitgenosse Plinius' und ist durch seine zwölf Kaiserbiographien und eine Sammlung von Kurzbiographien (*De viris illustribus*) bekannt. Den Briefausgaben wurde meist der Abschnitt „De grammaticis et rhetoribus" aus *De viris illustribus* beigefügt. Es ist wohl kein Zufall, dass gerade Suetons Werke mit Plinius' *Epistulae* in einem Band veröffentlicht wurden, da zwischen Plinius und Sueton offenbar ein enger Kontakt bestand und Sueton sich ihm auch auf den Weg in die Provinz Bithynia anschloss.[12] Iulius Obsequens hingegen lebte, soweit Daten bekannt sind, im 4. Jahrhundert n. Chr., rund drei Jahrhunderte nach Sueton und Plinius. Er verfasste ein Buch über Vorzeichen und Prophezeiungen, den *Liber prodigiorum*.[13] Überlieferungsgeschicht-

12 Siehe hierzu: Günther 2001, Sp.1084; Auf ähnliche Weise äußert sich Fuhrmann, der Plinius als „Gönner und Freund" von Sueton bezeichnet (Fuhrmann 2008, 464).

13 Obsequens' Werk ist heute nicht vollständig überliefert. Dies geht aus der „Editio princeps" hervor: „Der Titel der Editio princeps, die die Schrift überliefert, ergibt, daß das Werk 249 v. Chr. einsetzte [...], daß al-

lich interessant ist, dass die als „Editio princeps" bezeichnete Ausgabe des *Liber prodigiorum* Bestandteil der von Aldus Manutius im Jahr 1508 herausgegebenen Edition der *Epistulae* des Plinius ist. Obsequens' und Plinius' Werke sind somit in derselben Ausgabe erschienen, sodass Manutius mit dieser Ausgabe maßgeblich nicht nur zur Textgeschichte Plinius', sondern auch Obsequens' beigetragen hat.

Neben den Werken von Sueton und Obsequens wurden den *Epistulae* häufig auch der *Panegyricus* sowie das Werk *De viris illustribus* hinzugefügt. Während der *Panegyricus* Plinius' zweites heute noch erhaltenes Werk ist, wurde der Text *De viris illustribus* fälschlicherweise Plinius zugeschrieben. Es handelt sich wohl um ein Werk des Pseudo-Sextus Aurelius Victor, der wie Obsequens im 4. Jahrhundert n. Chr. lebte.[14]

Es ist unbekannt, wie hoch die Auflage der einzelnen Druckausgaben der *Epistulae* war und wie groß die Leserschaft dieses Werkes tatsächlich gewesen sein mag. Man darf wohl grundsätzlich schon aufgrund der Vielzahl der Druckereien, bei denen Plinius' Werk erschienen ist, annehmen, dass die einzelnen Ausgaben unterschiedlich hohe Auflagen besaßen.[15] Darüber hinaus ist zu bedenken, dass die Briefe teilweise einem anderen Hauptwerk hinzugefügt wurden. Die Verbreitung der *Epistulae* wurde daher schon auf materieller Seite von unterschiedlichen Faktoren beeinflusst.

Doch unabhängig davon, wie viele Exemplare tatsächlich gedruckt wurden, kann man festhalten: Allein aufgrund der Tatsache, dass die *Epistulae* in gedruckter Form erscheinen, ist eine wesentlich größere Verbreitung als im Medium Handschrift anzunehmen. Tausende Plinius-Texte im Vergleich zu wenigen mittelalterlichen Handschriften markieren eine gewaltige Zunahme der Verfügbarkeit und einen ersten Schritt dahin, dass sein Werk nicht vergessen wurde. Das neue Medium wurde demnach zur Chance für Plinius' Werk. Eine Ausgabe, von der mehrere Auflagen gedruckt wurden,

---

so die Prodigien von 249–191 verloren sind." (Schmidt 2000b, Sp.1085–1086.)

14 Siehe hierzu etwa: Mazal 2003 3:671.

15 Im Rahmen seiner Untersuchung zur unterschiedlichen Auflagenhöhe von Einblattdrucken des 15. und frühen 16. Jahrhunderts fasst Eisermann auch die übliche Ansicht der Forschung zur Auflagenhöhe von Büchern zusammen. Siehe hierzu Eisermann 2000, 145.

ist Manutius' *Epistulae*-Edition aus dem Jahr 1508.[16] Sie wurde im Jahr 1518 von dem französischen Drucker Jacques LeMessier nachgedruckt und von Jean DuPré und Gilles de Gourmont herausgegeben. Anscheinend wurde Manutius' Text in den folgenden Jahren noch zweimal nachgedruckt: zunächst 1531 und nochmals 1542. Diese Wiederabdrucke erschienen abermals in Frankreich, diesmal in Lyon bei dem französischen Drucker deutscher Herkunft Sébastien Gryphius.[17] An diesen Nachdrucken kann man ablesen, welche Maßstäbe Manutius mit seiner Ausgabe gesetzt hat; zwar erschienen im Verlauf des 16. Jahrhunderts noch eine Vielzahl anderer Plinius-Ausgaben, doch offenbar wurde diejenige von Manutius bereits von

16 Vermutlich wurden auch Ausgaben von Giovanni Catteneo neu aufgelegt; zumindest nimmt dies Mynors in seiner Plinius-Ausgabe an. Er geht davon aus, dass die im Jahr 1506 gedruckte Ausgabe von Ioannes Maria Cattaneo (In hoc volumine continentur. C. Plinii Caecilii Secundi epistolarum libri nouem. Eiusdem Plinii libellus epistolarum ad Traianum […]. Mailand: Alessandro Minuziano 1506; Edit16: CNCE 49990 bzw. Edit16: CNCE 10293) im Jahr 1519 ebenfalls neu aufgelegt wurde. (Plini Caecili Secundi, C.: Epistolarum Libri Decem. Herausgegeben von Roger Aubrey Baskerville Mynors. Oxford 1963, 3). Diese Ausgabe erschien allerdings, anders als diejenige von 1506, nicht in Mailand, sondern in Venedig. Bemerkenswert ist hierbei, dass anscheinend bereits ein Jahr zuvor, das heißt im Jahr 1505, eine weitere Ausgabe von Cattaneo herausgegeben wurde (C. Plinii Cecilii Secundi Epistolae cum panagyrico multoties impressae nunc Ioannis Mariae Catanae. Mailand: Giovanni Giacomo Da Legnano e fratelli 1505.; Edit16 CNCE 53639). Ob die Ausgabe von 1519 tatsächlich auf diejenige aus dem Jahr 1506 zurückgeht, konnte ich nicht eindeutig feststellen. Zu erwähnen ist jedoch, dass Catteneo als Herausgeber sehr vieler Ausgaben ausgeführt wird, die an verschiedenen Orten und bei unterschiedlichen Druckern erschienen sind. Daher ist anzunehmen, dass die Ausgaben außerhalb von Mailand Nachdrucke seiner *Epistulae*-Ausgabe darstellen. Als eigenständiger Herausgeber trat Catteneo vermutlich bei den Mailänder-Ausgaben auf, zu denen auch eine aus dem Jahr 1518 (C. Plinii Cecilii secundi Epistolae clariores: emendatioresque que vnque antea nunc iterum in lucem veniunt. Mailand: Giovanni Giacomo da Legnano e fratelli, circa 1518; Edit16: CNCE 74917) zu zählen ist, die eine Übersetzung ins Italienische und damit die erste Übersetzung der *Epistulae* in eine Volkssprache darstellt.

17 Die Datenbank „Sudoc" vermerkt bei der Ausgabe von 1542, dass Gryphius den Text ebenfalls im Jahr 1537 nachgedruckt habe. Siehe <http://www.sudoc.abes.fr/xslt/DB=2.1/SET=1/TTL=461/SHW?FRST=461>. Zwar wird im „Sudoc" eine Plinius-Angabe von 1537 verzeichnet, doch nach den Titelangaben enthält sie lediglich das Werk *De viris illustribus*. Eine 1537 erschienene *Epistulae*-Ausgabe konnte von mir weder im „Sudoc" noch in den übrigen Katalogen nachgewiesen werden.

den Zeitgenossen als die Maßstäbe setzende Edition angesehen. Zudem sind nach der Ausgabe von Manutius im Jahre 1508 keine weiteren Briefe des Plinius aufgetaucht.

Doch dies ist nicht der einzige Aspekt des Wahrnehmungswandels. Man könnte als einen zweiten wesentlichen Aspekt die Erweiterung des Rezipientenkreises nennen. Die *Epistulae* erschlossen sich - um es mit einem modernen Begriff zu bezeichnen - durch den Buchdruck neue Zielgruppen. Die Rezeption der Briefe war nun einem größeren Publikum möglich. Der erste Aspekt, die größere Verfügbarkeit, schafft damit die Voraussetzung für den zweiten, die qualitative Erweiterung des Rezipientenkreises. Durch das neue Medium waren die *Epistulae* einer Leserschaft auch über Stadt- und Landesgrenzen einem neuen, anonymen Publikum zugänglich.[18] In Bezug auf die Druckorte fällt auf, dass die *Epistulae*-Ausgaben oftmals in bedeutenden Druckzentren erschienen, die zum Teil auch Universitätsstädte waren. Auch weil die für die Renaissance typische Antikenrezeption vor allem an den Universitäten vorangetrieben wurde, ist anzunehmen, dass nun die Universität - nicht mehr das Kloster oder die Schreibstätte des einzelnen Gelehrten - zu einem wichtigen Ort der Plinius-Rezeption wurde, wenngleich eine nähere Prüfung der akademischen Rezeption der *Epistulae* notwendig wäre.

Ein kurzes Zwischenfazit: Das Medium ‚gedrucktes Buch' unterscheidet sich grundlegend von dem Medium Handschrift - zunehmende Verfügbarkeit und Publikumserweiterung ermöglichten eine dauerhaftere Sicherung des Textes. Die frühen Drucke bildeten daher den Ausgangspunkt für eine langanhaltende Beschäftigung mit Plinius.

Der Medienwechsel zum gedruckten Buch sorgte somit schon in seinen Anfängen für die Sicherung und Bewahrung des Textes. In Bezug auf Enzyklopädien formuliert Ernst:

> Einmal erscheint, sich schnell zum Topos verfestigend, der Buchdruck aufgrund der Möglichkeit der *multiplicatio libro-*

---

18 Eine Spezifizierung des Rezipientenkreises der *Epistulae* kann an dieser Stelle nicht vorgenommen werden; hierbei sei daher auf Schmidts Aufsatz verwiesen, der die Rezeption der *Epistulae* im Medium Handschrift bei dem Humanisten Francesco Petrarca untersucht (siehe Schmidt 2000a).

> *rum* in besonderer Weise als geeignet, das Wissen der Menschheit vor Zerstörung und Vergessen zu bewahren, und zum anderen wird Schriftlichkeit [...] als Gedächtnishilfe im Rahmen einer sich als Disziplin formierenden bzw. reformierenden *ars memorativa* reflektiert.[19]

Diese Aussage trifft nicht allein auf Enzyklopädien zu, sondern ist ein allgemeines Kennzeichen des Medienwechsels. Die *Epistulae* waren mit dem neuen Medium leichter zugänglich, in einer größeren Stückzahl verfügbar und vor Verlusten geschützt, was einen wesentlichen Unterschied zum Zeitalter der Handschriften markierte. Der Buchdruck zog bereits wenige Jahrzehnte nach dem Medienwechsel eine verbreitete Kenntnis der Texte nach sich, sodass die gedruckten Texte im Hinblick auf die materielle Tradierung und Überlieferung einen entscheidenden Faktor darstellten.

Hinsichtlich seiner Bedeutung fiel Plinius allerdings im Vergleich zu anderen antiken Autoren, wie etwa Cicero oder Plinius dem Älteren, zurück. Von diesen Autoren, die bereits im Mittelalter den Status eines Klassikers besaßen, lassen sich wesentlich mehr Drucke nachweisen.[20] Plinius der Jüngere konnte daher auch mit dem Medium des gedruckten Buches nicht von einem „Nischenautor" im Mittelalter zu einem „Bestseller" der Frühen Neuzeit aufsteigen. Dass sich von Beginn des Druckzeitalters über das gesamte 16. Jahrhundert hinweg gedruckte Ausgaben nachweisen lassen, belegt allerdings, dass die *Epistulae* auf eine hinreichend große Nachfrage gestoßen sein müssen und so den Bekanntheitsgrad von Plinius als Autor steigerten.

Zu Recht kann man allerdings fragen: Lag in dem Medienwechsel von der Handschrift zum gedruckten Buch nicht doch ein Risiko? Bestand nicht beispielsweise die Gefahr, dass nicht der gesamte Text in die gedruckte Form aufgenommen wurde? Enthielten die Handschriften vielleicht nicht doch mehr Briefe als schließlich das gedruckte Buch? Diese Risiken sind allerdings nicht nur charakteristisch für den Medienwechsel vom Pergamentkodex zum gedruckten Buch, sondern gelten allgemein für jeden Medienwechsel, streng

19 Ernst 2002, 489.

20 Allein für Plinius den Älteren verzeichnet der Gesamtkatalog der Wiegendrucke 25 Inkunabeln der „Historia Naturalis". Siehe Gesamtkatalog der Wiegendrucke (= GW), Ausgaben von Plinius dem Älteren, <http://gesamtkatalogderwiegendrucke.de/docs/PLINGAI.htm>.

genommen auch für die Überlieferung eines Textes innerhalb desselben Mediums. Daher folgte auch aus der Medienrevolution im 15. Jahrhundert nicht, dass sämtliche handschriftliche Pergament- und Papierkodizes in das neue Medium des gedruckten Buches übertragen und dadurch alle Texte in gedruckter Form überall verfügbar wurden. So schreibt Müller:

> Der Druck erschließt also keineswegs die gesamte Schrifttradition; für das, was er ausspart, verschlechtern sich die Chancen der Überlieferung. Es muß ein hinreichend standardisiertes Interesse vorliegen, damit überhaupt der Aufwand sich amortisiert.[21]

Auch bei Plinius ist festzustellen, dass der Medienwechsel nicht die Rettung all seiner Werke bewirken konnte. Die *Epistulae* und der *Panegyricus* machen nur einen Teil von Plinius' literarischen Arbeiten aus. Er war ebenso als Dichter und Redenschreiber tätig. Diese Reden und Gedichte sind nahezu vollständig verloren gegangen, belegen aber, dass im Verlauf der handschriftlichen Überlieferung der antiken Literatur einzelne Werke nicht weitergegeben und tradiert wurden. In diesem Fall führte ein Medienwechsel auch bei Plinius zu weiterem Vergessen und Verlust. Zudem zeigt sich daran auch, dass sich das Problem der Auswahl durch den Medienwechsel in der Frühen Neuzeit nicht erstmalig stellte, sondern Texte bereits in vorangegangenen Epochen dem Risiko eines Abbruchs der Tradierung ausgeliefert waren. Der frühneuzeitliche Medienwechsel konnte daher für diese Werke keine Rettung mehr bewirken. Die *Epistulae* wie auch der *Panegyricus* gehörten demgegenüber zu den Gewinnern des Medienwechsels.[22] Allein die zunehmende Verfügbarkeit und die qualitative Erweiterung des Rezipientenkreises waren indes nicht die einzigen Schritte zu einer neuen Form der Rezeption.

---

21 Müller 1988, 208. Zu Fragen und Problemen des Buchdruckes in den ersten Jahrzehnten und zu den Auswirkungen dessen auf die Entstehung des Buchmarktes siehe Pettegree 2010, 43–44 und 65–78.

22 Das von Müller 1988 so bezeichnete „standardisierte" Interesse weist auf eine implizite Auswahl derjenigen Texte hin, deren Druck lohnenswert erscheint. Dieser ökonomische Aspekt konnte bei der mittelalterlichen Handschriftenproduktion zwar auch eine Rolle spielen, die Orientierung an Bedürfnissen und Anforderungen der Rezipienten wurde mit dem Aufkommen des gedruckten Buches jedoch allmählich zunehmend zum Kennzeichen des Buchmarktes.

Als ein dritter Aspekt des Medienwechsels kann die veränderte Arbeit mit dem Text selbst genannt werden. Nicht mehr das für das Mittelalter charakteristische eklektische literarische Zitat, sondern die konkrete Gestalt des Textes insgesamt war es, die einen Schwerpunkt der Rezeption in der Renaissance bildete. Dieser Wahrnehmungswandel manifestierte sich in einer umfassenden Editionsarbeit: So wurden mit dem Medium des gedruckten Buches nicht nur Kommentare und Übersetzungen verfasst; es wurde auch das Ziel verfolgt, die Vollständigkeit und Richtigkeit des Textes zu gewährleisten. „Um 1500", stellt Quast am Beispiel von Erasmus von Rotterdam fest, „ist der in seiner Buchstäblichkeit feste Text für den Editor wie den Autor Erasmus bereits eine in der Tat feste Bezugsgröße, und zwar unabhängig von der Normativität des dargelegten Stoffes."[23] Daraus folgt, dass die mediale Form des gedruckten Buches den Wortlaut weitestgehend endgültig fixierte. Mit dem neuen Buch wurde die Textgestalt zu einer festen Bezugsgröße. Dass dieser Aspekt mit dem gedruckten Buch stärker in den Vordergrund zu treten begann, hing auch mit der größeren Verfügbarkeit der Texte zusammen, die eine Vergleichbarkeit erleichterte.[24]

Mit dem Aufkommen des Buchdrucks könnte man daher in Bezug auf die Gestalt des Textes von einer ‚Zuständigkeitsverschiebung' sprechen:[25] Während im Mittelalter die Gelehrten in den Skriptorien

---

23 Quast 2001, 44. Diese am Beispiel von Erasmus von Rotterdam erläuterte These besitzt nach Quast auch allgemeine Gültigkeit.

24 Zum Zusammenhang von Buchdruck und Aufbereitung des Wissens siehe Schneider 2005, 63–78.

25 Die erläuterten Implikationen des Medienwechsels von der Handschrift zum gedruckten Buch wurden bereits von den Zeitgenossen erkannt, sodass der Buchdruck schon bei ihnen kontrovers diskutiert wurde (als Beispiel für eine positive Beurteilung des Buchdrucks, das zugleich deutlich macht, dass sich die Zeitgenossen der Innovationskraft des Buchdrucks bewusst waren, siehe Polydore Vergil 2002, Buch 2 Kap. 7, 241–247; für eine negative Beurteilung siehe Brant 1968, Kap. 103, 273–277). Nicht nur aus dem Grund des potentiellen Verlustes von Texten und Traditionen war das Medium des gedruckten Buches bei den Zeitgenossen umstritten. Auch der Verlust über die Kontrolle der Produktion der Texte wurde von einigen Renaissancegelehrten negativ bewertet, da das neue Medium eine Verschiebung der letztgültigen Verantwortlichkeit vom Gelehrten zum Drucker auslöste und nun auch Laien, das heißt Nicht-Gelehrte, Werke antiker Autoren drucken konnten. Die vereinzelt anzutreffende negative Einschätzung des Buchdrucks wurde auch dadurch unterstützt, dass man zunächst davon ausging, dass Papier, das

mit ihren Abschriften die Gestalt des Textes definierten, war es mit dem neuen Medium Aufgabe der Drucker und der Herausgeber geworden, den Text auf Grundlage der handschriftlichen Überlieferung festzulegen.

> Die mit der neuen Reproduktionstechnik ermöglichte identische Reproduzierbarkeit, beschleunigte Zirkulation und ubiquitäre Verfügbarkeit von Wissen verstanden Gelehrte der Frühen Neuzeit aber gerade nicht als Garanten der Wissenssicherung, vielmehr umgekehrt als Bedrohung des Wissensbestands durch fehlende Orientierung.[26]

Dieser Aspekt der veränderten Arbeit mit dem Text trifft auch auf Plinius zu. In der Folge der aufkommenden Druckausgaben entwickelten sich textkritische Fragen, die vorher anscheinend von geringerer Bedeutung waren. Die *Epistulae* wurden in den Druckausgaben mit Kommentaren und Anmerkungen versehen und bald darauf auch übersetzt.[27] Das Medium der Handschrift ist mit dem Buchdruck zwar keineswegs ‚untergegangen', aber hat doch deutlich an Bedeutung verloren. Die Durchsetzung des neuen Mediums sorgte somit nicht nur äußerlich für eine neue mediale ‚Verkleidung' des Textes, sondern sorgte auch dafür, dass die in gedruckter Form erschienenen Texte anders wahrgenommen wurden und vorrangig Gültigkeit besaßen. Die gedruckten Ausgaben wurden - trotz eventueller Fehler in der Überführung vom Medium Handschrift zum neuen Medium - zu den Ausgaben, auf die man sich berief, die kommentiert, verbessert, und weiter verbreitet wurden. So heißt es beispielsweise bei Zedelmaier:

> Die auf das Buch bezogene Wissensformation, das Bücherwissen, galt in der Frühen Neuzeit als ‚gelehrtes' Wissen. Der Begriff verweist darauf, dass Wissen in der Frühen Neuzeit auf besondere Weise auf ‚überliefertes', auf tradiertes Wissen bezogen ist, insbesondere auf Texte der griechischen

sich erst Ende des 14. Jahrhunderts in Deutschland zu etablieren begann, nicht die gleiche Dauerhaftigkeit besaß wie Pergament (siehe hierzu Müller 1988, 203–217 und Heldmann 2003, 97–135).

26 Zedelmaier 2010, 511.

27 Konkret hat beispielsweise Römer die Beschäftigung mit dem Plinius-Text durch den Humanisten Rudolf Agricola nachgewiesen, der sich auf Grundlage der „Editio princeps" und zweier Handschriften mit Plinius folgendermaßen befasste: „(1.) Versuche, evident korrupte Stellen zu heilen, (2.) Veränderungen des korrekten Textes aus sprachlichen oder sachlichen Erwägungen." (Römer 1988, 165.)

> und römischen Antike, die Maßstäbe setzten, sowie auf die Bibel[.][28]

Diese neue Bedeutung der Textgestalt wird konkret erkennbar, wenn man sich abschließend die den Buchausgaben zugrunde liegende mittelalterliche handschriftliche Überlieferungssituation der *Epistulae* noch einmal vor Augen führt. Alle heute erhaltenen handschriftlichen Überlieferungsträger geben nur Auszüge der *Epistulae* wieder, keiner umfasst die Bücher 1 bis 10 vollständig. Damit ist nicht gemeint, dass lediglich einzelne Briefe innerhalb der überlieferten Bücher in den Handschriften fehlen, sondern dass in keiner Handschrift das gesamte Briefcorpus vom ersten bis zum zehnten Buch aufgenommen ist. Das wahrscheinlich erst posthum veröffentlichte Buch 10 nimmt in der Überlieferungsgeschichte eine Sonderstellung ein. Dass es überhaupt erhalten ist, verdankt die Nachwelt Abschriften aus dem *Codex Parisiensis*, die zu Beginn des 16. Jahrhunderts von einzelnen Gelehrten, zum Beispiel von Guillaume Budé, Philipp Beroaldus, Hieronymus Avanzi und Aldus Manutius, angefertigt wurden und die so für die entscheidende Überlieferung der insgesamt 121 Briefe sorgten.

Erst mit dem neuen Medium des gedruckten Buches erschienen die Briefe dann in einer zuvor nicht dagewesenen Vollständigkeit. Im Fall von Plinius lässt sich dieses Bemühen um Vollständigkeit in der gelungenen Zusammenführung der Bücher 1 bis 9 mit Buch 10 zu Beginn des 16. Jahrhunderts nachvollziehen: Der erste, der die Bücher 1 bis 9 mit Buch 10 zusammenführte, ist der venezianische Buchdrucker und Verleger Aldus Manutius. Seine Ausgabe von 1508 basierte auf einer Abschrift des *Codex' Parisiensis*[29] und ist daher eng mit der mittelalterlichen Handschriftenüberlieferung verwoben.

Der Wechsel zum gedruckten Buch verursachte daher auch das Zusammenführen antiker Textzeugnisse, die bis zu diesem Zeitpunkt einen zumeist getrennten Überlieferungsweg gegangen sind. Erst mit dem Buchdruck wurden die Bücher 1 bis 10 als eine Einheit betrachtet. Die Folge war, dass sie von nun an als Gesamtwerk und nicht mehr als voneinander getrennte Sammlungen einzelner Briefe

---

28 Zedelmaier 2010, 508.

29 Bereits vor Manutius wurden zu Beginn des 16. Jahrhunderts Gesamtausgaben der *Epistulae* mit Briefen aus dem 10. Buch etwa von Filippo Beroaldus und Giovanni Catteno herausgegeben. Allerdings geben diese Ausgaben nur Ausschnitte des 10. Buches wieder.

erschienen; alle nachfolgenden Gesamtausgaben der *Epistulae* enthalten daher die Bücher 1 bis 10 gemeinsam, die Sammlung endete nicht, wie in vorangegangenen Ausgaben, mit Buch 9. Vor diesem Hintergrund kann man die These vertreten, dass eine neuartige und vollständige Überlieferung aller Bücher erst mit dem Medium des gedruckten Buches erreicht wurde. Die Ausgangsvermutung, dass ein Medienwechsel zu Bewahren und Rettung führen kann, gilt daher für Plinius exemplarisch.

Mit den Plinius-Ausgaben der Inkunabelzeit und der bald nachfolgenden, grundlegenden Edition von Manutius aus dem Jahre 1508 ist der einen Wahrnehmungswandel erst ermöglichende Überlieferungswandel bei diesem antiken Autor grundsätzlich vollzogen – nicht aufgrund einer Neuinterpretation einzelner Briefe oder einer veränderten Bewertung der Person des Autors, sondern aufgrund der materiellen Präsenz des Gesamtwerkes. Das Medium Buch bleibt dem Text nicht äußerlich, sondern bedingt seine Wahrnehmung. Die *Epistulae* geraten damit als in sich geschlossenes Werk der antiken Briefkunst ins Blickfeld und sein Autor Plinius als der neben Cicero und Seneca wichtigste Autor der römischen Epistolographie.

Hier schließt sich der Kreis: Die erwähnte Ausgabe von Manutius aus dem Jahr 1508 ist bis heute eine wichtige Quelle für die Überlieferung des zehnten Buches, sodass sie Eingang in die moderne, maßgeblich Plinius-Ausgabe von R.A.B. Mynors gefunden hat.

Wie epochal der Wahrnehmungswandel durch den frühneuzeitlichen Medienwechsel war, zeigt sich damit bis in die Gegenwart.

Bibliographie

Quellen

Brant, Sebastian (1968): Das Narrenschiff. Nach der Erstausgabe (Basel 1494) mit den Zusätzen der Ausgabe von 1495 sowie den Holzschnitten der deutschen Originalausgaben. Herausgegeben von Manfred Lemmer. Zweite, erweiterte Auflage. Neudrucke Deutscher Literaturwerke. Neue Folge 5. Tübingen. [Orig. 1494].

Plini Caecili Secundi, C. (1963): Epistolarum Libri Decem. Herausgegeben von Roger Aubrey Baskerville Mynors. Oxford.

Plini Caecili Secundi, C. (1505): C. Plinii Cecilii Secundi Epistolae cum panagyrico multoties impressae nunc Ioannis Mariae Catanae. Mailand: Giovanni Giacomo Da Legnano e fratelli. [Edit16 CNCE 53639].

Plini Caecili Secundi, C. (1506): In hoc volumine continentur. C. Plinii Caecilii Secundi epistolarum libri nouem. Eiusdem Plinii libellus epistolarum ad Traianum […]. Mailand: Alessandro Minuziano. [Edit16: CNCE 49990, bzw. Edit16: CNCE 10293].

Plini Caecili Secundi, C. (ca. 1518): C. Plinii Cecilii secundi Epistolae clariores: emendatioresque que vnque antea nunc iterum in lucem veniunt. Mailand: Giovanni Giacomo da Legnano e fratelli. [Edit16: CNCE 74917].

Polydore Vergil (2002): On Discovery. Herausgegeben und übersetzt von Brain P. Copenhaver. Cambridge, Massachusetts/London.

Forschungsliteratur

Albrecht, Michael von (1992): Geschichte der römischen Literatur. Von Andronicus bis Boethius. Mit Berücksichtigung ihrer Bedeutung für die Neuzeit. Bd. 2. Bern/München.

Bein, Thomas (2011): Textkritik. Eine Einführung in Grundlagen germanistisch-mediävistischer Editionswissenschaft. Zweite, überarbeitete und erweiterte Auflage. Frankfurt am Main (u.a.).

Buck, August (1976): Die Rezeption der Antike in den romanischen Literaturen der Renaissance. Berlin.

Buck, August (Hrsg.) (1981): Die Rezeption der Antike. Zum Problem der Kontinuität zwischen Mittelalter und Renaissance. Vorträge gehalten anläßlich des ersten Kongresses des Wolfenbütteler Arbeitskreises für Renaissanceforschung in der Herzog August Bibliothek Wolfenbüttel vom 2. bis 5. September 1978. Hamburg.

Burke, Peter (2005): Die europäische Renaissance. Zentren und Peripherien. München.

Eisenstein, Elizabeth L. (1997): The Printing Press as an Agent of Change. Communication and Cultural Transformation in Early-Modern Europe. Vol. 1 and 2. Cambridge.

Eisermann, Falk (2000): Auflagenhöhen von Einblattdrucken im 15. und frühen 16. Jahrhundert. In: Honemann, Volker/Griese, Sabine/Eisermann, Falk/Ostermann, Marcus (Hrsg.): Einblattdrucke des 15. und frühen 16. Jahrhunderts. Probleme, Perspektiven, Fallstudien. Tübingen. 143–177.

Ernst, Ulrich (2002): Standardisiertes Wissen über Schrift und Lektüre, Buch und Druck. Am Beispiel des enzyklopädischen Schrifttums vom Mittelalter zur Frühen Neuzeit. In: Meier, Christel (Hrsg.): Die Enzyklopädie im Wandel vom Hochmittelalter bis zur Frühen Neuzeit. Akten des Kolloquiums des Projekts D im Sonderforschungsbereich 231 (29.11.-1.12.1996). München. 451–494.

Fuhrmann, Manfred (2008): Geschichte der römischen Literatur. Stuttgart.

Füssel, Stephan (2005): Klassische Druckmedien der Frühen Neuzeit. In: Burkhardt, Johannes/Werkstetter, Christine (Hrsg.): Kommunikation und Medien in der Frühen Neuzeit. München. 57–61.

Günther, Linda-Marie (2001): S. Tranquillus, C. In: Cancik, Hubert/Schneider, Helmuth (Hrsg.): Der Neue Pauly. Enzyklopädie der Antike. Bd. 11: Sam–Tal. Stuttgart/Weimar. Sp. 1084–1088.

Heldmann, Georg (2003): Von der Wiederentdeckung der antiken Literatur zu den Anfängen methodischer Textkritik. In: Pöhlmann, Egert (Hrsg.): Einführung in die Überlieferungsgeschichte und die Textkritik der antiken Literatur. Bd. 2: Mittelalter und Neuzeit. Darmstadt. 97–135.

Kempf, Charlotte (2010): Plinius d.J. (Gaius Caecilius Plinius Secundus minor): Epistulae. In: Walde, Christine (Hrsg.): Die Rezeption der antiken Literatur. Kulturhistorisches Werklexikon. Der Neue Pauly. Supplemente. Bd. 7. Stuttgart. Sp. 727–738.

Krasser, Helmut (2000): P. Caecilius Secundus, C. (der Jüngere). In: Cancik, Hubert/Schneider, Helmuth (Hrsg.): Der Neue Pauly. Enzyklopädie der Antike. Bd. 9: Or–Poi. Stuttgart/Weimar. Sp. 1141–1144.

Lefèvre, Eckard (1977/1978/1987/1988/1989/1996): Plinius-Studien I-VI. In: Gymnasium. Zeitschrift für Kultur der Antike und humanistische Bildung. I: Römische Baugesinnung und Landschaftsauffassung in den Villenbriefen (2, 17; 5, 6). 84 (1977). 519–541. II: Diana und Minerva. 85 (1978). 37–47. III: Die Villa als geistiger Lebensraum (1,3; 1,24; 2,8; 6,31; 9,36). 94 (1987). 245–262. IV: Die Naturauffassung in den Beschreibungen der Quelle am *Lacus Larius* (4,30), des *Clitumnus* (8,8) und des *Lacus Vadimo* (8,20). 95 1988). 236–269. V: Vom Römertum zum Ästhetizismus. 96 (1989). 113–128. VI: Der große und der kleine Plinius. Die Vesuv-Briefe (6,16; 6,20). 103 (1996). 193–215. VII: Cicero das unerreichbare Vorbild (1,2; 3,15; 4,8; 7,4; 9,2). 103 (1996). 333–353.

Manitius, Max (1889): Miscellen. In: Philologus. Zeitschrift für das classisches Alterhum 47,1. 562–568.

Manitius, Max (1911): Geschichte der lateinischen Literatur. Bd 1: Von Justinian bis zur Mitte des zehnten Jahrhunderts. Handbuch der Altertumswissenschaften. Neunte Abteilung, zweiter Teil, erster Band. München.

Mazal, Otto (2003): Die Überlieferung der antiken Literatur im Buchdruck des 15. Jahrhunderts. Bd. 1–4. Stuttgart.

Merrill, Elmer Truesdell (1910): On the Eight-Book Tradition of Pliny's Letters in Verona. In: Classical Philology 5:2. 175–188.

Merrill, Elmer Truesdell (1915): The Tradition of Pliny's Letters. In: Classical Philology 10:1. 8–25.

Müller, Jan-Dirk (1988): Der Körper des Buchs. Zum Medienwechsel zwischen Handschrift und Druck. In: Gumbrecht, Hans Ulrich/Pfeiffer, Karl Ludwig (Hrsg.): Materialität der Kommunikation. Frankfurt am Main. 203–217.

Müller, Jan-Dirk (2007): Eine Revolution des Informationswesens. In: Wellbery, David E. (u.a.) (Hrsg.): Eine neue Geschichte der deutschen Literatur. Berlin. 267–279.

Neddermeyer, Uwe (1998): Von der Handschrift zum gedruckten Buch. Schriftlichkeit und Leseinteresse im Mittelalter und in der frühen Neuzeit. Quantitative und qualitative Aspekte. Bd. 1: Text. Bd. 2: Anlagen. Wiesbaden.

Pausch, Dennis (2007): Plinius Caecilius Secundus, Caius (Plinius der Jüngere). In: Landfester, Manfred (Hrsg.): Geschichte der antiken Texte. Autoren- und Werklexikon. Der Neue Pauly. Supplemente. Bd. 2. Darmstadt. 484–486.

Pettegree, Andrew (2010): The Book in the Renaissance. New Haven (u.a.).

Quast, Berno (2001): Der feste Text. Beobachtungen zur Beweglichkeit des Textes aus der Sicht der Produzenten. In: Peters, Ursula (Hrsg.): Text und Kultur. Mittelalterliche Literatur 1150–1450. Stuttgart/Weimar. 34–46.

Raible, Wolfgang (1998): Medienwechsel. Erträge aus zwölf Jahren Forschung zum Thema ‚Mündlichkeit und Schriftlichkeit'. Tübingen.

Römer, Franz (1988): Agricolas Arbeit am Text des Tacitus und des Jüngeren Plinius. In: Akkermann, Fokke/Vanderjagt, Arie Johan (Hrsg.): Rodolphus Agricola Phrisius 1444–1485. Proceedings of the International Conference at the University of Groningen, 28.–30. October 1985. Leiden. 158–169.

Rüdiger, Horst (1961): Die Wiederentdeckung der antiken Literatur im Zeitalter der Renaissance. In: Hunger, Herbert/Stegmüller, Otto (Hrsg.): Die Textüberlieferung der antiken Literatur und der Bibel. Bd. 1: Antikes und mittelalterliches Buch- und Schriftwesen. Überlieferungsgeschichte der antiken Literatur. Zürich. 511–580.

Savon, Hervé (1995): Saint Ambroise a-t-il imité le recueil de lettres de Pline le Jeune? In: Revue des Études Augustiennes 41. 3–17.

Schmidt, Peter Lebrecht (2000a): Die Rezeption des römischen Freundschaftsbriefes (Cicero - Plinius) im frühen Humanismus (Petrarca - Coluccio Salutati). In: Fugmann, Joachim/Hose, Martin/Zimmermann, Bernhard (Hrsg.): Traditio Latinitatis. Studien zur Rezeption und Überlieferung der lateinischen Literatur. Stuttgart. 142–165.

Schmidt, Peter Lebrecht (2000b): Obsequens, Iulius. In: Cancik, Hubert/Schneider, Helmuth (Hrsg.): Der Neue Pauly. Enzyklopädie der Antike. Bd. 8: Mer–Op. Stuttgart/Weimar. Sp. 1085–1086.

Schneider, Ute (2005): Das Buch als Wissensvermittler in der Frühen Neuzeit. In: Burkhardt, Johannes/Werkstetter, Christine (Hrsg.): Kommunikation und Medien in der Frühen Neuzeit. München. 63–78.

Widmann, Hans (1977): Die Wirkung des Buchdrucks auf die humanistischen Zeitgenossen und Nachfahren des Erfinders. In: Krafft, Fritz/Wuttke, Dieter (Hrsg.): Das Verhältnis der Humanisten zum Buch. Boppard. 63–88.

Zedelmaier, Helmut (2010): Buch und Wissen in der Frühen Neuzeit. In: Rautenberg, Ursula (Hrsg.): Buchwissenschaft in Deutschland. Bd. 1: Theorie und Forschung. Berlin/New York. 503–533.

Zelzer, Michaela (1987): Ambrosius von Mailand und das Erbe der klassischen Tradition. In: Wiener Studien. Zeitschrift für Klassische Philologie 100. 201–226.

Elektronische Ressourcen

Census of Italian 16th Century Editions (= EDIT 16). Ausgaben von Plinius dem Jüngeren (insgesamt). <http://edit16.iccu.sbn.it/scripts/iccu_ext2.dll?fn=40&i=10213&fz=1>. [Letzter Zugriff: 08.03.2011].

Gesamtkatalog der Wiegendrucke (= GW). Ausgaben von Plinius dem Älteren. <http://gesamtkatalogderwiegendrucke.de/docs/PLINGAI.htm.>. [Letzter Zugriff: 08.03.2011].

Gesamtkatalog der Wiegendrucke (= GW). Ausgaben von Plinius dem Jüngeren. <http://gesamtkatalogderwiegendrucke.de/docs/PLINGAI1.htm>. [Letzter Zugriff: 08.03.2011].

Incunabula Short Title Catalogue (= ISTC). <http://istc.bl.uk/search/search.html>. [Letzter Zugriff: 28.04.2011].

Le Catalogue du Système Universitaire de Documentation (= Sudoc). Ausgaben von Plinius dem Jüngeren (insgesamt). <http://www.sudoc.abes.fr/xslt/DB=2.1/SET=1/TTL=1/REL?PPN=027076474>. [Letzter Zugriff: 12.03.2012].

Le Catalogue du Système Universitaire de Documentation (= Sudoc). Ausgabe von Sébastien Gryphius aus dem Jahr 1542. <http://www.sudoc.abes.fr/xslt/DB=2.1/SET=1/TTL=461/SHW?FRST=461>. [Letzter Zugriff: 12.03.2012].

Retrospektive Digitalisierung wissenschaftlicher Rezensionsorgane und Literaturzeitschriften des 18. und 19. Jahrhunderts aus dem deutschen Sprachraum. <http://www.ub.uni-bielefeld.de/diglib/aufklaerung/>. [Letzter Zugriff: 12.03.2012].

Verzeichnis der im deutschen Sprachbereich erschienenen Drucke des 16. Jahrhunderts (= VD 16). Ausgaben von Plinius dem Jüngeren. <https://opacplus.bib-bvb.de/TouchPoint_touchpoint/refineSearch.do?methodToCall=filterSearch&id=yearnavigator&subval=lt%3D1598>. [Letzter Zugriff: 08.03.2011].

Julia Timm

Eine stille Stimme: Risiken und Nebenwirkungen eines Massenmediums in Kafkas letzter Erzählung *Josefine, die Sängerin oder das Volk der Mäuse*

Franz Kafkas letzte Erzählung, die erst posthum von Max Brod veröffentlicht wurde, beginnt wie folgt:

> Unsere Sängerin heißt Josefine. Wer sie nicht gehört hat, kennt nicht die Macht des Gesanges. Es gibt niemanden, den ihr Gesang nicht fortreißt, was umso höher zu bewerten ist, als unser Geschlecht im ganzen Musik nicht liebt.[1]

Diese Gesangsbeschreibung bildet den Ausgangspunkt der prozessualen Transformation einer Stimme, die letztlich nicht mehr von der sie umgebenden Stille zu unterscheiden ist. Während der Text Josefines Gesang zu Beginn noch mit - wenn auch nur eingeschränkt gültigen - Topoi der Ergriffenheit beschreibt, fällt ihre Stimme am Ende des Textes mit der sie umgebenden Stille zusammen. Zwischen dem Anfang und dem Ende, an dem nicht nur die Stimme, sondern auch die Sängerin verschwinden und „in gesteigerter Erlösung vergessen sein"[2] werden, spannt sich eine Narration, die ihren ontologischen Status als Medium auf mehreren Ebenen reflektiert.

Die vorliegenden Ausführungen versuchen, die unterschiedlichen Verhandlungsebenen von Medialität, die der Text aufweist, sichtbar zu machen und mit bekannten kulturwissenschaftlichen Ansätzen zu verbinden. Dabei soll es sich weniger um einen Versuch handeln, die Erzählung auf eine Lesart festzulegen, als die Vielfältigkeit der Deutungsmöglichkeiten nebeneinander zu stellen. Dazu widmen sich die folgenden Ausführungen nach einer kleinen theoretischen Einführung den vier in Kafkas Erzählung thematisierten Medien bzw. Vermittlungssituationen: der Performance, dem hysterisierten weiblichen Körper, der Stimme und dem (Massen-)Medium Text. Eine Synthese der auf den ersten Blick recht heterogen anmutenden Thesen findet sich, so soll gezeigt werden, in einer poetologischen Wendung der Erzählung.

---

1 Kafka 1992, 651.

2 Ebd., 678.

Medien als Vexierbilder

Der Anfang und das Ende der Erzählung scheinen bloß das nachzuvollziehen, was der Titel der Erzählung[3] bereits in seiner allegorisch-disjunktiven Konstruktion vorgibt: Josefine, die Sängerin *oder* das Volk der Mäuse.[4] Die Frage richtet sich somit einerseits auf die Verbindung zwischen Josefine und dem Volk - auf das „oder", welches laut Kafkas Selbstaussage einer Waage gleicht. Andererseits steht das „oder" des Titels auch exemplarisch für eine Situation medialer Vermittlung, die man sich als ein Vexierbild vorstellen kann: eine Situation, in der man sich entweder der medialen Vermitteltheit des jeweils zu vermittelnden Inhalts bewusst ist, oder in der das Medium verschwindet und nur noch der vermittelte Inhalt wahrgenommen wird.

Wenn Sibylle Krämer den Erfolg von Medien in ihrem Verschwinden besiegelt sieht,[5] dann wird dies in Kafkas Erzählung gleich doppelt wörtlich genommen - schließlich ist am Ende der Erzählung nicht nur Josefines Stimme verschwunden, sondern auch die Sängerin selbst, die von der Erzählung ebenfalls als Medium generiert wird. Das einzige Medium, das am Ende der Erzählung erhalten bleibt, ist die Narration bzw. der Text.

Was für ein Vorgang findet also in diesem Text statt, wenn die Erzählung mit Gesangskunst beginnt und mit Erlösung bzw. sogar Vergessensein in gesteigerter Erlösung endet?[6] Was passiert, wenn

3 Da in der Forschung zu diesem Text nichts so viel Beachtung gefunden hat wie der Titel der Erzählung – vor allem im Kontext der Selbstaussage Kafkas: „Solche Oder-Titel sind zwar nicht sehr hübsch, aber hier hat es vielleicht besonderen Sinn. Es hat etwas von einer Waage" (siehe Brod 1946, 250) – soll hier nicht weiter gesondert darauf eingegangen werden. Siehe für Ausführungen zum Titel z. B. Rotheimer 1999, 104. Oder siehe zur Waagenkonstellation von Josefine und dem Volk: Schuller 2001, 219. Zur Bedeutung der disjunktiven Verbindung des Titels im Kontrast zur Verbindung durch die Konjunktion „und" siehe auch Neumann 2010, 149; 155.

4 Kafka 1992, 651 (Hervorhebung von mir, J. T.).

5 Krämer 2008, 28: „Mediale Vermittlung ist darauf angelegt, das, was vermittelt wird, wie ein ‚Unmittelbares' in Erscheinung treten zu lassen; der Erfolg der Medien besiegelt sich in ihrem Verschwinden."

6 Siehe dazu den letzten Satz der Erzählung: „Vielleicht werden wir also gar nicht sehr viel entbehren, Josefine aber, erlöst von der irdischen Plage, die aber ihrer Meinung nach Auserwählten bereitet ist, wird fröhlich sich verlieren in der zahllosen Menge der Helden unseres Volkes, und

das Medium Josefine als Gesangskünstlerin auftritt? Wenn das Medium Text das Medium Stimme *be*-schreibt? Was sind die Konsequenzen dieser medialen Vermitteltheit, die sich wie eine *mise en abyme* generiert und gleichzeitig eine „*mise en scène-en abyme*", eine Inszenierung eines Mediums durch ein Medium, ist?

Kunst, Semiotik und Performanz

Der oben bereits zitierte Anfang der Erzählung betont Josefines Sonderstellung im Volk: In dem äußerst unmusikalischen Volk bildet Josefine eine Ausnahme, denn „sie liebt die Musik und weiß sie auch zu vermitteln; [...] mit ihrem Hingang wird die Musik [...] verschwinden."[7] Der Ausgangspunkt der Erzählung ist somit bereits paradox, was den namenlosen Ich-Erzähler bzw. Wir-Erzähler zu der berechtigten Frage verleitet, „wie es sich mit dieser Musik eigentlich verhält. Wir sind doch ganz unmusikalisch; wie kommt es, daß wir Josefines Gesang verstehen oder [...] wenigstens zu verstehen glauben?"[8]

Die erste Antwort, die der Erzähler vorschlägt - dass die Schönheit von Josefines Gesang so außerordentlich groß ist - wird, sobald sie ausformuliert ist, sofort wieder verworfen, denn: „Im vertrauten Kreise gestehen wir einander offen, daß Josefinens Gesang nichts Außerordentliches darstellt."[9] Was sofort zur wiederholten Frage führt: „Ist es denn überhaupt Gesang?"[10] sowie zum Problem Josefines „angebliche[r] Künstlerschaft" und dem „Rätsel ihrer großen Wirkung"[11].

In der Kafkaforschung der letzten Jahre ist die Erzählung oft im Sinne eines Gleichnisses für den Künstler in der Moderne verstanden worden.[12] Der modernen Kunst lässt sich allgemein attestieren, dass diese mitunter lediglich durch ihre Rahmung als Kunst mar-

---

bald, da wir keine Geschichte treiben, in gesteigerter Erlösung vergessen sein wie alle ihre Brüder." (Kafka 1992, 678.)

7 Ebd.

8 Ebd.

9 Ebd., 652.

10 Ebd.

11 Ebd., 653.

12 Siehe Harter 1987, Lubkoll 2006, Rotheimer 1999, Sasse 2007, Schuller 2001 und Voß 2006.

kiert ist. Das *objet trouvé* oder das *ready-made* sind mitunter nur dadurch als Kunst erkennbar, dass sie beispielsweise in einem Museum oder einer Galerie ausgestellt werden. Dies gilt auch für die Rahmung einer Theateraufführung: Für Umberto Eco wird die Semiotik einer Theateraufführung, das heißt zum Beispiel die Deutung eines Bühnenakteurs als ein Zeichen für etwas außerhalb der Bühnensituation, erst durch die Rahmung des Körpers in einer Art performativen Situation ermöglicht, die den Körper als Zeichen exponiert.[13] Zur Klärung von „Josefinens angebliche[r] Künstlerschaft“[14] verfährt der Erzähler in seiner Argumentation analog zu Ecos Theatersemiotik und versucht, Kunst als Kunst durch ihre Rahmung erkennbar zu machen:

> Eine Nuß aufknacken ist wahrhaftig keine Kunst, deshalb wird es auch niemand wagen, ein Publikum zusammenzurufen und vor ihm, um es zu unterhalten, Nüsse knacken. Tut er es dennoch und gelingt seine Absicht, dann kann es sich eben doch nicht nur um bloßes Nüsseknacken handeln. Oder es handelt sich um Nüsseknacken, aber es stellt sich heraus, daß wir über diese Kunst hinweggesehen haben, weil wir sie glatt beherrschten und daß uns dieser neue Nußknacker erst ihr eigentliches Wesen zeigt, wobei es dann für die Wirkung sogar nützlich sein könnte, wenn er etwas weniger tüchtig im Nüsseknacken ist als die Mehrzahl von uns.[15]

Da das Volk scheinbar nicht über institutionalisierte, lokal festgelegte Rahmungen von Kunst – im Sinne von Museen, Theatern, Konzerthallen usw. – verfügt, muss die entsprechende Rahmung von Josefines Kunst ad hoc hergestellt werden, wenn jene beabsichtigt, zu singen. Dabei ist es egal, wo sich Josefine gerade befindet. Um ihre Kunst zur Kunst werden zu lassen

> muß Josefine meist nichts anderes tun, als mit zurückgelegtem Köpfchen, halboffenem Mund, der Höhe zugewandten Augen jene Stellung einzunehmen, die darauf hindeutet, daß sie zu singen beabsichtigt. Sie kann dies tun, wo sie will, es muß kein weithin sichtbarer Platz sein, irgendein verborge-

13 Siehe Eco 2002, hier besonders 266–268 und 276.

14 Kafka 1992, 653.

15 Ebd., 654.

> ner, in zufälliger Augenblickslaune gewählter Winkel ist ebensogut brauchbar.[16]

Die für die Anerkennung ihrer Kunst notwendige Rahmenherstellung ist im Volk bereits organisiert, automatisiert und institutionalisiert worden:

> Die Nachricht, daß sie singen will, verbreitet sich gleich, und bald zieht es in Prozessionen hin. [...] [E]s werden Boten ausgeschickt, um Hörer herbeizuholen; es wird vor ihr geheim gehalten, daß das geschieht; man sieht dann auf den Wegen im Umkreis Posten aufgestellt, die den Herankommenden zuwinken, sie möchten sich beeilen; dies alles so lange, bis dann schließlich doch eine leidliche Anzahl beisammen ist.[17]

Reagiert der im Volk institutionalisierte Kunstapparat, der gerade durch die Boten, Prozessionen usw. selbst auch den Vorgang medialer Vermittlung nachzeichnet, nicht rechtzeitig, entspricht die ‚Rahmung', also die Menge der Zuhörer, nicht Josefines Ansprüchen, so reagiert die Sängerin mit heftigen Wutausbrüchen:

> [S]ie steht dort diesmal in ihrer großen Haltung vielleicht eine Zeit lang ohne genügende Hörerzahl, dann freilich wird sie wütend, dann stampft sie mit den Füßen, flucht ganz unmädchenhaft, ja sie beißt sogar.[18]

So drängt sich die Frage auf, die vom Erzähler selbst gestellt wird: „Was treibt das Volk dazu, sich für Josefine so zu bemühen?"[19] Während der Gesangsvorführungen geht es skurrilerweise weniger um die Stimme Josefines, sondern um die ihre Stimme umgebende, für das Volk so schwer zu erreichende Stille, in der das Volk zu sich selbst findet. Dies zusammengenommen mit dem prekären Status des Künstlertums Josefines lässt darauf schließen, dass es noch einen zweiten semiotisch strukturierten Prozess gibt, von dem die Erzählung unterwandert wird und der mit jenem der modernen Kunst konfligiert: Die Rede ist von einer Logik, die sich ebenfalls durch ihre performativen Effekte auszeichnet – der Logik des Rituals.

---

16 Ebd., 658.

17 Ebd., 658f.

18 Ebd.

19 Ebd., 659.

Seit der Ausdifferenzierung der *ritual studies* und der *performance studies* in den 1970er Jahren hat es zahlreiche Versuche gegeben, die Begriffe Ritual und Performanz zu definieren. Bei den Definitionen fällt schnell auf, dass die Definition des einen nicht ohne die des anderen auskommt. Die Definitionsversuche von Ritual und Performanz führen somit statt zu einer Abgrenzung der Begriffe voneinander zu einer scheinbar unlösbaren Überlagerung. So wird von der „Performativität des Rituals"[20] gesprochen oder auf die „besondere Beziehung zwischen Ritual und Performativität"[21] hingewiesen. Diese begrifflichen Überlagerungen sind beinahe zwangsläufig, da sich die Überlegungen zu Performanz und Ritual auf eine in weiten Teilen deckungsgleiche Sammlung von Texten und Theoretikern stützten.[22]

Ein Ritual ist laut Stanley J. Tambiah

> […] ein kulturell konstruiertes System symbolischer Kommunikation. Es besteht aus strukturierten und geordneten Sequenzen von Worten und Handlungen, die oft multimedial ausgedrückt werden […]. Rituelle Handlung ist auf drei Arten performativ: erstens im Sinne von Austin, […] in dem davon völlig verschiedenen Sinn einer dramatischen Performance, in der die Teilnehmer verschiedene Medien benutzen und das Ereignis intensiv erfahren; und schließlich in einer dritten Bedeutung im Sinne eines indexikalen Wertes […], den die Akteure während der Performance dieser zuschreiben und aus ihr ableiten.[23]

In dieser Definition wird deutlich, dass die Ausführung oder Aufführung (*performance*) des Rituals untrennbar zur Form des Rituals gehört: „Wenn ein Ritual nicht ausgeführt wird, ist es kein Ritual."[24] Damit tritt die *performance* des Rituals in den Vordergrund und verleitet vice versa dazu, hinter jeder Aufführung ein Ritual zu vermuten. Dabei ist gerade der kommunikative oder der semiotische

---

20 Rappaport 2008, 197.

21 Ebd., 196.

22 An dieser Stelle wären nicht nur die sprachphilosophischen Ansätze von John L. Austin und John R. Searle zu nennen, sondern vor allem auch Texte von Victor Turner, Stanley J. Tambiah, Judith Butler und vielen anderen.

23 Tambiah 2008, 227f.

24 Rappaport 2008, 192.

Rahmen bei einem Ritual[25] und bei z. B. einer Theateraufführung ein vollkommen anderer.[26] Dennoch findet eine dauerhafte theoretische Diffusion zwischen Theaterwissenschaft und Theatersemiotik auf der einen und Ritualtheorie bzw. Ethnologie und Soziologie auf der anderen Seite statt, die zu (hybriden) Ansätzen führt, wie z.B. dem rituellen oder sozialen Drama von Victor Turner.[27]

Durchsucht man den Text nach weiteren Hinweisen dafür, dass es sich bei den Gesangsvorführungen Josefines um ein Ritual handeln muss,[28] finden sich zwei Textstellen, die diese Möglichkeit andeuten und gleich wieder verwerfen. Zum einen sagt der Erzähler über das Volk, dass es „[…] sich noch immer irgendwie selbst gerettet hat, sei es auch unter Opfern […]"[29]. Somit wird zumindest konstatiert, dass es in der beschriebenen Kultur Opfer gibt. Im Anschluss wird die Qualität dieser Opfer noch weiter ausgeführt, wenn es heißt, dass „der Geschichtsforscher" in Anbetracht dieser Opfer „[…] vor Schrecken erstarrt"[30]. Diese Aussage wird jedoch durch den Einschub „im allgemeinen vernachlässigen wir Geschichtsforschung gänzlich"[31] sofort wieder aufgehoben bzw. negiert. An einer anderen Stelle, die kurz nach der oben zitierten folgt, heißt es über Josefines Ambitionen, das Volk zu retten: „[A]ber nur nebenbei, unbeachtet, im Winkel einer Volksversammlung zu singen, dafür würde sie, trotzdem es an sich gar nicht wenig wäre, ihren Gesang gewiß nicht opfern."[32] Auch wenn der Text so zweimal ein Opfer ausschließt, ruft er gleichzeitig die beiden Möglichkeiten auf, die in der im Text beschriebenen Konstellation denkbar sind. Erstens, dass das Volk Josefine opfert, da es niemanden anderen neben ihr gibt,[33] der eine so isolierte Stelle gegenüber dem Volk in seiner Ganzheit einnimmt. Oder zweitens, dass Josefine ihren Gesang dem Volk opfert.

---

25 Goethals 2008, 302: „Das auffallendste Merkmal des Rituals besteht in seiner Funktion, ein Rahmen zu sein."

26 Siehe hierzu beispielsweise Rappaport 2008, 192.

27 Siehe Turner 2002.

28 Zum Thema Ritual und Vergemeinschaftung in Kafkas Erzählung siehe Neumann 2010.

29 Kafka 1992, 662.

30 Ebd.

31 Ebd.

32 Ebd., 663.

33 Eine Ausnahme bildet dabei der Erzähler, auf den noch zurückzukommen ist.

Das Pfeifen hat für das Volk in Kafkas Erzählung auch eine dem Totem und dem Tabu analoge Struktur: Während sich das Volk durchaus durch sein ständiges, alltägliches Plappern und Pfeifen definiert, ist dieses während einer Vorführung Josefines ein strenges Tabu, dessen (unabsichtlicher) Bruch sofort sanktioniert wird. Folglich haben Josefine und ihr Gesang etwas Heiliges an sich, was auch (in Anlehnung an Durkheim und an Agambens Begriff des „homo sacer"[34]) dadurch zum Ausdruck kommt, dass nicht über Josefine gelacht werden darf.[35] Selbst Josefines häufigen Wutanfälle sprechen letztlich nicht gegen ihre Heiligkeit, denn auch heilige Wesen durchleben laut Durkheim Krisen.[36]

Rückt man Josefine in die Position des Opfers oder der Opfernden, wird ihre Rolle als Medium hervorgehoben - schließlich lassen sich Opfer gewissermaßen als Massenmedien der Vorzeit beschreiben und erfüllen außerdem einen kommunikativen Zweck. Die Analogisierung der Erzählung mit einem Opferritual stößt jedoch insofern an ihre Grenzen, als dass die Erzählung gerade keine konkreten Grenzen aufzeigt und sich gegen jegliche strukturalistischen Systematisierungen sträubt.

Die Stimme

Die Existenz der Stimme Josefines wird im Text wiederholt angezweifelt. Josefine wird sogar als ein „Nichts an Stimme"[37] bezeichnet und am Ende ist nicht einmal mehr sicher, ob sie oder ihre Stimme überhaupt jemals existiert haben. Was ist das also für eine Stimme oder Nicht-Stimme? Welche Qualitäten weist sie auf und wie ließe sie sich am besten ‚*be*-stimmen'?

Am Anfang seines 1972 entstandenen und erst posthum veröffentlichten Essays *Die Rauheit der Stimme* stellt Roland Barthes folgendes fest: „Die Sprache ist laut Benveniste das einzige semiotische System, das imstande ist, ein anderes semiotisches System zu *interpretieren*"[38]. Barthes rudert jedoch im Angesicht dieser hermeneutischen Omnipotenz von Sprache sofort wieder zurück, wenn er ein-

---

34 Siehe Agamben 2002, passim.

35 Siehe Neumann 2010, 157.

36 Siehe Durkheim 1981, 465f.

37 Kafka 1992, 664.

38 Barthes 1990, 269.

räumt, dass sich Sprache bei der Interpretation von Musik „leider sehr schlecht"[39] anstellt. Um das Problem zu umgehen, schlägt Barthes keine direkte Veränderung der Sprache, sondern eine Änderung der Wahrnehmungs- bzw. Erkenntnisebene gegenüber dem musikalischen Objekt vor.[40] Als Kriterium führt Barthes deswegen speziell für die Beschreibung von Vokalmusik den Begriff der „Rauheit der Stimme" ein.[41] Dass Josefines Stimme so schwer zu ‚*be*stimmen' ist, könnte also auch an ihrer Rauheit liegen.

Unter dem Begriff der „Rauheit" versteht Roland Barthes nicht etwa eine raue Stimme im herkömmlichen Wortsinne, sondern „etwas, was direkt der Körper des Sängers ist"[42]. Eine Stimme, die zwar nicht persönlich ist, nichts von der Seele des Sängers ausdrückt, nicht originell aber dennoch individuell ist:

> Sie läßt einen Körper hören, der zwar keine amtliche Existenz, keine ‚Persönlichkeit' hat, aber dennoch ein abgesonderter Leib ist; und vor allem befördert diese Stimme über das Intelligible und das Expressive hinaus *direkt* das Symbolische.[43]

Diese Rauheit der Stimme wurde jedoch „unter dem Druck der Massenschallplatte abgeflacht"[44] - so die These Barthes.

Josefines „schwache[s] Stimmchen"[45] ist von weitem nicht oder nur schwer von anderen Stimmen zu unterscheiden. Das Besondere an Josefines Stimme - ihre Rauheit - lässt sich erst aus nächster Nähe erkennen: Es bedarf ihrer unmittelbaren körperlichen und optischen

39 Ebd.

40 Siehe ebd., 270.

41 Siehe ebd., 270f.

42 Ebd., 271.

43 Ebd.

44 Auch das Phänomen des von Barthes beschriebenen Phänogesangs findet sich in der Erzählung in dem Vergleich Josefines mit einem „wirklichen Gesangskünstler" wieder: „Einen wirklichen Gesangskünstler, wenn einer einmal sich unter uns finden sollte, würden wir in solcher Zeit gewiß nicht ertragen und die Unsinnigkeit einer solchen Vorführung einmütig abweisen. [...] wir hören ihr doch auch gewissermaßen wirklich zu, wahrscheinlich ähnlich, wie man einem Gesangskünstler zuhört; sie erreicht Wirkungen, die ein Gesangskünstler vergeblich bei uns anstreben würde und die nur gerade ihren unzureichenden Mitteln verliehen sind." (Kafka 1992, 664.)

45 Ebd., 656.

Präsenz: des Kräuselns ihrer Lippen, des Ausstoßens der Luft „zwischen den niedlichen Vorderzähnen"[46], ihres „gar nicht mehr höher dehnbaren Hals[es]"[47], ihrer Brust, ihrer ausgespreizten Arme. Kurz: Es bedarf des Körpers der Sängerin als Medium.

Gerade diese Interdependenz von Stimme und Körper ist auch Josefines Argument für die von ihr angestrebte Arbeitsbefreiung. Sie demonstriert diesen Zusammenhang durch eine angebliche Fußverletzung, die aufgrund der Nichtbeachtung ihrer Forderungen zunächst zur Kürzung der Koloraturen und schließlich sogar zur Kürzung ihrer Gesänge führen soll.[48] Doch das Volk ignoriert diese von Josefine vorgeführten Zusammenhänge und nimmt sie ironisch invertiert genau andersherum wahr: Die Veränderung ihres Gesangs, die Modifizierung ihrer Stimme werden auf eine körperliche Ebene projiziert; statt die Kürzung des Gesanges oder zumindest der Koloraturen erscheinen dem Volk lediglich Josefines Arme auf einmal zu kurz:

> Wir sehen hinter Josefine ihren Anhang, wie er sie bittet und beschwört zu singen. Sie wollte gern, aber sie kann nicht. Man tröstet sie, umschmeichelt sie, trägt sie fast auf den schon vorher ausgesuchten Platz, wo sie singen soll. Endlich gibt sie mit undeutbaren Tränen nach, aber wie sie mit offenbar letztem Willen zu singen anfangen will, matt, die Arme nicht wie sonst ausgebreitet, sondern am Körper leblos herunterhängend, wobei man den Eindruck erhält, daß sie vielleicht ein wenig zu kurz sind.[49]

Hysterie und der weibliche Körper

Dieses während der ganzen Erzählung auffallende Korrespondieren der Beschreibungen von Josefines Körper mit den Beschreibungen ihrer Stimme lässt sich jedoch auch noch auf andere Weise deuten: Während der Gesangsvorführungen durchläuft Josefines Körper eine Metamorphose. Während Josefine, um ihren Forderungen Nachdruck zu verleihen, vor ihren Performances unterschiedliche Leiden vorschützt, die sich bis hin zum Zusammenbruch steigern, ändert sich ihre körperliche Verfassung durch ihren Gesang. Er-

---

46 Ebd., 667f.

47 Ebd., 656.

48 Siehe ebd., 675f.

49 Ebd., 676.

scheint sie zu Beginn ihrer Auftritte als schwach und verletzlich, kann man während ihrer Gesangsvorführungen eine „außergewöhnliche Erregung“[50] hören. Josefine ist während ihrer Vorführungen ganz außer sich, ihre Arme ausgespreizt und ihr Hals aufs höchste gedehnt.[51] Zusammengenommen mit der Pose Josefines, die ihren Gesang ankündigt - zurückgelegtes Köpfchen, halboffener Mund und der Höhe zugewandten Augen[52] - gleicht die Sängerin der Ikonografie einer Hysterikerin,[53] die nach ihrer ‚Vorführung‘ selbstzufrieden, die Reaktion des Publikums beobachtend, die Bühne wieder verlässt.

Betrachtet man Josefines Stimme als hysterische Stimme, dann korrespondiert dies mit der Schwäche ihres Körpers, der in der Auflösung begriffen ist und folglich nur noch ein diskursiver Leib ist. Ihre Stimme erhält somit eine ganz neue Qualität: Einerseits ist sie keinem sichtbaren Ursprung mehr zuzuordnen - Josefines Stimme wird so zu einer akusmatischen Stimme.[54] Andererseits wird als neuer Ursprung das Volk bestimmt und ihre Stimme wird somit auch eine kollektive Stimme,[55] ihr Körper wird als Leib zum Medium der Masse.

Kollektiv ist die Stimme Josefines einerseits als Stimme einer Hysterikerin deren eigene Stimme hinter dem unentwegten Zitieren und Kompilieren verschiedener Zitate verstummt. Und andererseits dadurch, dass Josefines Stimme eine anthropologische[56] Qualität

---

50 Ebd., 677.

51 „[...] während Josefine ihr Triumphpfeifen anstimmte und ganz außer sich war mit ihren ausgespreizten Armen und dem gar nicht mehr höher dehnbaren Hals.“ (Ebd., 656.)

52 Siehe ebd., 658.

53 Siehe zu der von Jean-Martin Charcot (re)konstruierten Ikonografie der Hysterikerin, die einerseits Gemälde (vor allem der Renaissance), anderseits Zeichnungen Paul Richers und nachgestellte Fotos, die in der Salpêtrière Ende des 19. Jahrhunderts entstanden, miteinbezog: Didi-Huberman 1997 und Schneider 1988.

54 Zur akusmatischen Stimme siehe Dolar 2007, 82–97.

55 Siehe auch ebd., 234.

56 Die Verwendung des Begriffs wirkt natürlich in Anbetracht der Überschrift der Erzählung problematisch. Beim zweiten Blick auf die Erzählung fällt jedoch auf, dass der Text - sein Titel ausgenommen - keine Hinweise dafür liefert, dass es sich in der Erzählung tatsächlich um ein Volk handelt, das aus Mäusen besteht. Mehrere semantische Verschiebungen - die Rede ist schließlich von „Pfeifen“ (siehe bspw. Kafka 1992,

zugesprochen wird, die die künstlerischen oder musikalischen Eigenschaften ihrer Stimme vollkommen überlagert:

> Etwas von der armen kurzen Kindheit ist darin, etwas von verlorenem, nie wieder aufzufindendem Glück, aber auch etwas vom tätigen heutigen Leben ist darin, von seiner kleinen, unbegreiflichen und dennoch bestehenden und nicht zu ertötenden Munterkeit […]. Natürlich ist es ein Pfeifen. Wie denn nicht? Pfeifen ist die Sprache unseres Volkes, nur pfeift mancher sein Leben lang und weiß es nicht, hier aber ist das Pfeifen freigemacht von den Fesseln des täglichen Lebens und befreit auch uns für eine kurze Weile.[57]

Das Volk lauscht Josefines Gesang nicht, weil es der schöne Gesang Josefines ist, sondern - wie im Verlauf der Narration immer evidenter wird - weil es der Gesang des Volkes ist. Die Frage, wer hier eigentlich singt, zielt nicht zwangsläufig auf Josefine, sondern deutet auf ein Problem hin, welches Roland Barthes in einem seiner bekanntesten Essays *Der Tod des Autors* verhandelt, und dessen Ausgangspunkt eben die Frage „Wer spricht hier?“[58] ist.

Ende des (Massen-)Mediums und Geburt des Textes

Die Erzählung endet folgendermaßen:

> Mit Josefine aber muß es abwärts gehn. Bald wird die Zeit kommen, wo ihr letzter Pfiff ertönt und verstummt. Sie ist eine kleine Episode in der ewigen Geschichte unseres Volkes und das Volk wird den Verlust überwinden. Leicht wird es uns ja nicht werden; wie werden die Versammlungen in völliger Stummheit möglich sein? Freilich, waren sie nicht auch mit Josefine stumm? War ihr wirkliches Pfeifen nennenswert lauter und lebendiger, als die Erinnerung daran sein wird? War es denn noch bei ihren Lebzeiten mehr als eine bloße Erinnerung? […] Vielleicht werden wir also gar nicht sehr viel entbehren, Josefine aber, erlöst von der irdischen Plage, die aber ihrer Meinung nach Auserwählten bereitet ist, wird fröhlich sich verlieren in der zahllosen Menge der Helden

---

652ff.) anstatt von Fiepen und vom „Pelz“ anstatt von „Fell“ (siehe ebd., 663) belegen diese Beobachtung. Das einzige weitere Vorkommen von Mäusen außerhalb des Titels ist in dem geflügelten Wort „mäuschenstill“ (ebd., 656).

57 Ebd., 668.

58 Barthes 2002, 104.

> unseres Volkes, und bald, da wir keine Geschichte treiben, in gesteigerter Erlösung vergessen sein wie alle ihre Brüder.[59]

Am Ende der Erzählung wird darauf verwiesen, dass es sich bei Josefines Gesang nicht um Gesang oder um Stimme im eigentlichen Sinne, sondern um die Beschreibung einer Stimme - schlichtweg um Text handelt. Dieser stellt den Schallraum von Josefines Stimme dar. Folgt man Roland Barthes Argumentation und wendet sie auf die Erzählung Kafkas an, erhält Josefines Stimme, die auf einen Körper verweist und diesen verändern kann, eine poetologische Dimension: „Die ‚Rauheit' ist der Körper der singenden Stimme, in der schreibenden Hand, im ausführenden Körperteil."[60] Josefines Stimme ist an einen Körper gebunden und wird durch wiederholte Negation im Verlauf der Narration nicht erlöst, wie der Erzähler vorgibt, sondern aufgelöst. Am Ende der Erzählung ist, wie schon erwähnt, gar nicht mehr sicher, ob Josefines Stimme überhaupt je zu hören war, die Erzählung will nicht die Erinnerung an sie konservieren, sondern ihr Vergessen manifestieren und in der Schrift materialisieren. Diese Auflösung Josefines im poetologischen Sinn versteht sich als Auflösung eines Subjekts mit der die Entstehung des literarischen Textes korrespondiert:

> Die Schrift ist der unbestimmte, heterogene, unfixierbare Ort, an dem unser Subjekt entflieht, das Schwarzweiß, in dem sich jede Identität aufzulösen beginnt, angefangen mit derjenigen des schreibenden Körpers.[61]

Josefine wird in diesem Sinne in Kafkas letzter Erzählung zum Medium, welches die Kommunikation des Volkes über das Volk, in Form einer Narration, ermöglicht. Durch die Isolierung Josefines vom Volk und durch die schrittweise „Demontage der Identität"[62] Josefines, kann der Erzähler erst über das Volk erzählen, was ohne Josefine nicht möglich gewesen wäre, da sich das Volk als differenzlose Masse entpuppt, deren Differenzlosigkeit sich im Erzählstil des Erzählers widerspiegelt - in dem ständigen Oszillieren zwischen

---

59 Kafka 1992, 678.

60 Siehe Barthes 1990, 277.

61 Barthes 2002, 104.

62 Siehe Karakassi 2005, 8: „Kafkas narratives Universum speist sich aus der Demontage der Identität und dokumentiert den Untergang des Körpers in der Moderne, aber mit einer entschiedenen Pointe: bei ihm triumphiert die literarische Mechanik über die diskursiven Körper bis hin zu ihrer Selbstermächtigung."

„Ich" und „Wir". Am Ende der Erzählung werden Josefine und ihre Stimme bald vergessen sein und so bleibt als ‚wahre Stimme' des Volkes nur die Stimme des Erzählers, die in der Erzählung, im materialisierten Text, Josefine, das geschichtslose Volk und sich selbst überdauern kann. Josefine kann somit als Opfer einer künstlich hergestellten Differenz gesehen werden, die als Ausgangspunkt der Erzählung nötig ist. Das Hervortreten Josefines aus dem Volk auf der einen, ermöglicht das Hervortreten des Erzählers und den Beginn der Narration auf der anderen Seite.[63] Die Erzählung intendiert an keiner Stelle, Josefines Gesang oder ihr Pfeifen verständlich zu machen, denn nur so ergibt sich die Möglichkeit der Auflösung der mit dem Körper untrennbar verbundenen Stimme.

Die Performanz von Josefines Gesangsvorführungen stellt somit die Performativität von Textualität dar, die poetologische Selbstreflexivität von Literatur, welche sich in ihrer stummen Medialität im ersten Drittel des 20. Jahrhunderts gegen die neuen Massenmedien behaupten muss.[64]

Bibliographie

Primärtext

Kafka, Franz (1992): Josefine, die Sängerin oder das Volk der Mäuse. In: Ders.: Schriften, Tagebücher, Briefe. Kritische Ausgabe. Herausgegeben von Jürgen Born (u. a.). Nachgelassene Schriften und Fragmente II. Herausgegeben von Jost Schillemeit. Frankfurt am Main. 651–678.

Sekundärtexte

Agamben, Giorgio (2002): Homo Sacer. Die souveräne Macht und das nackte Leben. Übersetzt von Hubert Thüring. Frankfurt am Main.

---

63 Siehe auch Voß 2006, 273.

64 Siehe dazu auch Honold 2007, 307: „Das Schicksal der reisenden, wandernden und herumirrenden Figuren in Kafkas Geschichten ist ihr Weg in die vollendete Schrift. Unter dem Druck, in die finale Schriftgestalt eines fixierten Druckbildes eingehen zu müssen, geraten die Protagonisten in heillose Aporien, oder sie oszillieren im ewigen Zwischenraum zweier Aggregatzustände. […] Just in dem Moment, wo die Figuren ihrer eigenen Geschichte gewahr werden, ist deren Unmöglichkeit auch schon unumgänglich zum Ausdruck gebracht."

Barthes, Roland (1990): Die Rauheit der Stimme. In: Ders.: Der entgegenkommende und der stumpfe Sinn. Kritische Essays III. Übersetzt von Dieter Hornig. Frankfurt am Main. 269–278.

Barthes, Roland (2002): Der Tod des Autors. Übersetzt von Matías Martinez. In: Wirth, Uwe (Hrsg.): Performanz. Zwischen Sprachphilosophie und Kulturwissenschaften. Frankfurt am Main. 104–110.

Brod, Max (1946): Franz Kafka. Eine Biographie. Erinnerungen und Dokumente. New York.

Didi-Huberman, Georges (1997): Erfindung der Hysterie. Die photographische Klinik von Jean-Martin Charcot. München.

Dolar, Mladen (2007): His Master's Voice. Eine Theorie der Stimme. Übersetzt von Michael Adrian. Frankfurt am Main.

Durkheim, Émile (1981): Die elementaren Formen des religiösen Lebens. Übersetzt von Ludwig Schmidts. Frankfurt am Main.

Eco, Umberto (2002): Semiotik der Theateraufführung. Übersetzt von Reiner Ansén. In: Wirth, Uwe (Hrsg.): Performanz. Zwischen Sprachphilosophie und Kulturwissenschaften. Frankfurt am Main. 262–276.

Goethals, Gregor T. (2008): Ritual und die Repräsentation von Macht in Kunst und Massenkultur. In: Belliger, Andréa/Krieger, David J. (Hrsg.): Ritualtheorien. Ein einführendes Handbuch. Wiesbaden. 301–320.

Harter, Deborah (1987): The Artist on Trial: Kafka and Josefine, „die Sängerin". In: Deutsche Vierteljahrsschrift 61. 151–162.

Honold, Alexander (2007): Kafkas Trickster. Zum Auftritt des Fremden in der Schrift. In: Höcker, Arne/Simons, Oliver (Hrsg.): Kafkas Institutionen. Bielefeld. 295–320.

Karakassi, Aikaterini (2005): Der Körper und die Schrift. Kafkas *Josefine, die Sängerin oder das Volk der Mäuse*. In: Archiv für das Studium der neueren Sprachen und Literaturen 242. 1–15.

Krämer, Sybille (2008): Medium, Bote, Übertragung. Kleine Metaphysik der Medialität. Frankfurt am Main.

Lubkoll, Christine (2006): Dies ist kein Pfeifen. Musik und Negation in Franz Kafkas Erzählung *Josefine, die Sängerin oder das Volk der Mäuse*. In: Liebrand, Claudia (Hrsg.): Franz Kafka. Neue Wege der Forschung. Darmstadt. 180–193.

Neumann, Michael (2010): Allegorien der Ergriffenheit. Gemeinschaft und Erlösung in Franz Kafkas Erzählung *Josefine, die Sängerin oder Das Volk der Mäuse*. In: Lüdemann, Susanne/Hebekus, Uwe (Hrsg.):

Massenfassungen. Beiträge zur Diskurs- und Mediengeschichte der Menschenmenge. München. 145–161.

Rappaport, Roy A. (2008): Ritual und performative Sprache. Übersetzt von Andréa Belliger und David J. Krieger. In: Belliger, Andréa/Krieger, David J. (Hrsg.): Ritualtheorien. Ein einführendes Handbuch. Wiesbaden. 191–210.

Rotheimer, Andreas (1999): Kunst am Nullpunkt? Oder die Auferstehung des Interpreten. Eine systemtheoretisch inspirierte (Re-)Konstruktion von Kafkas Erzählung *Josefine, die Sängerin oder Das Volk der Mäuse*. In: Jahraus, Oliver (u.a.) (Hrsg.): Interpretation, Beobachtung, Kommunikation. Avancierte Literatur und Kunst im Rahmen von Konstruktivismus, Dekonstruktivismus und Systemtheorie. Tübingen. 67–112.

Sasse, Günter (2007): Aporien der Kunst. Kafkas Künstlererzählungen *Josefine, die Sängerin* und *Ein Hungerkünstler*. In: Becker, Sabina/Kiesel, Helmuth (Hrsg.): Literarische Moderne. Begriff und Phänomen. Berlin/New York. 245–255.

Schneider, Manfred (1988): Nachwort. In: Charcot, Jean Martin/Richer, Paul: Die Besessenen in der Kunst. Herausgegeben und mit einem Nachwort von Manfred Schneider. Göttingen. 138–160.

Schuller, Marianne (2001): Gesang vom Tierleben. Kafkas Erzählung *Josefine die Sängerin oder Das Volk der Mäuse*. In: Dies./Strowick, Elisabeth (Hrsg.): Singularitäten. Literatur - Wissenschaft - Verantwortung. Freiburg im Breisgau. 219–234.

Tambiah, Stanley J. (2008): Eine performative Theorie des Rituals. Übersetzt von Andréa Belliger und David J. Krieger. In: Belliger, Andréa/Krieger, David J. (Hrsg.): Ritualtheorien. Ein einführendes Handbuch. Wiesbaden. 225–248.

Turner, Victor (2002): Dramatisches Ritual - Rituelles Drama. Performative und reflexive Ethnologie. Übersetzt von Sylvia M. Schomburg-Scherff. In: Wirth, Uwe (Hrsg.): Performanz. Zwischen Sprachphilosophie und Kulturwissenschaften. Frankfurt am Main. 193–209.

Voß, Oliver (2006): Über die Abwesenheit des Gesangs in Franz Kafkas *Josefine, die Sängerin oder das Volk der Mäuse*. In: Grage, Joachim (Hrsg.): Literatur und Musik in der klassischen Moderne. Mediale Konzeptionen und intermediale Poetologien. Würzburg. 265–281.

II

Transparenz, Latenz & Opazität

Simone Brühl

Im Räderwerk der panoptischen Maschine: Überlegungen zur medialen Performanz der Ordnung des Sichtbaren

> Foucaults Disziplinargesellschaft aus Gefängnissen, Spitälern, Zuchthäusern, Kasernen und Fabriken spiegelt nicht die Gesellschaft von heute wider. An ihre Stelle ist längst eine Gesellschaft aus gläsernen Bürotürmen, Shopping Malls, Fitnesscentern, Yogastudios und Schönheitskliniken getreten. [...] Die hohen Mauern der Disziplinargesellschaft wirken inzwischen archaisch. Sie gehören in eine Gesellschaft der Negativität, die von Geboten und Verboten bestimmt war.[1]

In seiner eindrücklichen Analyse der *Topologie der Gewalt*[2] in den westlichen Gesellschaften des ausklingenden 20. und beginnenden 21. Jahrhunderts konstatiert der Philosoph Byung-Chul Han den Übergang von der Foucault'schen Disziplinar- hin zur postdisziplinarischen Leistungsgesellschaft. Dieser Wandel manifestiert sich laut Han vornehmlich in einer Transformation der Ordnungen des Sichtbaren: Operierten Michel Foucaults Disziplinarinstitutionen noch mit dem Paradigma der *Sichtbarmachung durch räumliche Begrenzung* und fanden ihre Entsprechung in der panoptischen Gefängnisarchitektur eines Jeremy Bentham,[3] ersetzt in der Gegenwartsgesellschaft das Diktat der Transparenz die Opazität der Kasernenmauern. Während das Gesehenwerden in Foucaults Lesart der Disziplinierung noch als ein unentrinnbarer Zwang erscheint, ist es in der Gegenwartsanalyse Hans ein *„selbstgenerierte[s] Bedürfnis"*, „sich schamlos zur Schau zu stellen"[4]. In dieser Perspektive hat die Gesellschaft des 21. Jahrhunderts die Foucault'schen Disziplinarinstitutionen überwunden, indem sie sie übersteigert und ausgeweitet hat: Das Panopticon ist überall. Es bedarf „keiner Fesseln, keiner

1 Han 2011, 115.

2 Der gleichnamige Band erschien im Jahr 2011 im Berliner Matthes & Seitz-Verlag.

3 Siehe Foucault 1994, 173–292, davon v.a. 251–292.

4 Han 2011, 134.

Mauern, keiner geschlossenen Räume […]. Nun bildet die *ganze* Gesellschaft, der *ganze* Globus das Panoptikum."[5]

Entsprechend stellt sich die Frage, auf welche Weise sich die Verschiebung von der erzwungenen Sichtbarmachung hin zur enthemmten Zurschaustellung in unserer Gesellschaft manifestiert. Neben der zunehmenden Präsenz der sogenannten *social media* - Han beschreibt vor allem das Netzwerk *Facebook* als symptomatisch für die „ausgestellte", die „pornografische Gesellschaft"[6] - illustrieren auch das Fernsehen und insbesondere die allgegenwärtigen Reality-TV-Formate die Entwicklung hin zur panoptischen Gesellschaft. Während sich das Fernsehen mit (pseudo-)dokumentarischen Formaten wie Dokusoaps, Talk- und Castingshows zunehmend vom mimetisch-fiktionalen Erzählen abwendet, greift die Wirklichkeit immer mehr auf die visuellen und medialen Mechanismen des Fernsehens zurück. Indem also die „Hypervisibilität"[7] der Realityshows auf die gesamte Gesellschaft ausgeweitet wird, findet eine Verquickung des medialen Dispositivs mit der Realität selbst statt - Repräsentat und Repräsentandum nähern sich einander an.

Was in diesen Überlegungen jedoch (zunächst) ein blinder Fleck bleibt, ist die eigentliche Beschaffenheit des Panopticons als *Medium der Sichtbarmachung*: Wie kann man sich ein Panopticon jenseits der Foucault'schen Gefängnismauern vorstellen? Mithilfe welcher Strategien wird heute die panoptische Wirkung erzielt? Und inwiefern bringt das ‚medialisierte' Panopticon selbst die ‚Wirklichkeit' als Ordnung des Sichtbaren[8] erst hervor?

---

5 Ebd., 135. Zu einem ähnlichen Ergebnis kam Jean Baudrillard in *Der symbolische Tausch und der Tod* (siehe Baudrillard 2005, 197–198).

6 Han 2011, 133.

7 Siehe ebd., z.B. 133.

8 Als ‚Ordnung des Sichtbaren' möchte ich im Folgenden die Wechselwirkung von Sichtbarem und Sagbarem verstanden wissen, die analog zu der von Foucault konstatierten Korrelation von Wissen und Macht funktioniert: „[Es] ist wohl anzunehmen, daß Macht Wissen hervorbringt […]; daß Macht und Wissen einander unmittelbar einschließen; daß es keine Machtbeziehung gibt, ohne daß sich ein entsprechendes Wissensfeld konstituiert, und kein Wissen, das nicht gleichzeitig Machtbeziehungen voraussetzt und konstituiert." (Foucault 1994, 39.) In diesem Sinne akzentuiert meine Foucault-Lesart den performativen Charakter des Blicks, der das Sagbare hervorbringt und zugleich von diesem bedingt ist.

Zur Annäherung an diese Fragen soll im Folgenden zunächst der Foucault'sche Panoptismus-Begriff skizziert werden, um darauf aufbauend dessen Wirkungsweise in der gegenwärtigen Populärkultur zu untersuchen. Symptomatisch erscheint mir hier die ProSieben-Castingshow *Germany's next Topmodel*, die das Gesehenwerden und die bewusste Zurschaustellung des Selbst zu ihren bestimmenden Prinzipien gemacht hat. An den Models wird eine Kontrolle und Disziplinierung vorgeführt, die als gleichsam modellhaft für die postdisziplinarische Gesellschaft gelesen werden kann. Auf diese Weise wird die Sendung zu einer prototypischen Vertreterin des zeitgenössischen panoptischen Reality-TV, das die von Foucault und Han beschriebenen Dispositive in besonderem Maße vereint. In einem weiteren Schritt soll eine medienwissenschaftliche Lektüre des Panopticons den medialen Charakter der panoptischen Architektur pointieren und somit die universelle Gültigkeit des Konzeptes akzentuieren. Hier wäre auch zu fragen, inwiefern die von Han vertretene These von der Ausweitung des Panopticons auf die gesamte Gesellschaft bereits in Foucaults Reflexionen angelegt ist. Gleichzeitig wird *Germany's next Topmodel* vor diesem Hintergrund als eine Schnittstelle zwischen dem opaken Panoptismus der Disziplinar- und dem transparenten Panoptismus der Leistungsgesellschaft lesbar.[9] So soll schließlich gezeigt werden, in welcher Hinsicht das Prinzip der Hypervisibilität im Kontext der Castingshow Ordnungen des Sichtbaren hervorbringt und die Tradition der „Gewalt der Transparenz"[10] im Spannungsfeld von Sichtbarmachung und Zurschaustellung perpetuiert.

Vom Panopticon zum Panoptismus. Überwachen und Strafen

> Sein Prinzip ist bekannt: an der Peripherie ein ringförmiges Gebäude; in der Mitte ein Turm, der von breiten Fenstern durchbrochen ist, welche sich nach der Innenseite des Ringes öffnen; das Ringgebäude ist in Zellen unterteilt, von denen jede durch die gesamte Tiefe des Gebäudes reicht; sie haben

---

9 Gemeint ist hier die Kopräsenz von klassischen Einschließungs- und Überwachungsmechanismen mit Formen der bewussten Zurschaustellung in *Germany's next Topmodel*. Ausführlicher soll diese These im Kapitel „Vom Panopticon zum Panoptismus. Überwachen und Strafen" diskutiert werden.

10 Han 2011, 128.

> jeweils zwei Fenster, eines nach innen, das auf die Fenster des Turms gerichtet ist, und eines nach außen, so daß die Zelle auf beiden Seiten von Licht durchdrungen wird.[11]

Mit diesen Worten umreißt Michel Foucault in seiner 1975 erschienen Studie *Surveiller et punir. La naissance de la prison* den Aufbau des Bentham'schen Panopticons und pointiert zugleich die entscheidende Rolle der Ordnung des Sichtbaren für die Wirkung dieser Architektur. Durch „die Schaffung eines bewußten und permanenten Sichtbarkeitszustandes beim Gefangenen"[12] wird eine soziale Kontrolle etabliert, die „Fehler[ ], Irrtümer[ ], Verbrechen"[13] unterbinden soll. Dabei ist diese visuelle Form der Machtausübung in letzter Konsequenz unabhängig von der tatsächlichen Beobachtung: „Die Wirkung der Überwachung ist permanent, auch wenn ihre Durchführung sporadisch ist"[14], sodass sich das von der panoptischen Architektur hervorgebrachte Machtverhältnis als ein automatisiertes und internalisiertes erweist:[15]

> Derjenige, welcher der Sichtbarkeit unterworfen ist und dies weiß, übernimmt die Zwangsmittel der Macht und spielt sie gegen sich selber aus; er internalisiert das Machtverhältnis, in welchem er gleichzeitig beide Rollen spielt; er wird zum Prinzip seiner eigenen Unterwerfung.[16]

---

11 Foucault 1994, 256–257.

12 Ebd., 258.

13 Ebd., 265.

14 Ebd., 258.

15 Es sei angemerkt, dass sich Foucault in seiner Analyse der Disziplinartechniken nicht auf die hier benannte räumliche Dimension der Überwachung beschränkt. Vielmehr beschreibt er unter den Stichworten „Die gelehrigen Körper" und „Die Mittel der guten Abrichtung" (ebd., 5) die umfassende Wirkung der Disziplin auf das Subjekt, wobei die Inkorporation der von der Disziplinarinstitution vorgegebenen Zeitökonomie eine Schlüsselstellung für das hier zu verhandelnde Problem *Germany's next Topmodel* einnimmt. So entspricht der zyklische Charakter des Formats (man bedenke die repetitive Struktur der einzelnen Sendungselemente Casting, Laufstegauftritt, Jurybewertung usw.) der Kardinaltugend der Disziplinarzeit: der Regelmäßigkeit. Diese streng schematische Form der Zeitplanung manifestiert sich mit ihren drei Aspekten – „Festsetzung von Rhythmen, Zwang zu bestimmten Tätigkeiten, Regelung der Wiederholungszyklen" (ebd., 192) – in allen Disziplinarinstitutionen und prägt folgerichtig auch die Dramaturgie der Castingshow.

16 Ebd., 260.

Vor dem Hintergrund dieser Skizzierung des Panoptismus stellt sich die Verbindung zu *Germany's next Topmodel* nicht unmittelbar ein – zu wenig scheint die Gefängnisarchitektur auf den ersten Blick mit der glamourösen Glitzerwelt der ‚Topmodels' gemein zu haben. Dieser Eindruck relativiert sich, wenn man – wie auch Foucault selbst – das räumliche System des *Panopticons* zu einem umfassenderen Prinzip des *Panoptismus* erweitert und es somit als grundlegend für die verschiedensten Formen der Disziplinarinstitutionen beschreibt. Entsprechend formuliert auch der Klappentext der Suhrkamp-Ausgabe von *Überwachen und Strafen* treffend, dass

> Foucaults Geschichte des Gefängnisses [...] auch eine Geschichte unserer Gesellschaft [ist] – die Geschichte unserer Befriedung und Zähmung in den Zuchthäusern, die uns als notwendige, nützliche, produktive, lebenserhaltende, existenzsichernde Anstalten vertraut sind: Schulen, Kasernen, Betriebe, Krankenhäuser.[17]

Diese Reihe der architektonischen und institutionellen Disziplinierungsmechanismen ließe sich ohne weiteres um die nicht in materialen Artefakten greifbaren Kultur- und Medientechniken erweitern. Verlagert man folglich den Fokus von der ästhetischen auf die strukturelle Ebene, zeigen sich frappante Parallelen zwischen der Logik der Foucault'schen Disziplinarinstitution und jener der medialisierten Alltagswelt des 21. Jahrhunderts und ihres Symptoms: der Castingshow.

Auffällig ist dabei zunächst der Aspekt der Sichtbarkeit: Wie auch das Panopticon etabliert die Sendung eine Ordnung, die ein permanentes Gesehenwerden ermöglicht. Was jedoch in der Bentham'schen Architektur durch bauliche Finessen erreicht wird, vollzieht sich in *Germany's next Topmodel* hauptsächlich im Rückgriff auf das Medium Fernsehen selbst. Dabei wird die Kamera zum Symbol der Überwachung. Auf ihrem Weg zum Titel werden die Teilnehmerinnen – so wird es den Zuschauerinnen und Zuschauern suggeriert – rund um die Uhr gefilmt und dem Blick des Publikums und der Jury ausgeliefert. Interessanterweise korreliert dieser medialisierte Zustand der Sichtbarkeit mit der von Foucault beschriebenen Entindividualisierung der Macht.

> Beinahe jedes beliebige Individuum kann die Maschine in Gang setzen: anstelle des Direktors auch seine Familie, seine Umgebung, seine Besucher, seine Dienstboten sogar. [...] Je

17 Ebd., 2.

> zahlreicher diese anonymen und wechselnden Beobachter sind, um so größer wird für den Häftling das Risiko des Überraschtwerdens und um so unruhiger sein Bewußtsein des Beobachtetseins.[18]

Augenscheinlich überwacht nicht nur die Jury die Teilnehmerinnen von *Germany's next Topmodel.* Vielmehr werden die jungen Frauen während eines Großteils der Zeit von Kameraleuten, Redakteurinnen und Redakteuren begleitet, denen jedoch innerhalb des Sendungsnarrativs keine Entscheidungsgewalt zugebilligt wird und die darüber hinaus für die Zuschauerinnen und Zuschauer unsichtbar bleiben.[19] Folglich wird die Beobachtungsinstanz dezentralisiert, was eine umso umfassendere und wirkungsvollere Kontrolle ermöglicht. Indem jede Situation filmisch erfasst wird, entsteht ein engmaschiges Netz der Kontrolle, das entsprechend der Disziplinarlogik nicht nur das Produkt einer Lernphase, sondern auch den Lernprozess selbst überprüft - „Feststellung der Anwesenheit, des Eifers und der Arbeitsqualität des Arbeiters; Vergleich der Arbeiter untereinander; und ihre Klassifizierung nach Geschicklichkeit und Schnelligkeit"[20]. Vollendet wird die Wirkung des Panopticons durch eine zunehmende Internalisierung der visuellen Kontrolle durch die ‚Beobachteten'. Somit spielt es letztendlich keine Rolle mehr, ob die Überwachung tatsächlich eine permanente ist. Vielmehr kommt es auf die potentielle Sichtbarkeit einer jeden Handlung an - die Macherinnen und Macher des Formates erzeugen die Illusion eines permanenten Gesehen-werden-Könnens. Dementsprechend ist es für die panoptische Wirkung von *Germany's next Topmodel* gleichgültig, ob die Jury die Filmaufnahmen der jungen Frauen rezipiert oder nicht - entscheidend ist lediglich das Bewusstsein der Möglichkeit, sichtbar zu sein. Im Sinne des disziplinarischen Apparates ist also in dem Moment ein idealer Zustand erreicht, wenn die der Sichtbarkeit

---

18 Ebd., 260.

19 Neben der recht offensichtlichen Ausblendung der filmischen Situation zugunsten eines möglichst großen, quasi-dokumentarischen Realitätseffektes („Das Publikum schaut den Kandidatinnen beim Leben zu.") zeugen auch die als Monologe dargestellten Interviewsequenzen von der Entpersönlichung des Machtprinzips: Das Publikum erfährt nicht, inwiefern die Aussagen der jungen Frauen durch entsprechende Fragen und Anregungen beeinflusst sind und erlebt sie aufgrund dessen als vermeintlich authentische und freiwillige Beiträge zum Narrativ des Formates.

20 Ebd., 186.

unterworfenen Kandidatinnen die Forderungen und Regeln der Jury zu ihren eigenen Bedürfnissen transformieren und auf diese Weise in einen Zustand der kontinuierlichen Selbstkontrolle eintreten. So münden „Antizipation und Imagination der Beobachter [...] in Selbstdisziplin, in der sich das disziplinierte Subjekt durch ständige Selbstüberprüfung [...] als konformes Subjekt vergewissert."[21] Kurz: Die Teilnehmerinnen beginnen wie Foucaults Gefangene, den externen, disziplinierenden Blick nach innen zu richten und werden somit „zum Prinzip [...] [ihrer] eigenen Unterwerfung"[22].

Neben dem Aspekt der Sichtbarkeit lässt sich jedoch noch eine weitere Parallele zwischen *Germany's next Topmodel* und dem Panopticon aufzeigen; diese betrifft die Ordnung des Raumes. In seiner Darstellung der Entwicklung der Straf- und Disziplinarmechanismen beschreibt Foucault die Methode der Einsperrung als das wesentliche Bindeglied zwischen dem Kerker und der neuartigeren panoptischen Gefängnisarchitektur. Hier wird deutlich, dass in beiden Anstalten die Raumaufteilung einen entscheidenden Anteil am Funktionieren der Machtausübung hat, wobei die Klausur, die „bauliche Abschließung eines Ortes von allen anderen Orten"[23], maßgebend ist. Auch die Castingshow macht sich dieses Prinzip zunutze. So nehmen die Macherinnen und Macher des Formates zu Beginn einer jeden Staffel die räumliche Trennung der Teilnehmerinnen von deren Familien, Freundinnen und Freunden vor. Die jungen Frauen treten in den hermetischen Kosmos von *Germany's next Topmodel* ein und werden systematisch von der Außenwelt isoliert. Dies äußert sich etwa in dem Zwang, der Jury die Mobiltelefone auszuhändigen und den Kontakt zu den Angehörigen auf kurze Gespräche in einem kameraüberwachten Telefonzimmer zu beschränken. Ein wichtiger Aspekt ist auch der Einzug in die ‚Model-Villa'. Hier werden die Frauen in einem luxuriösen Ambiente ‚eingesperrt' und auf ihre Aufgaben als ‚Topmodel' vorbereitet.[24] Nichts soll die Konzentration der Kandidatinnen stören, nichts soll sie vom Ziel der Sendung ablenken.

---

21 Bublitz 2010, 71.

22 Siehe Foucault 1994, 260.

23 Ebd., 181.

24 Bemerkenswert ist hierbei auch die Architektur der Unterkunft: Oftmals handelt es sich bei den ‚Model-Villen' um weitläufige Bauten mit Loft-Charakter, die bereits in ihrer materiellen Beschaffenheit das Paradigma der Transparenz fortführen.

Die Castingsshow ist folglich in vielerlei Hinsicht als eine moderne Verkörperung des Panoptismus lesbar. Auch jenseits der von Foucault beschriebenen Gefängnismauern wurde demnach ein System der kontinuierlichen Überwachung sichtbar, das die Bentham'sche Architektur um mediale Dispositive amplifiziert und übersteigert.

Panoptismus und Medialität

> Die panoptische Raumanlage schafft Raumeinheiten, die es ermöglichen, ohne Unterlaß zu sehen und zugleich zu erkennen. [...] Das volle Licht und der Blick des Aufsehers erfassen besser als das Dunkel, das auch schützte. Die Sichtbarkeit ist die Falle. [...] [Der Eingekerkerte] wird gesehen, ohne selber zu sehen; er ist Objekt einer Information, niemals Subjekt in einer Kommunikation.[25]

In der Analyse des Bentham'schen Panopticons, dessen architektonische Struktur die Extreme der totalen Sichtbarkeit und der vollständigen Unsichtbarkeit auf engstem Raum annähert, entwirft Foucault eine medientheoretisch lesbare Betrachtung der Ordnungen des Sichtbaren: Licht und Blick, Information und Kommunikation werden hierbei zu Vokabeln einer mediatisierten Weltwahrnehmung, die durch die Materialität - die Mittlerfunktion - des Bauwerks ebenso organisiert wie bedingt ist: „im Außenring wird man vollständig gesehen, ohne jemals zu sehen; im Zentralturm sieht man alles, ohne je gesehen zu werden."[26] Die panoptische Raumanlage wird somit zu einem Medium, das die soziale Ordnung durch eine einseitige Kommunikation stabilisiert. „[D]er architektonische Apparat ist eine Maschine, die ein Machtverhältnis schaffen und aufrechterhalten kann"[27] und erinnert als solche an den technoiden Ausgangspunkt von Marshall McLuhans Medientheorie. „Denn die ‚Botschaft' [...] jeder Technik ist die Veränderung des Maßstabs, Tempos oder Schemas, die [sie] der Situation des Menschen bringt."[28] Untrennbar damit verbunden ist die These von einer performativen Wirkung des Mediums. Statt also eine Botschaft rein konstativ, quasi ‚unangetastet' und objektiv, zu übermitteln,

---

25 Ebd., 257.

26 Ebd., 259.

27 Ebd., 258.

28 McLuhan 1970, 14.

transformiert das Medium die Botschaft im Vermittlungsprozess, ja, bringt die Botschaft als solche bisweilen erst hervor. Entsprechend wird der mediale und performative Charakter der panoptischen Architektur sowie der von ihr hervorgebrachten Ordnungen des Sichtbaren deutlich. Um es mit den Worten McLuhans zu pointieren: „Das Medium ist die Botschaft."[29]

Vor diesem Hintergrund stellt sich die Frage, inwiefern auch in *Germany's next Topmodel* das Medium die Botschaft - die Darstellungsweise das Dargestellte - perspektiviert, transformiert und produziert. Auffällig ist hier zunächst, dass das Format ungeachtet seiner klar strukturierten Dramaturgie[30] dem Genre der Doku-Soaps verwandt ist. In einer Simulation von Gleichzeitigkeit und Liveness[31] wird die

> Interaktion [der Beteiligten; S.B.] aufgezeichnet und nach Prinzipien der Serienmontage zusammengeschnitten, so dass der Zuschauer am Abend in einer Stunde das komprimierte Erleben der Gruppe an diesem Tag zu sehen bekommt.[32]

Somit operiert *Germany's next Topmodel* mit einem ‚dokumentarischen Versprechen': Das Publikum verfolgt den Weg einer bestimmten Anzahl ‚echter' junger Frauen vom Teenager zum Topmodel. Dabei ‚beglaubigen' sowohl die Mitschnitte aus dem ‚Model-Alltag' der Kandidatinnen als auch das vor der Fernsehöffentlichkeit ausgetragene Auswahlverfahren den Realitätsgehalt des Formates. Schon Monate vor Ausstrahlungsbeginn ruft der Sender ProSieben seine Zuschauerinnen zur Bewerbung auf; der Traum vom Modelleben

---

29 Ebd., 13.

30 Mit Ausnahme des Finales folgt jede Episode der Castingshow einer vorgegebenen Dramaturgie. Diese vereint jeweils vier Elemente: ‚Challenge' (eine schwierige Aufgabe), ‚Fotoshooting', ‚Casting' und ‚Live-Walk' (der letzte Laufsteg-Auftritt vor der Entscheidung, wer die Sendung verlassen muss), die stets innerhalb der erzählten Zeit einer Woche durchlaufen werden. Auch wenn die einzelnen Bestandteile der Sendung durchaus in unterschiedlichen Abfolgen aneinandergereiht werden können, bilden sie die konstante Basis der Show und strukturieren das Geschehen. Für eine systematische und erweiterte Darstellung der Elemente der Sendung siehe Gather 2010, 21.

31 Zum Begriff der ‚Liveness' siehe Fischer-Lichte 2004, 114–126.

32 Hickethier 2007, 138–139. Was Hickethier hier für Reality-TV-Formate wie *Big Brother* beschreibt, lässt sich auch auf Formate wie *Germany's next Topmodel* übertragen.

scheint für eine Jede, die über die körperlichen Voraussetzungen verfügt, greifbar. Auch wenn zum Staffelbeginn nur noch eine überschaubare Anzahl an Kandidatinnen übrig geblieben ist, wird auf diese Weise „ein direktes Referenzverhältnis zur vormedialen Wirklichkeit behauptet und diese als solche im kommunikativen Gebrauch von den Rezipienten akzeptiert"[33]. Einfacher gesagt: Die Zuschauerinnen und Zuschauer werden nicht mit Schauspielerinnen, sondern mit den sprichwörtlichen Mädchen von nebenan konfrontiert - die ‚Realität' kommt ins Fernsehen. Dieser Effekt wird durch den Einsatz der filmischen Mittel begünstigt. Wesentlich ist hier das Prinzip der ‚teilnehmenden Beobachtung':[34] Die jungen Frauen werden scheinbar ständig durch jene Kameras begleitet, die bereits im vorangegangenen Abschnitt als die Grundlage der panoptischen Struktur der Castingshow beschrieben wurden. So erscheint das Narrativ von der lückenlosen Erfassung der Erlebnisse der Kandidatinnen als Garant für die Unmittelbarkeit des Formates:[35]

---

33 Ebd., 181.

34 Siehe ebd., 182–183. Hickethier spielt hier auf die ethnologische Feldforschung an, die oftmals die Methode der ‚teilnehmenden Beobachtung' nutzt. Dabei nimmt der Forschende am Leben der zu untersuchenden Personengruppe teil, um Erkenntnisse über deren Verhalten zu gewinnen. Auch wenn diese Analogie durchaus der kritischen Analyse von Castingshows dienlich ist, soll an dieser Stelle auch auf Hickethiers problematisches Verständnis der Ethnologie und Ethnographie hingewiesen werden. Die unreflektierte Vorstellung von einer objektiven teilnehmenden Beobachtung, von einer deskriptiven Abbildung des ‚indigenen Lebens', wird vor dem Hintergrund der postkolonialen Theoriebildung zu einer Affirmation der monoperspektivischen Deutungshoheit des zumeist westlichen Forschenden. Dennoch ist die Übertragung der ethnologischen Praxis auf die Dreharbeiten von dokumentarischen Formaten insofern interessant, als sie abermals das Spannungsfeld zwischen Authentizität und Fiktion eröffnet. Ebenso wie sich also der Feldforschende die Frage stellen muss, inwiefern er bereits durch seine Anwesenheit die Situation seines ‚Untersuchungsobjektes' verändert oder das ‚indigene Leben' als solches erst in seiner Beschreibung hervorbringt, beeinflussen auch die Kameraleute das Verhalten der Kandidatinnen. Somit wird das Paradigma der Authentizität im Fernsehen wie im Feld fragwürdig. Zu einer ausführlicheren Darstellung der Kritik der Ethnographie siehe z.B. Berg/Fuchs 1995, 71–72.

35 Um es noch einmal zu betonen: Bei der angesprochenen ‚Unmittelbarkeit' des Formates handelt es sich zwangsläufig um einen medial erzeugten Effekt.

> Die Verschränkung zwischen der Strukturierung der Zuschauerwahrnehmung durch das Bild und der Annahme des Zuschauers, er blicke auf etwas, was ihm wie eine Realität präsentiert wird, kennzeichnet die audiovisuelle Rezeption.[36]

Rückblickend auf Foucaults panoptischen Blick weisen diese medialen Repräsentationsmechanismen erstaunliche Parallelen zu einer disziplinarischen Ordnung des Sichtbaren auf. Wie auch das architektonische ‚Medium' des Panopticons die Wahrnehmung strukturiert und auf diese Weise das Gesehene ‚in die Welt bringt', wirkt auch das mediale Dispositiv performativ. Der vermeintlich objektive Kamerablick wird durch eine ‚schöpferische Kamera' ersetzt, die bereits Béla Balázs in seinen Überlegungen zum *Werden und Wesen* des Films akzentuierte:

> Es sind also die *Einstellung* und der *Blickwinkel*, die den Dingen ihre Form geben [...]. Das ist das charakteristischste Merkmal des Films. Er *reproduziert* seine Bilder nicht, er *produziert* sie. Es ist die ‚Art zu sehen' [...] des Operateurs, seine künstlerische Schöpfung, der Ausdruck seiner Persönlichkeit, etwas, das nur auf der Leinwand sichtbar wird.[37]

Weit davon entfernt, ein objektives Bild von der Lebenswirklichkeit der jungen Frauen während der Dreharbeiten von *Germany's next Topmodel* zu zeichnen, konstituieren die Kameras in dieser Lesart die nämliche ‚Realität' erst als *Reality-TV*. Durch filmtechnische Parameter wie Winkel, Beleuchtung und Zoom wird demnach die wörtliche ebenso wie die metaphorische Perspektive der Rezipientinnen und Rezipienten auf die Kandidatinnen bestimmt. Und mehr noch: Filmische Verfahren wie der Schnitt, die Montage oder die Unterlegung der Bilder mit Musik, bzw. Voice-Over, die in der Postproduktion zum Tragen kommen, bringen die Teilnehmerinnen als solche erst hervor. Entsprechend beschreibt auch Fiona Erdmann, die Viertplatzierte der zweiten Staffel von *Germany's next Topmodel*, in einem Interview das Problem der Deutungshoheit der Regisseurinnen und Regisseure: „Man ist extrem manipulierbar, hat einfach immer das Gefühl, die Regisseure bestimmen, was man erreicht oder wie man dargestellt wird. [...] [Es] wurden nur 25 Prozent des

---

36 Hickethier 2007, 53–54.

37 Béla Balázs: Der Film. Werden und Wesen einer neuen Kunst. Zitiert nach: Hickethier 2007, 54.

gedrehten Materials gezeigt."[38] Anhand dieser Beobachtungen wird deutlich, dass das Medium Fernsehen nicht nur die gültigen Ordnungen der Sichtbarkeit definiert, sondern das ‚Gezeigte' darüber hinaus ganz im Foucault'schen Sinne als Objekt einer Information erschafft. Medium und Botschaft fallen hier tatsächlich in eins. Vor der Folie des ‚panoptischen Kommunikationsmodells' werden die Teilnehmerinnen der Show somit zu Patiens, denen das Narrativ des Mediums wie der Sendungsmacherinnen und -macher (die gleichsam als Subjekte der Kommunikation agieren) regelrecht widerfährt. *Germany's next Topmodel* wird zu einer Fiktionalisierung des Realen,[39] die sich nicht im repräsentationalen Modus erschöpft – das Medium ‚produziert' seine Botschaft und etabliert die Ordnung des Sichtbaren.

Coda: Agonie des Realen – Ende des Panopticons?

Die im Vorangegangenen skizzierte Lesart des Panoptismus zeigte, dass die von Han in seiner *Topologie der Gewalt* entworfene Transformation des Panopticons hin zu einem umfassenden Gesellschaftsmodell keine zeitgenössische Entwicklung, sondern bereits in Foucaults Konzeption der Disziplinarinstitution angelegt ist – als Ordnung des Sichtbaren erscheint das Panopticon als Prototyp der Etablierung und Festigung von Machtstrukturen. Gleichzeitig hat die Betrachtung der panoptischen Architektur als medialer Operator die Frage nach der Beschaffenheit und Funktion von Medien aufgeworfen – inwiefern transformieren sie „Machtverhältnisse, Öffentlichkeiten und Demokratie"[40]? Vor diesem Hintergrund stellte die Untersuchung von *Germany's next Topmodel* die Kommunikation zwischen Produzentinnen und Produzenten, Rezipientinnen und Rezipienten sowie Akteurinnen und Akteuren als eine monologisch organisierte dar. Sehen und Gesehenwerden waren in diesem Mo-

38 Erdmann (u.a.) 2010, 106.

39 An dieser Stelle sei auch auf das Konzept der *scripted reality* verwiesen, das ebenfalls auf das Format anwendbar ist: „In contrast to older forms of reality-based programming they employ various means derived from fiction to present, well, not reality but *reality* – a version of realness which is different both from traditional fiction and traditional non fiction [sic] [.]" (Gerd Hallenberger: TV Fiction in Reality TV Age. Zitiert nach: Labitzke 2009, 68.)

40 Thomas 2008, 219.

dell strikt voneinander getrennt,[41] sodass der in der Sendung repräsentierte Panoptismus lediglich einen

> Funktionszusammenhang [bedeutet; S.B.], der die Ausübung der Macht verbessern, d.h. beschleunigen, erleichtern, effektiver machen soll: ein Entwurf subtiler Zwangsmittel für eine künftige Gesellschaft[.][42]

Zugunsten der Übersichtlichkeit der Argumentation hat diese Perspektive jedoch eine weitere Ebene ausgeklammert: die Reziprozität der Kommunikation zwischen Sender und Empfänger. Auf sie soll zum Abschluss der Untersuchung der Fokus gerichtet werden. Entgegen der Annahme, die Teilnehmerinnen der Castingshow seien willenlose Objekte der Information, die die Macherinnen und Macher des Formates den Zuschauerinnen und Zuschauern über den Fernseher vermitteln, lässt sich mit Blick auf die mediale Sozialisation aller Beteiligten eine Wechselwirkung zwischen dem Schauenden und dem Geschauten feststellen. Der ‚schöpferische Kamerablick' wird in diesem Kontext von einer „immer weiter steigerbare[n] Selbstfiktionalisierung"[43] konterkariert, die sich in einer bewussten Anpassung an die Spielregeln des Fernsehformates äußert:

> Wer in der Casting-Gesellschaft bekannt werden will, der ist existentiell auf die öffentliche Wahrnehmung angewiesen. *Sein heißt hier zuerst: medial stattfinden.* Und man findet statt, indem man - je nach Format, je nach Publikum - das Gewünschte liefert.[44]

Auf diese Weise treten auch die Akteurinnen von *Germany's next Topmodel* in einen Dialog mit dem Medium. Das Bewusstsein über die eigene mediale Verfasstheit und über die Mechanismen des Prinzips ‚Castingshow' birgt somit auch ein emanzipatorisches Potential - die Kandidatinnen sind nicht nur die (unfreiwilligen) Objekte eines panoptischen Blicks, sondern fordern dessen Aufmerksamkeit zugleich aktiv ein. Das Medium stellt folglich nicht nur die Botschaft der Sendungsmacherinnen und -macher dar, sondern figuriert ebenso jene der Kandidatinnen. Hier verschwimmt die ‚Fiktionalisierung des Realen' mit einer ‚Realisierung der Fiktion'. Die Grenzen zwischen Alltag und Spektakel, Ernst und Spiel, priva-

41 Siehe dazu auch Foucault 1994, 259.

42 Ebd., 269.

43 Pörksen/Krischke 2010, 37.

44 Ebd., 14.

ter und öffentlicher Performance sind fließend. Entsprechend wird auch die Unterscheidung von Objekt der Information und Subjekt der Kommunikation, die Foucault in seiner Studie zum Panoptismus noch so eindeutig treffen konnte, obsolet. Es kommt zu einer Zirkulation der Deutungshoheit, die Jean Baudrillard in seiner *Agonie des Realen* eindrucksvoll beschreibt:

> Man muß den zirkulären Diskurs im wörtlichen Sinne nehmen, d.h. er läuft nicht mehr gradlinig von einem Punkt zum anderen, sondern er durchläuft eine Kreisfigur, in der Sender- und Empfängerposition, die von nun an als solche nicht mehr existieren, undeutlich verschmelzen. Auf diese Weise gibt es keine Machtinstanz und keine Senderinstanz mehr – die Macht ist zu etwas Zirkulierendem geworden, dessen Ursprung sich nicht mehr wiederherstellen läßt. Eine Kreisfigur, in der sich die Positionen von Herrschen und Beherrschtwerden in endloser Umkehrung austauschen lassen und die Macht in ihrer klassischen Definition ihr Ende findet.[45]

Auch wenn also aufgrund der medialen Sozialisation der Kandidatinnen von einer zunehmenden Emanzipation zu sprechen ist, bleibt doch das transformierende Moment der Regie und des Kamerablicks, das die potentielle Subversion des Sendungsprinzips auf die Ununterscheidbarkeit von ernster und unernster Zeichenverwendung zurückwirft.[46] Das Ausgestrahlte wiederum führt Spielregeln und Spielarten vor, die von zukünftigen Kandidatinnen ‚emanzipatorisch' genutzt werden können, sodass die Grenze zwischen vorauseilendem Gehorsam und reflektierter Selbstermächtigung fließend wird.[47] „Das Fernsehauge ist [also] nicht mehr der Ausgangspunkt eines absoluten Blicks […].“[48] Stattdessen kommt es – mit

45 Baudrillard 1978, 67–68.

46 Vergleichbar wäre dies mit dem Baudrillard'schen Banküberfall: „Wie läßt sich ein Vergehen simulieren und wie läßt sich beweisen, daß man nur vorhatte, es zu simulieren? […] Es gibt keine ‚objektive' Differenz: ein simulierter Diebstahl operiert mit den gleichen Gesten, den gleichen Zeichen wie ein realer. Sie lassen sich keiner der beiden Seiten zuordnen. Für die etablierte Ordnung gehören sie daher zur Ordnung des Realen.“ (Ebd., 36.)

47 Den Hinweis auf diese Lesart der Baudrillard'schen Kreisfigur verdanke ich Jakob Christoph Heller.

48 Ebd., 47.

Baudrillard gesprochen - zu einem „Exzeß des Sinns“[49]. Der medialisierte Panoptismus führt in dieser Logik zu einer Transformation des Überwachungs- und Disziplinierungsdispositivs, das nicht länger als monoperspektivisch erfasst werden kann.[50] „Ende des panoptischen Systems.“[51] Oder? Wenn die „Eleganz der Disziplin“[52] und somit auch jene der panoptischen Ordnung gerade in ihrer Subtilität besteht, wenn die Unterscheidung zwischen dem disziplinierenden Blick und der disziplinierten Selbstpräsentation unmöglich ist, fällt es schwer, eine eindeutige Antwort auf die Frage nach dem Modus des zeitgenössischen Panoptismus zu geben. Was bleibt, ist jedoch das Bewusstsein, den Begriff im Kontext einer medialisierten Welt und einer zunehmenden Zurschaustellung des Selbst neu diskutieren zu müssen.

Bibliographie

Baudrillard, Jean (1978): Agonie des Realen. Übersetzt von Lothar Kurzawa und Volker Schaefer. Berlin.

Baudrillard, Jean (2005): Der symbolische Tausch und der Tod. Übersetzt von Gerd Bergfleth. Berlin.

Berg, Eberhard/Fuchs, Martin (1995): Phänomenologie der Differenz. Reflexionsstufen ethnographischer Repräsentation. In: Dies. (Hrsg.): Kultur, soziale Praxis, Text. Die Krise der Repräsentation. Frankfurt am Main. 11-108.

Bublitz, Hannelore (2010): Im Beichtstuhl der Medien. Die Produktion des Selbst im öffentlichen Bekenntnis. Bielefeld.

Erdmann, Fiona (u.a.) (2010): Zicken und Schwäne. In: Pörksen, Bernhard/Krischke, Wolfgang (Hrsg.): Die Casting-Gesellschaft. Die Sucht nach Aufmerksamkeit und das Tribunal der Medien. Köln. 104-113.

Fischer-Lichte, Erika (2004): Ästhetik des Performativen. Frankfurt am Main.

Foucault, Michel (1994): Überwachen und Strafen. Die Geburt des Gefängnisses. Übersetzt von Walter Seitter. Frankfurt am Main.

49 Ebd., 45.

50 Siehe ebd., 47.

51 Ebd.

52 Foucault 1994, 176.

Gather, Johanna Maria (2010): Soziale Vergleichsprozesse jugendlicher Mädchen bei der Rezeption der Castingshow „Germany's next Topmodel". Unveröffentlichte Magisterarbeit. Johannes Gutenberg-Universität Mainz.

Han, Byung-Chul (2011): Topologie der Gewalt. Berlin.

Hickethier, Knut (2007): Film- und Fernsehanalyse. 4., aktualisierte und erweiterte Auflage. Stuttgart/Weimar.

Labitzke, Nicole (2009): Ordnungsfiktionen. Das Tagesprogramm von RTL, Sat.1 und ProSieben. Konstanz.

Pörksen, Bernhard/Krischke, Wolfgang (2010): Die Casting-Gesellschaft. In: Dies. (Hrsg.): Die Casting-Gesellschaft. Die Sucht nach Aufmerksamkeit und das Tribunal der Medien. Köln. 13–37.

Katharina Rein

„Are you watching closely?" Magie und Medien in Christopher Nolans *The Prestige*

Im Laufe des 19. Jahrhunderts wandelt sich die öffentliche Wahrnehmung des Zauberers vom dubiosen Scharlatan zum respektablen Entertainer einer bürgerlichen Gesellschaft, während die Zauberkunst selbst eine Popularisierung erfährt. Als Anwendung von Wissen, Technik und Techniken zur Erzeugung eines scheinbar unmöglichen Effekts basiert die Zauberkunst auf einer rationalen Überlegenheit des Zauberers einerseits und einem Täuschungsbedürfnis des Publikums andererseits. Eine außergewöhnliche Fingerfertigkeit im Umgang mit entsprechenden Requisiten und Vorrichtungen sowie die gezielte Lenkung der Publikumsaufmerksamkeit sind für die moderne Zauberkunst essentiell. Die Überlegenheit des Zauberers besteht nun darin, „dass er die Naturgesetze besser anzuwenden vermag als sein Publikum",[1] das sich einer Technologie gegenüber sieht, die es nicht wahrnimmt oder nicht versteht. Und „any sufficiently advanced technology" ist mit Arthur C. Clarke ohnehin „indistinguishable from magic."[2]

Zauberkünstler bedienen sich mitunter neuester wissenschaftlicher Entdeckungen und Erfindungen und gliedern sie in unterschiedlicher Form in ihre Show ein. So entwickelte beispielsweise der Vater der modernen Zauberkunst, Jean-Eugène Robert-Houdin (1805-1871),[3] 1847, als man „von nichts anderem als vom Äther und seinen erstaunlichen Nutzanwendungen"[4] sprach, einen Zaubertrick, der angeblich auf einer neuen Eigenschaft dieses erst ein Jahr zuvor erstmalig in der Medizin eingesetzten Stoffes beruhte.[5] Auch der Zusammenhang von Magie und Technik wird an Robert-Houdin deutlich, dessen zunächst erlernter Beruf eines Uhrmachers ihm die Konstruktion seiner berühmten Zauberautomaten ermög-

1 Felderer/Strouhal 2007, 12.

2 Clarke 1982, 32.

3 Harry Houdini, der eigentlich Erik Weisz hieß, lehnte seinen Künstlernamen an Robert-Houdin an.

4 Robert-Houdin 1969, 349.

5 Zum „frei schwebenden Knaben" Robert-Houdins siehe ebd., 230–232 und 349.

lichte.[6] Einer davon, der magische Orangenbaum, stellt bis heute einen Referenzpunkt für die Praxis der Zauberkunst[7] ebenso wie für deren filmische Aufarbeitung dar. In *The Illusionist* (Tschechische Republik/USA 2006, R: Neil Burger) etwa erscheint der Trick CGI-gestützt und kombiniert mit einer anderen Nummer, dem „wachsenden Mangobaum": Der Zauberer Eisenheim (Edward Norton) lässt vor den Augen des Publikums im Zeitraffer einen Orangenbaum aus einem soeben eingetopften Kern wachsen. Eine ähnliche Nummer mit einem Rosenbusch führte Harry Kellar 1895 in den USA vor.[8] Robert-Houdins Orangenbaum hingegen wurde als Bäumchen hereingebracht, das auf ein Zeichen des Zauberers hin zu blühen und Früchte - echte Orangen, die (wie in *The Illusionist*) ans Publikum verteilt wurden - zu treiben begann. Zum Schluss erhoben sich darüber zwei Schmetterlinge, die ein Taschentuch trugen, das zuvor einer Dame aus dem Publikum entliehen und ihr nun wieder überreicht wurde.

Zaubertricks solcher Art stützen sich häufig auf die Unzulänglichkeit des menschlichen Wahrnehmungsapparats - so wie auch audiovisuelle Medien die Trägheit des Auges für sich nutzen. Die Geschichte der Zauberkunst ist somit eng an die Medien-, die Technik- und die Wissensgeschichte gekoppelt. Seher, Schamanen, Priester und andere Personen mit dem Nimbus des Magischen scheinen in einem besonderen Verhältnis zu Göttern, Geistern und Seelen zu stehen, woran die Verbindung zwischen spiritistischen und technischen Medien deutlich wird. Beide kanalisieren Kommunikation, zeigen die Grenzen der menschlichen Wahrnehmung sowie des

---

6 Obwohl es sich bei vielen von Robert-Houdins Konstruktionen um Pseudoautomaten handelte (auch der magische Orangenbaum gehört dazu (siehe Steinmeyer 2005b, 341), profitierte er beim Bau seiner Requisiten zweifelsohne von seinem ersten Beruf.

7 Für Ricky Jays Show „On the Stem" im New Yorker Second Stage Theater (2002) konstruierte John Gaughan einen tatsächlich mechanisch funktionierenden Orangenbaum (siehe Steinmeyer 2005b, 341f). Eine Vorstellung mit einem solchen gab auch Paul Daniels in *The Paul Daniels Magic Show* (BBC, 1979–1994): Ein Mitschnitt des Tricks lässt sich auf YouTube finden, <http://www.youtube.com/watch?v=-Ht_afydffk>.

8 Der historische Mangobaum wird zwischen den einzelnen dem Publikum präsentierten Wachstumsstadien mit einem Zylinder oder einem ähnlichen starren Behälter abgedeckt und funktioniert durch Ersetzen. Neben Kellar führten beispielsweise Chung Ling Soo (siehe Steinmeyer 2005a, 235) oder Karl Germain (siehe Steinmeyer 2009a, 70–71) diese Nummer auf.

menschlichen Wissens auf und verweisen so zurück auf die Unheimlichkeit der uns umgebenden Natur, die wir niemals ganz verstehen können. Die Unzuverlässigkeit der menschlichen Sinne bei der Suche nach Wahrheit ist ein Topos, der sich von Platon[9] bis Descartes[10] durch die abendländische Geistesgeschichte zieht.

In der aufgeklärten Moderne verschleiern Zauberkünstler rationelles Wissen und erzeugen so den für das Publikum faszinierenden Eindruck des Geheimen, Mystischen und Übernatürlichen.

> Trotz aller vermeintlichen Verbindungen der Zauberkunst zu dunklen Mächten verkörpert sie einen bestechend optimistischen Glauben an die Kraft des menschlichen Verstandes, die uns in Form des mühsam angeeignete [sic] Vermögens, Menschen hinters Licht zu führen, als Inbegriff von Erfindergeist und Vertrauen in die eigene Kunst vorgeführt wird.[11]

Zauberkunst und Wissenschaft umkreisen beide die Produktion und Anwendung von Wissen, allerdings verhalten sie sich im Umgang mit Wissen diametral: Während für die Wissenschaft Methodentransparenz und eine Veröffentlichung der Ergebnisse zentral ist, ist es für den Zauberkünstler essentiell, sein Wissen (von der Funktionsweise der Tricks) der Zugänglichkeit zu entziehen. Während der wissenschaftliche Diskurs, mit Felderer und Strouhal, „auf dem Ideal kritischer Rationalität, der Bereitschaft zur fortwährenden Falsifikation" aufbaut, „bedarf umgekehrt jeder Zaubertrick der so genannten *willing suspension of disbelief*, des freiwilligen oder sanft erzwungenen Einverständnisses des Betrachters, sich täuschen zu lassen."[12] Oder wie es Cutter (Michael Caine), der fiktive Ingenieur von Zaubertricks in *The Prestige*, ausdrückt: „You want to be fooled" (00:02 und 02:00).[13]

---

9 Am eingängigsten verdeutlicht Platon seine Auffassung, dass unsere sinnliche Erfahrungswelt niemals zu wahrer Erkenntnis führen kann im sogenannten Höhlengleichnis (siehe Platon 2000, VII, 514a–520a).

10 Descartes reflektiert in seinen Meditationen (in I,5) die Möglichkeiten des Wissens und kommt zu dem Schluss, dass unsere Sinne nicht verlässlich sind, v.a. da sie uns nicht einmal dabei helfen können, Traum und Realität zu unterscheiden (siehe Descartes 2004, 51–68).

11 Daniel 2009, 14.

12 Felderer/Strouhal 2007, 21.

13 Zeitangaben zu *The Prestige* erscheinen im Folgenden in Klammern im Text.

2006 unter der Regie von Christopher Nolan entstanden, spielt *The Prestige*[14] im ausgehenden 19. Jahrhundert und erzählt von der Rivalität zweier junger Illusionisten, Alfred Borden (Christian Bale) und Robert Angier (Hugh Jackman). Als während ihrer Tätigkeit als Assistenten des Magiers Milton (gespielt vom Zauberkünstler und -historiker Ricky Jay) Angiers Frau (Piper Perabo) durch Bordens Verschulden auf der Bühne bei einem Entfesselungstrick unter Wasser stirbt (00:24), werden sie zu Feinden und verstricken sich fortan in ein Duell auf persönlicher und professioneller Ebene, das insbesondere für Angier zu einer Obsession wird. Später sabotieren sie als erfolgreiche Zauberkünstler mit jeweils eigenem Abendprogramm die Shows des anderen und versuchen fortwährend, die Funktionsweise von dessen Tricks aufzudecken, um einander öffentlich bloßzustellen oder um einen eigenen, besseren Trick zu entwerfen. Im Kern dreht sich ihr Wettbewerb also um die stetige Weiterentwicklung von Techniken und Medien, die stets jene des Rivalen übertrumpfen.

Nolans Film verwebt geschickt Referenzen an historische Begebenheiten mit Fiktion, so ist beispielsweise die Gegnerschaft der beiden Magier angelehnt an die historische Rivalität zwischen Alexander Herrmann, dem etwas komödiantischen, europäischen Magier mit „gewichste[m] Schnurrbart und Spitzbart", der eher mit „Fingerfertigkeit und flinker Zunge"[15] glänzte, und dem ernsthafteren US-Amerikaner Harry Kellar, der vor allem auf eine spektakuläre Show setzte und viele seiner berühmtesten Tricks von anderen Zauberern kaufte oder stahl. Im späten 19. Jahrhundert konkurrierten sie um den Rang des besten Zauberers der USA, bis Herrmanns unerwarteter Tod dieser Auseinandersetzung ein jähes Ende setzte.[16] Darüber hinaus sind alle in *The Prestige* gezeigten Zaubertricks historisch belegt, mit Ausnahme des „Real Transported Man", der „echte Magie"[17] und Nikola Teslas Maschine verwendet und hier

---

14 Dt. Titel *Prestige. Die Meister der Magie.*

15 Caveney 2009a, 359.

16 Die Rivalität zwischen Kellar und Herrmann, die sich u.a. um William Robinson, den späteren Chung Ling Soo, drehte, ist ausführlich in Steinmeyer 2005a dokumentiert.

17 In *The Prestige* wird Tesla als „*wizard*" (00:21) bezeichnet, der sich in Abgrenzung zu den Zauberkünstlern (*magicians*), welche das Publikum lediglich täuschen, mit „real magic" (00:42, 01:34), d.h. Naturwissenschaft, befasst.

den Übergang von einem Period Piece zu einem Retro Science Fiction Film markiert.

„The Transported Man"

Der Zaubertrick, der im Zentrum der rivalisierenden Bemühungen der beiden Zauberer in *The Prestige* steht, ist ein Teleportationstrick, den Borden zuerst vorführt und den Angier später kopiert und „verbessert". Wir sehen den „Transported Man" zum ersten Mal gemeinsam mit Angier und dessen Ingenieur Cutter, die jeweils (zeitlich getrennt voneinander) in Bordens Publikum sitzen: Auf der Bühne stehen zwei identische Holzkonstruktionen, etwa von der Größe von Telefonzellen. Borden betritt die eine und erscheint instantan aus der anderen, um den Ball zu fangen, den er vor seinem Eintritt hinübergeworfen hat (00:51f). In der folgenden Szene sehen wir Angier und Cutter die Funktionsweise des Tricks diskutieren: Während der Ingenieur darauf beharrt, dass Borden ein Double benutzt, vermutet der Performer, es müsse mehr dahinterstecken. Im Übrigen weist diese Haltung der Nicht-Akzeptanz der einfachsten Lösung (die, wie so oft, auch die richtige ist) Angier letztlich als den unterlegenen Zauberer aus, weil er wie ein Zuschauer auf Borden ‚hereinfällt' und hinter dem Trick, dessen Simplizität der Trickingenieur sofort erkennt, beharrlich etwas ‚Magisches' vermutet.

Der Illusionist gebraucht diverse Requisiten und Gerätschaften auf der Bühne, deren Ganzes, wenn man so will, als Medium für seine Magie funktioniert: Im Sinne des griechischen *μεταξύ* (metaxý) oder des lateinischen *medium*, also des Dazwischen, übermittelt es den Trick vom Zauberer an das Publikum. Einschließlich des Bühnenraums selbst als Dispositiv des Performativen benutzt der Zauberkünstler alles, was er auf der Bühne verwendet, also zur Kommunikation mit dem Publikum. Dabei wird seine Nachricht auf dem Weg notwendigerweise gestört - denn eine störungsfreie Kommunikation ist unmöglich -, sie verändert sich durch die Übertragung: Was senderseitig ein hochrationaler Prozess ist, erscheint auf Seiten des Empfängers als ‚Magie'. Unabhängig davon, ob der Zuschauer oder die Zuschauerin schlicht vom Effekt verblüfft ist oder versucht, die Funktionsweise des Tricks zu entschlüsseln, gewissermaßen die Nachricht wieder zu entstören und hinter das Rauschen zu blicken - der Zauberkünstler hat in jedem Fall sein Ziel erreicht.

Zahlreiche Tricks und deren Inszenierungsweisen spielen mit den Erwartungen und Spekulationen des Publikums oder bauen darauf auf. Ein Beispiel dafür ist der ebenfalls in *The Prestige* vertretene Kugelfang, dessen Funktionsweise Borden seiner Frau erklärt (00:28–00:30): In seiner Version wird der Vorderlader-Revolver mit einem speziellen Ladestock geladen, in dem die Kugel steckenbleibt, so dass sie wieder herausgeholt wird.[18] Die Waffe wird also leer abgefeuert – es sei denn, der sie abfeuernde Freiwillige aus dem Publikum legt vorher etwas in den Lauf (was Angier in 00:31 tut). Der Kugelfang basiert auf der Antizipation der (Lebens-)Gefahr für den Zauberkünstler, die bei einer korrekten Ausführung in der Regel gar nicht besteht. Dennoch wurden bei diesem Trick zahlreiche Bühnenkünstler verletzt oder getötet, am prominentesten Chung Ling Soo, dessen Tod 1918 die etwa 70 Jahre andauernde Popularitätswelle des Kugelfangs abebben ließ: Eins seiner Trickgewehre zündete tatsächlich und schoss eine echte Kugel durch die Brust des Zauberers, der am folgenden Tag seinen Verletzungen erlag. Eine fiktive Version Soos tritt in *The Prestige* auf: Die beiden jungen Magier besuchen seine Show (00:16) und versuchen anschließend, einen seiner Tricks, eine abgewandelte Version der historischen „Bowl of Water Production",[19] zu enträtseln. Borden erkennt sofort, dass Soos eigentliche Performance außerhalb der Bühne stattfindet, wo er einen alten Mann mimt, dessen körperliche Gebrechlichkeit seine Tricks unmöglich erscheinen lässt. Der realhistorische Chung Ling Soo, dessen eigentlicher Name William E. Robinson war, war ein Amerikaner, der einen Chinesen spielte (wiederum in Anlehnung an den tatsächlich chinesischen Zauberkünstler Ching Ling Foo), indem er bei Interviews vorgab, kein Englisch zu sprechen, usw.[20]

---

18 Auf ähnliche Weise wird der Trick in Hoffmanns *Modern Magic* beschrieben (siehe Hoffmann 1876, 409). Ähnlich wie Bordens Frau Sarah sorgte sich die Frau Alexander Herrmanns (obwohl sie selbst in seiner Show mitwirkte und die Funktionsweise des Tricks kannte) beim Kugelfang und zog sich während der Nummer in ihre Garderobe zurück, um nicht mit anzusehen, wie auf ihren Mann geschossen wird (siehe Steinmeyer 2005a, 143–144).

19 Der historische Trick, den Robinson von Ching Ling Foo kopiert hat, funktioniert nur ebenerdig: Hier wird das mit einer wasserdichten Abdeckung bespannte, gefüllte Aquarium zunächst hinten unter dem weiten, chinesischen Gewand des Zauberers festgeschnallt. Er holt es zwischen seinen Beinen hervor und platziert es unter einem großen Tuch auf dem Boden (siehe Steinmeyer 2005a, 174f, 197f.).

20 Zu Chung Ling Soo siehe Steinmeyer 2005a und ders. 2009b, 502–503.

„The Original Transported Man“

Angier kopiert den Trick seines Rivalen und führt ihn unter dem Titel „The New Transported Man“ nach Cutters Anweisung mit einem Double auf, worauf Borden mit einem verbesserten „The Original Transported Man“ (01:10) antwortet: Diesmal steht zwischen den beiden telefonzellenartigen Kästen ein Gerät, das zu Beginn der Nummer eingeschaltet wird und elektrische Blitze erzeugt. Erneut sitzt Angier im Publikum und erneut will er mehr in dem Trick sehen als dahinter steckt: Als Borden ihm später als vermeintlichen Schlüssel zum Geheimnis des Tricks einen Zettel mit dem Wort „Tesla“ überreicht, sucht er den Physiker in seinem Labor in Colorado Springs auf und bittet ihn, auch für ihn ein solches Gerät zu bauen - obwohl Angier (wie wir) den Trick vorher ohne Elektrizität gesehen hat, scheint er also überzeugt zu sein, dass sie eine essentielle und keine dekorative Rolle spielt. Bordens Show vermittelt hier also nicht nur an das Publikum, sondern sogar an seinen Kollegen und Konkurrenten den Eindruck, der elektrische Strom befördere ihn ‚auf magische Weise‘ von einem Ende der Bühne ans andere.

Abb. 1: „The Original Transported Man", 01:10.

Körperlose Stimmen und dematerialisierte Körper

An dieser Stelle verbindet der Zauberkünstler referentiell zwei relativ neuartige Technologien, die er als Magie erscheinen lässt (wir erinnern uns, dass keine davon tatsächlich etwas mit der Funktionsweise des Tricks zu tun hat). *The Prestige* spielt an der Schwelle zum 20. Jahrhundert,[21] etwa zwanzig Jahre nach Alexander Graham Bells und Elisha Grays Erfindung des Telefons, die ihre Fernsprecher am 14. Februar 1876 unabhängig voneinander patentieren ließen.[22] Diese Technologie wurde zunächst vor allem auf Jahrmärkten und akademischen Versammlungen zu Unterhaltungszwecken sowie ab 1881 zur Übertragung von Konzerten und Opern genutzt. Das erste Fernsprech-Vermittlungsamt wurde 1878 in New Haven, Connecticut in Betrieb genommen, in den darauffolgenden Jahren breitete sich die Erfindung sukzessive auch in Europa aus. 1889 wurde das erste öffentliche Telefon mit Münzeinwurf, eine Telefonzelle, aufgestellt. Borden greift in seinem Trick also eine bereits existierende Technik auf, die im Alltagsgebrauch allerdings relativ neu war, sodass sich das Attraktivitätspotential dieser Nummer zum Teil aus Spekulationen über deren Funktionsweise beziehungsweise über mögliche zukünftige Entwicklungen speist. Um 1900 feilten die Ingenieure zudem am nächsten Schritt: Nachdem 1898 mehrere unterschiedliche Systeme zur drahtlosen Telefonie/Telegrafie vorgestellt wurden, stellte Guglielmo Marconi im Folgejahr erstmalig eine Funkverbindung über den Ärmelkanal her.[23]

Im 19. Jahrhundert wurde der Grundstein für sämtliche heute alltäglich gewordenen elektronischen beziehungsweise audiovisuellen Medien gelegt, von der Fotografie (um 1830, Nièpce/Daguerre/Talbot) über den Phonographen (1877, Edison) und den Film (1895, Gebrüder Lumière) zum Computer (1837, Babbage). In dieser Epoche einer rasant voranschreitenden technischen Entwicklung bildete sich ein Glaube an den grenzenlosen Fortschritt der Menschheit heraus: Die Technik, so die Vorstellung, mache sich die ungeordnete Natur Untertan, bändige deren Kräfte und nutze sie zum Wohle der Menschheit;[24] so zum Beispiel die Elektrizität, den Blitz, der in der westlichen Kultur seit jeher den Göttervätern von Zeus bis Thor unterstand. Im Dunstkreis dieses beflügelten Fortschrittsglaubens wucherten Spekulationen und Utopien, die von ebenso revolutionären Fortschritten in der Zukunft ausgingen. Auch darauf baut Bor-

---

21 Wir erfahren in 00:11, dass Angier und Borden sich 1897 kennenlernen.

22 Bereits 15 Jahre zuvor führte Philipp Reis seinen Fernsprechapparat in Deutschland vor, allerdings wurde das Potential der Erfindung nicht erkannt. Bell experimentierte mit einem Apparat von Reis und baute seine Erfindung auf den von ihm entwickelten Grundlagen auf.

23 Zur Geschichte der Telekommunikation im ausgehenden 19. Jahrhundert siehe Weiher/Wagner 1991, 78–102.

24 Siehe dazu Marvin 1990, 114–117.

dens Teleportationszelle auf, indem sie eine real existierende, aber neuartige Technologie weiterdenkt: „Der Gedanke, ein Draht könnte sprechen, erschien bis zu dem Augenblick phantastisch, an dem Wörter tatsächlich in Code übermittelt wurden.“[25] Wenn die Einlösung zahlreicher Utopien in greifbare Nähe gerückt ist, wenn die Stimme vom Körper losgelöst und übertragen werden konnte, warum sollte in Zukunft nicht ein Weg gefunden werden, um auch den menschlichen Körper quasi telegrafisch zu transportieren?

Der magische Strom

Die Elektrizität bildet das zweite Element, das Borden dekorativ mit seinem Trick verbindet und suggestiv für dessen Effekt benutzt. Im Gegensatz zur Stimmübertragung keine Neuheit, wurde schon seit etwa 150 Jahren - seit die Erfindung der Leidener Flasche im Jahre 1746 das Speichern der elektrischen Ladung ermöglichte - mit der Elektrizität experimentiert. Die Schauwerte elektrischer Experimente trugen dabei stark zur Popularisierung dieser Modewissenschaft bei.[26] Dennoch zeigt sich Angier überrascht, als er sieht, dass die gesamte Stadt Colorado Springs an das elektrische Netz angeschlossen ist (00:08), denn um 1900 gehörte der Strom noch nicht zum privaten Alltag. Die ersten öffentlichen Kraftwerke wurden 1882 in New York und London eröffnet. Da sie mit Gleichstrom arbeiteten, der sich damals nicht über weite Strecken übertragen ließ, hatten sie einen relativ kleinen Versorgungsradius. Folglich mussten sich die Kraftanlagen in der Innenstadt, im Umkreis von Opern, Theatern, luxuriösen Hotels und Restaurants befinden, die sie vorrangig zu Beleuchtungszwecken mit elektrischer Energie versorgten. Effektvoll beleuchtet wurden in den 80er Jahren des 19. Jahrhunderts außerdem die Prachtstraßen europäischer Großstädte: „Die Öffentlichkeit war überwältigt von der fast magischen Wirkung der lichtdurchfluteten Plätze, die so hell waren, daß man dort Zeitung lesen konnte.“[27] In dieser Hinsicht handelt es sich bei der Elektrizität also ebenfalls um ein relativ neues Phänomen, das frühere Utopien wahr werden ließ und mit einer Aura des Spektakulären umgeben war.

Im späten 19. Jahrhundert verdeutlichte sich zugleich die Lebensgefahr im Umgang mit der Elektrizität. Vermutlich 1882 ereignete sich

25 Canby 1963, 67–68.

26 Siehe dazu Hochadel 2003, 43–55.

27 Sandgruber 1992, 28.

der erste tödliche Unfall mit elektrischer Energie, der unter anderem dazu führte, dass Edison und seine Mitarbeiter vom Staat New York beauftragt wurden, eine (gegenüber dem Erhängen) vermeintlich humanere Exekutionsmethode unter Einsatz von Elektrizität zu entwickeln. Daraus ging der elektrische Stuhl hervor, der im August 1890 erstmalig in der Sing Sing Correctional Facility im Staat New York eingesetzt wurde.[28] In der Zauberkunst wurde das vieldiskutierte Hinrichtungsinstrument sofort performativ aufgegriffen: Noch im selben Jahr setzte „Dr." Walford Bodie, der zuvor bereits mit elektrischen Küssen und ähnlichen Tricks aufgetreten war, ein Replikat auf der Bühne ein, um Freiwillige aus dem Publikum ‚hinzurichten'.[29]

Bis ins 20. Jahrhundert hinein war die Elektrizität ein Objekt der Mythenbildung, da diese sinnlich erfahrbare und doch unsichtbare Kraft im Alltag nicht verankert, der Umgang mit ihr nicht sicher genug war und man schier nicht genau wusste, was sie tatsächlich kann und was nicht. „Die Elektrizität wird zu einer scheinbar unbegrenzten Projektionsfläche, buchstäblich alle Naturerscheinungen und Funktionen des Lebens werden darauf zurückgeführt."[30] Man schrieb ihr wunderbares medizinisches Potential zur Heilung aller erdenklichen Krankheiten von Gicht über Diabetes und Epilepsie zu Blindheit und Lähmungen zu.[31] Solarenergie, drahtlose Energieübertragung sowie Phantasien von einem automatisierten Schlaraffenland gehörten zu den die Elektrizität umgebenden Utopien des ausgehenden 19. Jahrhunderts.[32] Auf der anderen Seite wurde dem gesteigerten Einsatz von Elektrizität mit apokalyptischen Szenarien begegnet: Abgesehen von der real gegebenen Gefahr elektrischer Unfälle im städtischen Alltag bangte man um das Gleichgewicht der Natur, das durch moderne Telekommunikationstechnologien durcheinander gebracht würde. Beispielsweise sollen die neuartigen Kommunikationsmedien die Menge der Blitze in der Atmosphäre erhöht haben.[33]

---

28 Da der elektrische Stuhl in Europa keine Anwendung fand, wird Borden in London gehängt (01:52–01:54).

29 Zu Bodie siehe Jay 1988, 141–163.

30 Hochadel 2003, 69.

31 Siehe dazu ebd., 60–66; siehe auch Marvin 1990, 129–130.

32 Siehe ebd., 123–127.

33 Siehe dazu ebd., 119–121. Auch Tesla vermutete, die starke Elektrifizierung der Atmosphäre sei für die besondere Klarheit der Luft in Colorado

„The Real Transported Man"

Nachdem sein Teleportationstrick mit einem Double sich als unbefriedigend erwiesen hat, lässt Angier seine Geliebte und Assistentin Olivia (Scarlett Johansson) Bordens Notizbuch stehlen, in der Hoffnung, darin die Funktionsweise von dessen „Transported Man" zu finden. Er muss jedoch feststellen, dass die Aufzeichnungen codiert und ohne Schlüsselwort nicht dechiffrierbar sind. Um dieses zu erhalten, beerdigt er Bordens Trickingenieur (und heimlichen Zwilling) Fallon bei lebendigem Leib und tauscht die Information über dessen Aufenthaltsort gegen den Schlüssel zur Notizbuch-Chiffre (01:12). Auch das „Lebendig Begraben" als Trick hat unter Magiern Tradition: Ursprünglich ein Fakirtrick, reizte er selbstverständlich den Erfinder und Meister der Entfesselungstricks, Harry Houdini, der ihn allerdings nach einem Testlauf außerhalb der Bühne als zu gefährlich einstufte und niemals ausführte.[34] Das Schlüsselwort, das Angier von seinem Rivalen mit der Ergänzung, es enthülle auch das Geheimnis des „Transported Man" erhält, lautet „Tesla". Damit decodiert und liest er Bordens Notizbuch, welches sich allerdings beizeiten als ein weiteres nicht vertrauenswürdiges Medium herausstellt: Es adressiert den Dieb und offenbart, dass das Buch ihm absichtlich zugespielt wurde, um ihn in die Irre zu führen (01:19f). Wieder wird Angier zum Getäuschten, weil sein Umgang mit Medien, deren Nachrichten er für die Wahrheit hält, nicht kritisch genug ist. Er lässt es sich nicht nehmen, auch diesen Trick zu imitieren, indem er Borden wiederum seine eigenen Notizen zukommen lässt, die ihn als der Ermordung Angiers beschuldigten Gefangenen ansprechen (01:28) und so zeigen, dass dieses Spiel ebenfalls ein abgekartetes ist. Doch bevor es so weit kommt, folgt Angier nichtsahnend Bordens gelegter Spur aus magischen Brotkrumen nach Colorado Springs, wo er Nikola Tesla (David Bowie) aufsucht und ihn bittet, eine Teleportationsmaschine für seine Show zu bauen.

Tesla

Der realhistorische Physiker und Ingenieur Nikola Tesla hielt sich von Mai 1899 bis Januar 1900 in Colorado Springs am Rande der Rocky Mountains auf, wo er in einem eigens errichteten Labor mit

---

Springs und ihre außergewöhnlichen akustischen Qualitäten verantwortlich (siehe Tesla 2008, 111).

34 Siehe Daniel 2009a, 98.

Hochfrequenz-Hochspannungsstrom experimentierte und versuchte, seine zuvor entwickelte Methode der drahtlosen Energieübertragung zu verbessern. Auch wenn dessen Anwesenheit in Colorado Springs im Februar 1899[35] in *The Prestige* um einige Monate zu früh angesetzt ist, verwundert es nicht, dass ausgerechnet Tesla darin im Zusammenhang mit Teleportationstricks auftaucht, war er doch zum einen Pionier der drahtlosen Energieübertragung, zum anderen ein exzentrischer „Mad Scientist", der immerzu utopische Erfindungen ankündigte, besonders im Alter eigenartige Phobien entwickelte und womöglich unter Zwangsstörungen litt. Teslas Neigung, seine Entdeckungen und Erfindungen auf spektakuläre Weise vorzuführen, stieß auf die Kritik der Scientific Community, machte ihn aber auch über die Grenzen dieser hinaus bekannt. Beispielsweise demonstrierte er 1891 in London eine Anwendungsmöglichkeit drahtloser Energieübertragung mithilfe von Glühlampen, die er mit der bloßen Hand in ein elektrisches Feld hineinhielt, wo sie zu leuchten begannen.[36] Als eine Demonstration, die von einem Zaubertrick nicht weit entfernt ist, findet sie sich in The Prestige in der Szene referenziert, in der Tesla Angier zum ersten Mal trifft. Beim Handschlag gibt er diesem eine Glühbirne in die freie linke Hand, die zu leuchten beginnt, weil Tesla zuvor durch ein elektrisches Feld gelaufen ist und der Strom durch ihre beiden Körper geleitet wird (00:48). Auch das im Film gezeigte Experimentfeld mit in der Erde steckenden Glühlampen, die durch Induktion zum Leuchten gebracht werden (00:42), ist eines, das tatsächlich in ähnlicher Form in Colorado Springs durchgeführt wurde,[37] wo Tesla unter anderem die Eigenschaften der Erde als elektrischer Leiter untersuchte. Ebenfalls in *The Prestige* zu sehen ist, wie der Exzentriker sich - historisch nachweisbar - weigert, für einen Vortrag seine Spulen auszuschalten, woraufhin ein Großteil des Publikums angesichts der lauten Blitze den Raum verlässt (00:43). Teslas Assistent Alley[38] (Andy Serkis) referenziert daraufhin den Stromkrieg zwischen Tesla und Edison, wenn er hier vergeblich erklärt, die vermeintliche Gefahr sei nichts als ein Teil von Edisons Kampagne gegen Teslas überlegenen Wechselstrom. Tatsächlich konstruierte Edison beispielsweise den

---

35 Wir erfahren, dass Angier Tesla erstmalig am 8. Februar 1899 trifft, nachdem er bereits einige Zeit in Colorado Springs gewartet hat (00:47).

36 Siehe [ohne Autor] 1892.

37 Siehe Tesla 2008, 281–283.

38 Auch Mr. Alley ist eine historische Figur. Er ist auf einigen Fotografien aus Colorado Springs zu sehen.

oben erwähnten elektrischen Stuhl für eine Versorgung mit Wechselstrom, weil er diesen für gefährlicher hielt als den von ihm propagierten Gleichstrom. Dieser Umstand trug - ebenso wie Edisons öffentliche Demonstrationen der angeblich gefährlicheren Kraft des Wechselstroms bei Tiertötungen - dazu bei, dass eine Angst vor dem Wechselstrom geschürt wurde, die ganz im Sinne Edisons war.

Abb. 2: Tesla im Labor in Colorado Springs, Dezember 1899.

Seine Arbeit in Colorado Springs dokumentierte Tesla schriftlich und anhand zahlreicher Fotografien wie der oben abgebildeten, in der sein Hochfrequenzstrom genauso ungefährlich erscheint wie *The Prestige* vermuten lässt. Tatsächlich waren die Experimente nicht ganz harmlos: Tesla und seine Mitarbeiter trugen im Labor mit Korksohlen isolierte Schuhe gegen die Erdung und Watte in den Ohren zum Schutz gegen die Lautstärke der Entladungen.[39] Teslas Notizen machen keinen Hehl daraus, dass die gezeigte Fotografie doppelt belichtet wurde, da ein Aufenthalt im selben Raum mit den eingeschalteten Spulen lebensgefährlich wäre. Der sitzende Tesla

39 Siehe Cheney 2005, 172–173.

wurde separat aufgenommen und in das Bild ‚eingefügt', um die Größe der Entladung (über ca. 6 m Distanz) zu verdeutlichen.[40] Die Fotografie, die zunächst als Beweis für die Harmlosigkeit der von Tesla erzeugten elektrischen Entladungen erscheint, erweist sich also als eine Trickaufnahme.

Übertragung mit Nebenwirkungen

In Teslas Labor wandelt sich *The Prestige* zum Retro Science Fiction Film, indem die realhistorischen Begebenheiten verstärkt mit Elementen der Science Fiction vermischt werden. Der Physiker baut schließlich eine Maschine für Angier, die Menschen teleportieren soll, allerdings sieht er sich gezwungen, Colorado Springs zu verlassen bevor er die Technik perfektionieren kann. Die Maschine bleibt mit einem Makel zurück: sie transportiert nicht, sondern dupliziert. „Because exact science, Mister Angier, is not an exact science. The machine simply does not operate as expected" (01:21). Angier entschließt sich, das Gerät trotz Fehlfunktion, deren Nebenwirkungen er vorab testet (01:28 und 01:57), zu benutzen und inszeniert damit einen spektakulären Trick, bei dem er effektvoll unter Blitzen verschwindet und anschließend, mit einem dem Fortschrittsgeist des ausgehenden 19. Jahrhunderts entsprechenden „Man's reach exceeds his imagination!" auf den Lippen im Rang am gegenüberliegenden Ende des Theaters wieder auftritt (01:39). Einige Minuten später erfahren wir, wie Angier hinter den Kulissen mit der Störung seiner Technik umgeht: Der Zauberer wird instantan verdoppelt und einer der beiden Angiers – denn von einem Original und einer Kopie kann man hier kaum sprechen[41] – stirbt bei jeder der 100 Vor-

40 Siehe Tesla 2008, 277–279. In der Erläuterung zu einer anderen Fotografie erwähnt Tesla beiläufig, „[e]in Funken" dieser Entladung könne „tödlich sein" (ebd., 318).

41 *The Prestige* strotzt überhaupt nur so von Doppelgänger- und Paarmotiven (wie auch Nolans andere Filme): Zwei rivalisierende Zauberer bilden jeweils ein Paar mit ihrem Ingenieur (Fallon und Cutter); auch Tesla tritt mit einem Partner (Alley) und einem Rivalen (Edison) auf. Weiterhin sterben zwei Magier (Angier und Bordens Zwilling) für ihre Kunst, einer davon wird gehängt. Eine zweite Gehängte ist Bordens Frau Sarah, die Selbstmord begeht. Auch Angiers Frau stirbt; sie ertrinkt, wie später seine Doubles, im Wassertank. Des Weiteren verletzen zwei Personen einander, indem sie einen Trick des Anderen sabotieren (Angier schießt Borden in die Hand, dieser räumt später die Matratzen unter Angiers Falltür weg, sodass er sich das Bein bricht); ein weiterer Angeschossener

stellungen, die er vom „Real Transported Man“ gibt. Er fällt durch eine Falltür in den zuvor für einen Entfesselungstrick verwendeten Wassertank unter der Bühne und ertrinkt (01:42). Übrigens ist die Entfesselung unter Wasser, bei der Angiers Frau zu Beginn des Films zu Tode kommt (00:24), eine Erfindung Houdinis, der seine „Chinese Water Torture Cell“ erstmals 1913 in Berlin vorführte und bei der ebenfalls ein Assistent mit einer Axt bereitstand - ob zur Steigerung der Dramatik oder für den tatsächlichen Ernstfall, sei dahingestellt.[42] Teslas vermeintliches Übertragungsmedium in *The Prestige* überträgt nicht, sondern reproduziert. Da eine Verdopplung der Information, wenn man so will, aber nicht erwünscht ist, muss eine der beiden Kopien (beziehungsweise eines der beiden Originale) jeweils vernichtet werden. Seinem spektakulären Zaubertrick und dem Ruin seines Rivalen opfert Angier letztendlich sein eigenes Leben, und zwar über 100 Mal, bevor Bordens Zwilling am Ende das letzte Exemplar erschießt. Das ist das Opfer, das erforderlich ist, wenn die Störung des Mediums unsichtbar gemacht werden, wenn das Publikum an Magie, an das störungsfreie Funktionieren der Technik glauben soll.

Massenproduzierte Doppelgänger

Angiers Wahn, seinen Rivalen übertrumpfen zu müssen, lässt ihn in die Rolle des Vogels schlüpfen, der Teil einer mehrfach zu sehenden Nummer ist: In einer Version schlägt der Zauberer mit der flachen Hand auf den Faltkäfig, der flach durch eine Klappe im Zaubertisch fällt. Der Vogel darin wird zerquetscht. Anschließend wird ein ähnlich aussehender Vogel präsentiert, zum Beweis, dass er tatsächlich aus dem Käfig verschwunden ist (00:18f). Dieser Trick erweckt den Eindruck, der Vogel habe sich von einem Punkt zu einem anderen bewegt, was real nicht geschehen ist. Viele Zaubertricks basieren auf einer Simulation von Bewegung oder von Stillstand: wenn der Vo-

---

ist Cutter, auf den Bordens Zwilling schießt. Beide Zauberer haben einen heimlichen Doppelgänger für ihre Tricks, bis Bordens Double Angiers Double korrumpiert. Borden bildet darüber hinaus quasi mit sich selbst ein Paar, indem er sich ein Leben mit seinem heimlichen Zwilling teilt, weshalb er zwei Frauen hat, die ihn beide verlassen, wobei Olivia zuvor bereits einen anderen Magier, nämlich Angier, verlassen hat.

42 Zu dieser Nummer siehe Steinmeyer 2009b, 499. Dieser Trick ist in *The Prestige* anachronistisch platziert, etwa 25 bis 30 Jahre bevor Houdini ihn erstmals aufführte.

gelkäfig im Ärmel des Zauberkünstlers oder eine Person durch eine Falltür von der Bühne verschwindet, findet umgekehrt eine Bewegung statt, die das Publikum nicht wahrnehmen soll. Dazu muss sie so schnell erfolgen, dass die Grenzen der Wahrnehmungsfähigkeit der Zuschauerinnen und Zuschauer überschritten werden. Insbesondere der Vogel im Käfig erscheint in diesem Zusammenhang wie eine Konkretion der Illusion des Thaumatrops, eines optischen Spielzeugs, das um 1825 erfunden wurde und das (wie der Film) die Trägheit des menschlichen Auges ausnutzt: Es stellt eine Pappscheibe mit zwei an gegenüberliegenden Punkten an den Seiten befestigten Fäden dar, auf deren einer Seite beispielsweise ein Vogel, auf der anderen ein leerer Käfig abgebildet ist. Dreht man die Scheibe mithilfe der Fäden schnell genug, verschmelzen die beiden Motive und der Vogel erscheint im Käfig. Nach dem gleichen Prinzip verschmelzen siebzig Jahre später einzelne Bilder - mindestens 16 pro Sekunde - dank der Nachbildwirkung zu einer kontinuierlichen Bewegung auf der Kinoleinwand.

Darüber hinaus spiegelt Angiers wiederholter Tod eine Eigenschaft des Films wider. Auf einer minder abstrakten Ebene spielen Doppelgänger im Film bei Stunts eine Rolle, wobei sie - wie Angiers betrunkenes Double für den „New Transported Man" - nachdem sie mit Maske und Perücken zurechtgemacht wurden, möglichst wenig Präsenz vor dem Publikum zeigen sollen. Des Weiteren ist der Film selbst ein Medium, das Doppelgänger erschafft und zur endlosen Repetition ihrer Taten verdammt. Wie auch ihre Stunt-Doubles werden die Schauspieler auf der Filmrolle dupliziert, deren Verdopplung dann auf der Leinwand erscheint. Ähnlich funktionieren Angiers Doppelgänger in *The Prestige*: Sie werden an das gegenüberliegende Ende des Theaters ‚projiziert', und alles, was sie tun, ist am folgenden Abend die exakt gleiche Vorstellung zu geben, selbst dupliziert zu werden und schließlich eventuell zu sterben. So wie das Thaumatrop in *The Prestige* körperlich konkretisiert wird, wird auch die Fähigkeit des Films, Menschen quasi zu reproduzieren, im „Real Transported Man" konkretisiert.[43] Tausende von projizierten Doppelgängern auf Kinoleinwänden werden dabei zu Hunderten fleischgewordener Doubles des Zauberers, deren Leichname wir am Ende in den von Angier gelagerten Wassertanks schwimmen sehen (02:00). Im Zeitalter der technischen Reproduzierbarkeit sind der Replikation keine Grenzen gesetzt und Original

43 Diesen Hinweis verdanke ich Thomas Groh.

und Kopie nicht zu unterscheiden. Genau wie die Filmrolle, DVD oder BluRay von *The Prestige,* die uns den Film zu sehen erlaubt, selbst eine Kopie einer Kopie von einer ursprünglichen Filmrolle ist, lassen sich die Kopien von Kopien Angiers auf ein Original zurückverfolgen, das von Tesla die Maschine zum automatisierten Klonen erhalten hat. Angiers kopierte Zauberkunst ist im Gegensatz zur originellen, persönlichen und handgemachten Magie Bordens eine technisierte und entmenschlichte, in der das Original verloren geht. Wenn heute keine Filmrolle, sondern ein digitaler Datensatz die Grundlage der Kinokopien darstellt, sind die Abzüge vom Original nicht zu unterscheiden (im Gegensatz dazu würde es beispielswiese bei einer Filmrolle auf lange Sicht einen Qualitätsverlust geben) - ebenso wenig wie Angier und seine Klone unterscheidbar sind. „You're the lucky one today", beglückwünscht Borden den überlebenden Vogel (00:19) - genauso wie dieser wird Angier zum Opfer an die Zaubershow in einem Trick, der ebenso Bewegung simuliert, wo keine stattfindet; und auch er weiß nie, ob er der „lucky one" sein wird: Angier offenbart, es sei schrecklich gewesen, einhundert Tode zu sterben, „not knowing if I would be the man in the box or in the prestige" (01:57).

Zauber der Leinwand

Darüber hinaus besteht zwischen dem Film und der Zauberkunst eine historische Verbindung, die ich zum Schluss erwähnen möchte. Im Jahr 1888 erhielt das ehemalige Théâtre Jean Eugène Robert-Houdins einen neuen Besitzer. Der junge Käufer, ein Mann namens Georges Méliès, hatte 1884 einige Zeit in London verbracht, wo er die großen Zaubershows in der Egyptian Hall besucht hatte. Später ließ er sich, wieder in Paris, seinen Erbanteil an der Fabrik seines Vaters auszahlen und investierte diesen in den Kauf des kleinen Theaters, in dem er wieder Zauberkünstler auftreten ließ (zum Beispiel Buatier de Kolta, der u.a. als Erfinder der erwähnten Nummer gilt, bei der ein Vogel samt Käfig verschwindet)[44] und gelegentlich selbst Tricks vorführte, unter anderem mit gekauften und von ihm selbst nachgebauten Zauberautomaten Robert-Houdins. Nachdem er 1895 der ersten Vorführung des Cinématographen der Gebrüder Lumière beigewohnt hatte, wurde Méliès von der Faszination für

44 Zur mutmaßlichen Funktionsweise von de Koltas Vogelkäfigtrick siehe Fischer 1978, 51–55.

das Kino gepackt, erwarb einen Zauberapparat *dieser* Art und begann, im ehemaligen Zaubertheater Filme zu zeigen.[45] Schließlich konstruierte er eine Kamera und fing an, selbst Filme zu produzieren, wobei er zunächst einige Zaubertricks für die Leinwand nachstellte,[46] bevor er seine berühmten fantastischen narrativen Kurzfilme wie *Le Voyage dans la lune* oder *L'Homme à la tête de caoutchouc* (beide 1902) drehte. Seine Filme markieren die Geburt der filmischen Spezialeffekte, ohne die die heutige Kinolandschaft nicht vorstellbar wäre. Auf diese Weise erscheinen die Trickaufnahmen in Méliès' Filmen, welche er ab 1897 in einem Filmstudio drehte, das in seinen Ausmaßen sowie im Vorhandensein von Falltüren etc. der Bühne im Théâtre Robert-Houdin entsprach, als direkte historische Nachfolger der Zaubershows, die er zuvor dort ausrichtete. Das immer spektakulärer werdende Kino animierte die Zauberer, die mit dieser Form der Abendunterhaltung konkurrieren mussten, zur Erfindung neuer, immer waghalsigerer Tricks in der ersten Hälfte des 20. Jahrhunderts. Allerdings war es auch das Kino, das die Zauberkunst schließlich in den Hintergrund drängte.

> Wenn heute das Publikum nur noch selten Zaubervorstellungen besucht, so heißt das nicht, dass das Magische verschwunden wäre, sondern dass im Gegenteil unsere Kultur gänzlich von ihm durchdrungen ist. Kino, Fernsehen und Computerspiele haben sich weidlich aus der Trickkiste der Zauberkünstler bedient.[47]

Womit *The Prestige* als Hybrid aus Period Piece und Retro Science Fiction uns letztendlich zurücklässt, ist die Doppeldeutigkeit jeder Zaubershow, die sich stets auf der Grenze zwischen dem Technisch-

---

45 Laut Steinmeyer kaufte Méliès seinen Filmprojektor beim Instrumentenbauer R. W. Paul, auf Vermittlung seines Londoner Magierkollegen David Devant, dessen Filmvorführungen in der Egyptian Hall bereits sehr erfolgreich waren. Devant drehte auch selbst Filme, zeichnete dabei u.a. seine Tricks auf und vertrieb später als Agent Méliès' Filme in England (siehe Steinmeyer 2005b, 133f).

46 Caveney nennt hier de Koltas berühmte „verschwindende Dame" (Méliès' *Escamotage d'une dame au théâtre Robert Houdin*, 1896) sowie David Devants „Künstlertraum" (Méliès' *Le Portrait mystérieux*, 1899), bei dem ein Gemälde einer Frau zum Leben erwacht, als diejenigen Tricks, die Méliès zu Kurzfilmen inspirierten (siehe Caveney 2009b, 198). Tatsächlich sind die meisten seiner Filme von Zaubertricks inspiriert, auch wenn sie diese nicht durchspielen, sondern in Spezialeffekte umwandeln.

47 Steinmeyer 2009a, 70.

Rationalen und dem Mystisch-Wunderbaren bewegt. Der Reiz der Zaubershow besteht im Sich-Einlassen auf die Vorstellung, es könnte sich doch um ‚echte' Magie handeln - ein Impuls, den der „Real Transported Man" bejaht: Es gibt hier keinen Trick, keine Täuschung, es handelt sich um ‚echte' Magie. Wofür Teslas Apparat hier einsteht, ist nichts anderes als die Filmtechnik, die uns die alltägliche Magie von heute bringt, eine bewegte Welt unendlicher Möglichkeiten.

Bibliographie

[ohne Autor] (1892): A New Electric Light. In: Popular Science Monthly 41:5. 137–138. <http://en.wikisource.org/wiki/Popular_Science_Monthly/Volume_41/May_1892/Popular_Miscellany> [Letzter Zugriff: 03.03.2012].

Canby, Edward T. (1963): Geschichte der Elektrizität. [ohne Ort (Schweiz)].

Caveney, Mike (2009a): Die Meister des Goldenen Zeitalters. In: Daniel, Noel C. (Hrsg.): Magic, 1400s–1950s. Köln. 357–367.

Caveney, Mike (2009b): Von der schwarzen Magie zur modernen Zauberkunst. In: Daniel, Noel C. (Hrsg.): Magic, 1400s–1950s. Köln. 189–199.

Cheney, Margaret (2005): Nikola Tesla. Erfinder, Magier, Prophet. Über ein außergewöhnliches Genie und seine revolutionären Entdeckungen. Aachen.

Clarke, Arthur C. (1982): Profiles of the Future. An Enquiry into the Limits of the Possible. London.

Daniel, Noel C. (2009b): Die Wundermacher. 500 Jahre magisches Showbusiness. In: Daniel, Noel C. (Hrsg.): Magic, 1400s–1950s. Köln. 14.

Descartes, René (2004): Meditationen. Herausgegeben von Andreas Schmidt. Übersetzt von Rüdiger Rufener. Göttingen.

Felderer, Brigitte/Strouhal, Ernst (2007): Am Spielplatz rarer Künste. Zu den Geschichten der Zauberkunst - eine Einleitung. In: Felderer, Brigitte/Strouhal, Ernst (Hrsg.): Rare Künste. Zur Kultur- und Mediengeschichte der Zauberkunst. Wien. 11–31.

Fischer, Ottokar (1978): Das Wunderbuch der Zauberkunst. Zürich.

Hochadel, Oliver (2003): Öffentliche Wissenschaft. Elektrizität in der deutschen Aufklärung. Göttingen.

Hoffmann, Professor [i.e. Angelo Lewis] (1876): Modern Magic. London.

Jay, Ricky (1988): Sauschlau & feuerfest. Menschen, Tiere, Sensationen des Showbusiness: Steinfresser, Feuerkönige, Gedankenleser, Entfesselungskünstler und andere Teufelskerle. Offenbach am Main.

Marvin, Carolyn (1990): When Old Technologies Were New. Thinking About Electric Communication in the Late Nineteenth Century. Oxford (u.a.).

Platon (2000): Der Staat. Herausgegeben von Thomas Alexander Szlezák. Übersetzt von Rüdiger Rufener. Düsseldorf.

Robert-Houdin, Jean Eugène (1969): Die Memoiren des Robert-Houdin, König der Zauberer. Herausgegeben von Alexander Adrion. Düsseldorf.

Sandgruber, Roman (1992): Strom der Zeit. Das Jahrhundert der Elektrizität. Linz.

Steinmeyer, Jim (2005a): The Glorious Deception. The Double Life of William Robinson, aka Chung Ling Soo the ‚Marvellous Chinese Conjurer'. New York.

Steinmeyer, Jim (2005b): Hiding the Elephant. How Magicians Invented the Impossible. London.

Steinmeyer, Jim (2009a): Das Leben und den Tod beschwören. Das Wesen der Illusion. In: Daniel, Noel C. (Hrsg.): Magic, 1400s–1950s. Köln. 65–71.

Steinmeyer, Jim (2009b): Ketten, Klingen, Kugeln und Feuer. Gefahr und Wagnis in der Zauberkunst. In: Daniel, Noel C. (Hrsg.): Magic, 1400s–1950s. Köln. 495–503.

Tesla, Nikola (2008): Colorado Springs Aufzeichnungen. Peiting.

Weiher, Sigfrid von/Wagner, Bernhard (1991): Tagebuch der Telekommunikation. Von 1600 bis zur Gegenwart. Berlin.

Filmographie

Nolan, Christopher: Prestige. Die Meister der Magie. DVD. 125 Min. Deutschland: Warner 2007 (USA 2006).

Internetquellen

Ausschnitt aus The Paul Daniels Magic Show (BBC, 1979–1994). <http://www.youtube.com/watch?v=-Ht_afydffk> [Letzter Zugriff: 04.03.2012].

Bildnachweis

Abb. 1: Screenshot: The Prestige, oben genannte DVD.

Abb. 2: online verfügbar bei WikiMedia Commons, <http://de.wikipedia.org/w/index.php?title=Datei:Tesla_colorado_adjusted.jpg&filetimestamp=20111106131721>. [Letzter Zugriff: 04.03.2012].

Jakob Christoph Heller

Zeug, Zeichen, Paranoia. Medien- und zeichentheoretische Überlegungen zu Peter Handkes *Die Angst des Tormanns beim Elfmeter* und Witold Gombrowiczs *Kosmos*

Einleitung

In einem kleinen Aufsatz zur Grundlegung der Medienphilosophie traf die Philosophin Sybille Krämer eine banale, aber dennoch notwendige Erkenntnis: „Die Phänomene sind stets reicher als die Begriffe, die wir uns von ihnen machen."[1] Diese These, Teil ihrer „Metaphysik der Medialität", entspricht einer Grundüberzeugung dieses Aufsatzes. Gleiches gilt für die Komplementärthese: „[I]ndem Medien ‚erscheinen lassen', wird das, was dabei erscheint, zugleich transformiert, manchmal auch unterminiert. Kraft seiner Medialität birgt ein Vollzug immer auch einen Überschuss gegenüber dem, was vollzogen wird."[2] Medien sind Bedingung der Möglichkeit von Bedeutung, zugleich gibt es aber eine Differenz, einen Überschuss oder einen Mangel, die durch die Medialisierung selbst erzeugt werden.

Die Schwierigkeit dieser Position ist evident: Wenn Medien Bedeutung erst ermöglichen, so drängt sich die Frage nach der ‚vormedialen' Realität, sei sie ein rohes Sein oder eine metaphysische Wahrheit des Dings, regelrecht auf[3] – und bleibt unlösbar: „Da es [...] keine Bedeutung ohne Medien geben kann, lässt sich" der Verdacht medialer Beeinflussung der Bedeutung „prinzipiell nicht ausräumen"[4] kommentiert Alexander Roesler in seinem Entwurf einer

1 Krämer 2003, 83.

2 Ebd.

3 Dies gilt insbesondere im Horizont eines ‚apokalyptisch' grundierten Medienapriorismus. So stellen Alice Lagaay und David Lauer fest, „dass die Tendenz zu geschichtsphilosophischen Narrativen, die [...] apokalyptische Verlust- oder Gewinnrechnungen der Mediengeschichte aufmachen, gerade dort handgreiflich wird, wo sich ein starker Medienapriorismus mit der Idee einer zu einem bestimmten Zeitpunkt einsetzenden Mediengeschichte verbindet, die einen a-medialen Urzustand ausstreicht." (Lagaay/Lauer 2004, 27.)

4 Roesler 2003, 49.

zeichentheoretisch fundierten Medienphilosophie. Roesler geht noch einen konsequenten Schritt weiter: Auch der Gegenstand ist „ohne Medien nicht kategorisierbar, begreifbar, benennbar", es kann „keine absoluten Singularitäten geben."[5]

Wir haben damit zwei für uns entscheidende Paradigmen zumindest angerissen: Erstens ist jede Bedeutung nur vermittelt. Und zweitens ist jeder Gegenstand über das Vorhandensein einer medialen Kodierung zu benennen und zu verstehen. Der Zugang zum ‚Zeug' - um den Begriff Martin Heideggers zu gebrauchen, der damit die verwendbaren und in einen ‚Verweisungszusammenhang' eingebundenen Dinge unserer Umgebung meint[6] - ist unter medienphilosophischen Gesichtspunkten immer ein zeichenhafter.

Diese Zeichenhaftigkeit der Dinge erfordert einen kompetenten Agenten, der in der medienspezifischen Form der Dekodierung bewandert ist. Vilém Flusser belegte dies anhand der sogenannten ‚Technobilder' - Icons, Fotografien, Filme -, deren richtiges Verständnis wir erst erlernen müssen.[7] Ich möchte dies im Folgenden verallgemeinern: Die Verständnis der Botschaft erfordert ein bestimmtes subjektives Wissen, die Kenntnis ihres - sie immer auch transformierenden - Mediums bzw. Codes.

Wenn Medien also die Wahrnehmung des Gegenstandes bedingen, so gilt das im Sinne Roeslers nicht nur für die ‚klassischen Medien' - Film, Schrift, Photographie - sondern gleichermaßen für wahrgenommene Dinge im Allgemeinen. Es gibt in allem Wahrgenommenen Bedeutung, es gilt nur, sie zu verstehen, kompetent in der Übersetzung des jeweiligen, historisch wandelbaren Codes zu sein; diese Volte basiert auf dem, was man ein medientechnisches Apriori nennen kann: Der Wandel von Medientechniken führt zur Wandlung von Bedeutungskonstitution; Medien ermöglichen Bedeutung, und komplementär ist es Aufgabe des Rezipienten, das Vermittelte zu decodieren und als solches zu erkennen.

Aus dieser Perspektive ergibt sich ein Problem für den intentionalen Beobachter: Gibt sich die Bedeutung eines Dings nicht zu verstehen,

---

5 Ebd., 50–51.

6 Siehe Heidegger 1977, 90–110.

7 Siehe Flusser 1998. Flusser bezieht sich dabei insbesondere auf die Produktionsweise des Technobildes (siehe ebd., 137), das von einem Apparat-Operator-Komplex ‚inszeniert' ist. Der ‚ungeschulte' Betrachter neigt dazu, diesen artifiziellen Charakter zu übersehen.

so kann vermutet werden, dass der Rezipient nicht kompetent ist – oder einfach nicht ‚richtig' schaut. Der Verdachtsmoment einer Bedeutung, die verborgen bleibt und aus dieser Verborgenheit geborgen werden muss, kann man mit dem Psychologen David Shapiro als Paranoia bezeichnen. In seinem einflussreichen Werk *Neurotic Styles* definiert er Paranoia als auf Projektion – der Zuschreibung von Propositionen und Intentionalität – aufbauende Form übersteigerter ‚suspiciousness'. Paranoia ist eine Art Amok laufende Hermeneutik:[8]

> The projective process is completed and a projection may be said to exist when the paranoid person, in a certain state of tension and biased expectancy vis-à-vis the external world, turns his attention towards an object and seizes on a clue the significance of which convinces him of some motive, intention, or the like and thereby crystallizes his biased expectancy in some concrete shape.[9]

Der paranoide Charakter ist der Überzeugung, dass die ihn umgebende Außenwelt in jedem Detail eine bestimmte, ihn betreffende und ihm letztlich zugängliche Bedeutung hat. Seine Interpretationen zielen auf diese Detailbedeutungen und fügen sie in ein um das Ego organisiertes Gesamtbild ein. Auch liegt hier ein hermeneutischer Zirkel vor: Der Paranoiker fokussiert seine Aufmerksamkeit

> on some feature or aspect of [the object; J.C.H.] that is for him a clue, and his mind is on that clue's significance. His interest and attention is drawn to the discovery of that clue in the first place by a biased expectancy, […] and the clue, once found, is understood according to the same bias. Such expectancy or bias need not itself to be conscious, but it determines what is of conscious interest, what next seems important and what does not[.][10]

Ich möchte im Folgenden mit Witold Gombrowiczs *Kosmos* und Peter Handkes *Die Angst des Tormanns beim Elfmeter* zwei Romane vorstellen, in denen der Zusammenhang von Mediatisierung, paranoischer Hermeneutik und Sinndestruktion verhandelt wird. Beide Romane erschienen nur wenige Jahre voneinander entfernt – *Kosmos* im Jahr 1965, *Die Angst des Tormanns* dann 1970 – und werden oft-

---

8 Zur Ähnlichkeit von Paranoia und Hermeneutik im Kontext der Postmoderne siehe auch Fisher 1992.

9 Shapiro 1999, 70–71.

10 Ebd., 72.

mals dem *Nouveau Roman* zugeordnet.[11] In beiden Romanen wird, und darauf will sich der vorliegende Aufsatz konzentrieren, die Frage nach der Möglichkeit von Weltordnung und Weltverstehen verhandelt. Beide Werke bedienen sich zu diesem Zweck medialer Dispositive als ordnende bzw. perspektivierende Funktionen. Vor allem aber kann man in beiden Romanen die verzweifelten Bemühungen der Protagonisten - Witold in *Kosmos* und der Monteur Josef Bloch in Handkes *Angst des Tormanns* - beobachten, das Scheitern der paranoischen Konstitution einer signifikanten Welt zu verhindern.

Dieses Scheitern zeigt sich schon in der Anlage des *plots* bzw. *discours* der Werke: Die einzelnen Ereignisse liegen scheinbar unverbunden beieinander, eine kausal gegliederte und intersubjektiv vermittelte Ereigniskette fehlt. Wie der Ich-Erzähler Witold treffend kommentiert: „Ich weiß überhaupt nicht, ob das eine Geschichte ist. So ein ständiges... Ansammeln und Zerfallen... von... Elementen kann man schwerlich als Geschichte bezeichnen."[12]

Die Angst des Tormanns beim Elfmeter

Beginnen möchte ich die Analyse mit Handkes *Die Angst des Tormanns beim Elfmeter*. Wie bekannt handelt die Erzählung von dem ehemaligen Torwart und Monteur Josef Bloch, der - ganz kafkaesk - eines Morgens erfährt, dass er entlassen ist:

> Jedenfalls legte Bloch die Tatsache, daß bei seinem Erscheinen in der Tür der Bauhütte, wo sich die Arbeiter gerade aufhielten, nur der Polier von der Jause aufschaute, als eine solche Mitteilung aus und verließ das Baugelände.[13]

Der fehlende Begründungszusammenhang dieser Auslegung sticht ins Auge, und wiederholt sich fast leitmotivisch das ganze Werk hindurch. Bloch verlässt seinen Arbeitsplatz, geht ins Kino, fühlt sich zur Kassiererin sexuell hingezogen, mietet sich in ein Hotel ein, geht wieder ins Kino, sitzt im Kaffeehaus, liest Zeitungen, geht ins Kino, begegnet wieder der Kassiererin, folgt ihr, schläft bei ihr, früh-

---

11 Siehe Neumann 1992, 124-127 und Bartoszyński 1984.

12 Gombrowicz 1985, 166. Im Original: „W ogóle nie wiem, czy to jest historia. Trudno nazwać historią takie ciągłe... skupianie się i rozpadanie... elementów..." (Gombrowicz 1970, 146).

13 Handke 1972, 7.

stückt mit ihr und erwürgt sie, weil sie „von Dingen, von denen er ihr gerade erst erzählt hatte, schon wie von ihren eigenen Dingen redete“[14], während er das von ihr Erzählte nur wie in Anführungszeichen erwähnt. Das Verbrechen, ausgelöst durch ein Gefühl der Enteignung durch die Sprache und in der Sprache,[15] behält den Charakter eines *acte gratuit*, es ist kausal nur schwer rückzubinden an das Verhältnis zwischen Bloch und der Frau.

Nach der Tat schläft Bloch in der Wohnung der Ermordeten ein, erwacht und fährt zu einer alten Freundin, die ein Gasthaus an der österreichischen Grenze gepachtet hat. Auf den verbleibenden achtzig Seiten des Romans passiert im Grunde genommen nichts. In endlosen Variationen sehen wir Bloch Zeitungen lesen, seine Umwelt missdeuten, in ihr Bedeutungen finden, die nicht intendiert sind, sich in sozialen Situationen verirren – die lebensweltliche und unmittelbare Hermeneutik des umweltlich begegnenden Mitseins scheitert immer wieder, immer von Neuem. Um eine Textstelle exemplarisch ausführlicher zu zitieren:

> Bloch, der in der offenen Tür stand, sagte, das habe er nicht gemeint. Sie hatte aber gerade den Wasserhahn aufgedreht, so daß sie ihn dann bat, den Satz zu wiederholen. Bloch antwortete darauf, in den Zimmern seien viel zu viele Schränke, Truhen und Kommoden. Das Mädchen erwiderte, ja, und dafür gebe es in dem Gasthof eben viel zuwenig Personal, wie die Verwechslung vorhin, die auf Übermüdung ihrerseits zurückzuführen sei, beweise. Das habe er mit der Bemerkung über die Schränke nicht sagen wollen, antwortete Bloch, man könne sich nur in den Zimmern nicht richtig bewegen. Das Mädchen fragte, was er damit meine. Bloch antwortete nicht. Sie deutete sein Schweigen, indem sie das schmutzige Handtuch zusammenknäulte, oder vielmehr faßte Bloch das Zusammenknäueln des Handtuchs als Erwiderung auf sein Schweigen auf. Sie ließ das Tuch in den Korb fallen; Bloch antwortete wieder nicht, was sie, wie er glaubte, veranlaßte, die Vorhänge aufzuziehen, so daß er schnell in den dunkleren Gang hinaustrat. ‚Das wollte ich damit nicht sagen!‘ rief das Mädchen.[16]

---

14 Ebd., 20.

15 Für die Enteignung von Sprache als Problem von Präsenz und Repräsentation siehe Derrida 1989, 271–272.

16 Handke 1972, 40.

Aber nicht nur die soziale Interaktion scheitert an einem fast komödiantischen Missverstehen, einer falschen Kausalisierung. Es ist die gesamte Umwelt, die aus ihrem Verweisungszusammenhang, d.h. aus ihrer praktischen Eingebundenheit gelöst wird. Die Dinge werden im Heidegger'schen Sinne ‚auffällig' und begegnen in einem Modus der bloßen Vorhandenheit;[17] sie verlieren ihre „Verweisungen und Verweisungsganzheiten"[18], die erst einen alltäglich-praktischen Umgang mit ihnen erlauben.

Diese Auflösung und dieses Auffällig-Werden erscheinen in unterschiedlichen Ausformungen: Manchmal sind es quasimetonymische Operationen, die den hermeneutischen Zirkel provozieren:

> Bloch war gereizt. Innerhalb der Ausschnitte sah er die Einzelheiten aufdringlich deutlich: als ob die Teile, die er sah, für das Ganze standen. Wieder kamen ihm die Einzelheiten wie Namensschilder vor. ‚Leuchtschriften', dachte er. So sah er das Ohr der Kellnerin mit dem einen Ohrklips als ein Signal für die ganze Person[.][19]

Manchmal wird die Auflösung über einen Prozess der ‚Autorepräsentation' erreicht, das Ding vertritt sich selbst: Bloch „hatte [...] die Gegenstände so gesehen, als ob sie gleichzeitig Reklame für sich selber seien."[20] Dann wieder ist es die bloße imaginierte Zeichenhaftigkeit des Kontingenten: „Ob das Blinken etwas mitteilen sollte? Waren es Blinkzeichen?"[21] Immer aber lässt sich der Vorgang formalisieren als radikale Reduktion auf das Detailphänomen, das durch die Fokussierung der Wahrnehmung herausgehoben wird aus der Lebenswelt. Die Funktionalität innerhalb eines praxeologischen Rahmens wird aufgebrochen, nicht ein Wort gibt das andere – im Gegenteil: „‚Alles kommt einem wie eine Überschrift vor', dachte

17 Siehe Heidegger 1977, 99–102. Zur Möglichkeit, Handke und Heidegger produktiv zu verbinden, sei auf die ausgezeichnete Arbeit von Alexander Huber verwiesen (siehe Huber 2005), die sich jedoch primär auf das Spätwerk Handkes bezieht. Dagegen vertritt Klaus Bonn die These, die Bezüge seien nur „als Reminiszenzen zu werten [...]. Sie stammen aus Handkes bunt gespicktem Repertoire" (Bonn 1994, 16). Dem widerspricht, dass Handkes Konzeption von Welt, Sein und Sprache – unabhängig von offenen intertextuellen Markierungen – zu stark an Heidegger angelehnt ist, um nur „Reminiszenz" zu sein.

18 Heidegger 1977, 101.

19 Handke 1972, 76.

20 Ebd., 52.

21 Ebd., 43.

Bloch."[22] Aus der dem paranoischen Charakter entsprechenden Singularisierung der Dinge ergibt sich eine potentielle und zu entschlüsselnde Bedeutsamkeit:

> Diente der Gegenstand dazu, daß er sich versprach? [...] Es kam Bloch vor, als sollte er das Inventar des Raums aufzählen, damit die Gegenstände, vor denen er beim Aufzählen stockte oder die er ausließ, als Indizien dienen könnten.[23]

Der Mörder Bloch versetzt sich hier aus Sorge darum, entdeckt zu werden, in die Rolle des Detektivs. Wie Marielle Sutherland in einem Aufsatz feststellte, ist es Sprache, die „artificially orders reality, creating a semblance of coherence which reality itself does not inherently possess."[24] Alles, was Bloch begegnet, ist durch die Sprache bedeutungsvoll,[25] betrifft ihn auf eine Art und Weise, die er selbst nicht fassen kann, mit deren Klärung er sich aber ununterbrochen beschäftigt.

In diesem Prozess der Dislozierung des Sinns spielen Medien eine ambivalente Rolle. Einerseits zeigt uns die Lektüre des Romans die beruhigende Wirkung medialer Formate - seien es das Kino, das Radio, die Jukebox, die Landkarte oder die Zeitung: Innerhalb dieser technisch und technologisch markierten Medialisierungen findet eine Entspannung des Protagonisten statt. Das bloße Vorhandensein eines auch nur potentiellen Mediums ist mindestens Beruhigung für Bloch: „Das Telefon auf der Theke läutete; solange es läutete, hörte Bloch dem Gespräch nicht zu."[26] Einen noch stärkeren Fluchtaspekt

---

22 Ebd., 83.

23 Handke 1972, 83.

24 Sutherland 2003, 127.

25 Siehe auch Barry 1986, 94–95. Barrys These, die Sprache Blochs ließe sich als poetische Sprache beschreiben, da sie die konventionelle repräsentationale Bindung von Welt und Wort stört (siehe ebd., 98) ist in meinen Augen eine überzogene Einschränkung des kritischen Weltverhältnisses, das Handke in der Erzählung ausgestaltet. Des Weiteren führt die Fokussierung auf die ‚kreative' Dimension dazu, dass die rezeptive Problematik - die die Erzählung bestimmt - zu stark in den Hintergrund tritt. Inhaltlich ließe sich die These Barrys wesentlich treffender an Handkes Erzählung *Die Wiederholung* anschließen, in der - in Vermittlung über Heidegger - die ‚weltstiftende' Funktion des Poetischen in seiner besonderen Beziehung zur Sprache im Mittelpunkt steht. Siehe dazu Handke 1992 und Todtenhaupt 1992, 124–126.

26 Handke 1972, 57.

besitzt das Kino als Ort der Zerstreuung und passiven Rezeption,[27] der den Bedeutungszwang zeitweilig aussetzen lässt.

Aber damit nicht genug: Das Medium bietet auch den imaginären Rahmen, die imaginäre Redeordnung, die das Chaotische der Wahrnehmung bannt: „Er beschrieb sich die Vorgänge, als könnte er sie sich dadurch erst vorstellen, wie ein Rundfunkreporter dem Publikum. Nach einiger Zeit half es."[28] Die Verwendung eines medialen Dispositivs zur Ordnung des Chaos betrifft nicht nur die imaginäre Ebene, nicht nur das Bewusstsein des Protagonisten. Eine mediale Rahmung ist es auch, die das durch Bloch Fokalisierte prägt. Formulierungen wie „Wenn er hinausschaute, sah er den Ausschnitt des Marktplatzes"[29] oder „Der Gendarm verschwand aus dem Bild, und Blochs Aufmerksamkeit wurde ganz oberflächlich"[30] reproduzieren in ihrer Sprache eine kinematographische Wahrnehmung; die Terminologie der Medientechnologie ordnet die Erzählerrede, produziert eine Ordnungsfiktion: Gegen die erratischen Fragmente steht hier der Bildausschnitt, der objektive Blick der Kamera. In einer Verschiebung der Funktion des Kamera-objektivs auf eine narrative Ebene wird dieses zu einer paradoxen Instanz der fragmentalen Totalisierung. Was, wie jener Gendarm, aus dem Bild ist, bedarf keiner Aufmerksamkeit, ist keine Bedrohung mehr.

Das Medium wird sogar metapoetisch in seiner in der Sprache nicht aufgehenden Materialität in den Text geholt: „Zurück im Ort; zurück im Gasthof; zurück im Zimmer. Ganze neun Wörter, dachte Bloch erleichtert."[31] Es sind tatsächlich neun Wörter, nur ist hier ganz bewusst im Unklaren gelassen, auf welcher Ebene in der Textlogik sie sich befinden. Sind sie bloßer Kommentar des Erzählers oder, da die Erzählung ja zu großen Teilen intern fokalisiert ist, Teil eines autonomen inneren Monologs, einer indirekten Gedankenrede? Blochs Erleichterung würde auf letzteres hindeuten, jedoch spricht gerade der Grund der Erleichterung, die Zählbarkeit der Wörter, dagegen. Ihre Zählbarkeit ist ein Phänomen der Materialisierung, nicht der imaginären Präsenz der Gedanken. Anders gesagt: Gezählt werden Wörter nur im Schriftbild, Blochs Gedanken

---

27 Für eine psychoanalytische Lesart der Rezeptionssituation des Kinos als regressive Befriedigungsmöglichkeit von Schaulust siehe Mulvey 1985.

28 Handke 1972, 83.

29 Ebd., 75.

30 Ebd., 63.

31 Ebd., 70.

können nur als Verschriftlichte, Objektivierte von ihm der Zähloperation unterworfen werden. Mit dieser Verwirrung der Ebenen bringt der Erzähler die Schrift als materiellen Grund des Textes in den Text.

Die Materialität affiziert aber nicht nur die Sprache und durchbricht so die Illusion von unmittelbar gegebener Präsenz im fiktionalen Bewusstsein der Figur. Die Auflösung geht noch einen Schritt weiter, bis hin zur Verwendung von Icons, von graphischen Zeichen im Text.[32] Dem Leser selbst wird somit der Prozess der Übersetzung der phänomenalen Wahrnehmung in Sprache, in Bedeutung aufgebürdet.

In diesen Figuren kippt dann auch die Relation des Protagonisten zum Medium. Wenn, wie wir gesehen haben, ein mediales Dispositiv die Wahrnehmung Blochs steuert, so ist dem Kinogänger, Zeitungsleser und frenetischen Weltdeuter Bloch durchaus klar, dass mit der Mediatisierung auch eine Notwendigkeit von Bedeutung einhergeht. Das kinematographische Bild ist deswegen Bild, weil es etwas sagen soll. Oder, genauer formuliert: Was auf der Leinwand ist, wird gerade dadurch, dass es gerahmt ist – gleichsam durch die Performanz der Leinwand –, überhaupt bedeutsam. Die Leinwand als mediales Dispositiv ist die Bedingung der Möglichkeit von Sinn. Organisiert sich die Wahrnehmung nun entlang dieser Medienlogik, so ist alle Handlung – und damit auch die eigene – bedeutsam und sagt mehr als sie sagen soll: „Er mußte sich vor Wörtern in acht nehmen, die das, was er ausdrücken wollte, zu einer Art von Aussage machten."[33] Denn: „Alles kam ihm umgetauft vor."[34]

Die paranoische Hermeneutik der ambivalenten Mediennotwendigkeit baut damit auch auf einer anthropologischen Konstante auf, auf der von Derrida beschriebenen Expatriierung des Menschen aus der unmittelbaren Selbstgegenwart. Möchte man diesen Zusammenhang etwas komplizierter ausdrücken, so könnte man sagen: Die konstitutive Spaltung des Menschen wird transponiert in ein mediales Dispositiv, und umgekehrt affiziert das mediale Dispositiv die Selbstwahrnehmung; der Protagonist betrachtet sich und seine Mit-

---

32 Siehe ebd., 105.

33 Ebd., 80. Blochs ‚Sorge' ist die paranoische Umsetzung der von Derrida ausgearbeiteten Logik der Schrift, die – losgelöst von ihrem Urheber, zur ‚Aussage' gemacht – in jeden beliebigen Kontext zu setzen ist und das *vouloir-dire* außer Kraft setzt. Siehe Derrida 1999b, 339.

34 Handke 1972, 109.

seienden als mediatisiert, aus der ‚Eigentlichkeit' (oder dem Phantasma von ‚Eigentlichkeit') verschoben durch Fernseher, Zeitung, Landkarte oder Fernrohr.

Kosmos

Die Aushandlung der Frage nach Bedeutung, die uns in Handkes *Die Angst des Tormanns beim Elfmeter* begegnet, findet sich, wenn auch in transformierter und gewissermaßen abstrahierter, existentieller Form, auch in Gombrowiczs *Kosmos*. Zahlreiche Arbeiten betonen die philosophische Dimension seiner Erzählungen und Essays – in ihnen steht Gombrowiczs Auseinandersetzung mit der Erkennbarkeit von Welt im Mittelpunkt.[35] Als „Parodie Husserl'scher Intentionalität, aber auch Betonung des Tragischen des Subjekt-Objekt-Verhältnisses"[36] gelesen, erscheinen die Phänomenologie Edmund Husserls und Martin Heideggers Fundamentalontologie als wichtigste Intertexte für das Verständnis des Romans.[37]

Ich hingegen möchte im Folgenden ausgehend von der Fokussierung auf das ‚medientechnische Apriori' aufzeigen, wie bestimmte Medientechniken die Konstitution und Dekonstitution von Bedeutung und Zusammenhang im Roman lenken. Somit soll die ‚konventionelle' Lesart von *Kosmos* aufgebrochen werden.

Gombrowiczs Werk ist, wie auch Handkes Erzählung, ein Werk über die Möglichkeit und Unmöglichkeit des Erzählens selbst. Es zielt auf die Konstruktion einer totalen Ordnungsfiktion aus der Kontingenz der phänomenalen Welt. Aus dieser Perspektive begründet sich auch die Konzentration auf das kontingente Detail, auf das lebensweltliche Zeug, das „rather than being explored for its

---

35 Um auf die wichtigsten Arbeiten zu diesem Themenkomplex zu verweisen: Siehe Gall 2007; Cataluccio/Illg 1991; Bartoszyński 1984; Jarzębski 1982.

36 Cataluccio 1991, 10. Eigene Übersetzung, im Original: „‚parodia' husserlowskiej intencjonalności, ale także podkreślenie tragiczności stosunku podmiot-przedmiot".

37 Hier sei verwiesen auf Alfred Galls ausführliche Analyse der Zusammenhänge von Heidegger und *Kosmos*. Siehe Gall 2007, 337-383. Gall hat vielen vergleichbaren Arbeiten voraus, dass er die Differenz von Philosophie und Literatur in seiner Nutzung von Gilles Deleuzes und Félix Guattaris Konzepts der „maschinellen Verkettung" (ebd., 336) sowohl berücksichtigt wie auch transzendiert.

own sake, is constantly being related to attempts to organize it into rational series and patters, or in other words to the imposition of form[.]"[38] Dies zeigt sich bereits in der in ihren Einzelelementen nahezu banalen Handlung: Witold und sein Kumpane Fuks sind im Hochsommer aus der Großstadt nach Zakopane geflohen und finden unterwegs zu einem Gasthof einen gehängten Spatzen im Gebüsch. Dieses Zufallsereignis führt dazu, dass sie ihre ursprünglichen Pläne aufgeben und sich in einem in der Nähe befindlichen Hof einquartieren. Hier treffen sie auf die Haushaltsgehilfin Katasia, deren durch einen Unfall verunstalteten Mundwinkel sie assoziativ mit den Lippen der Tochter des Hauses, Lena, verbinden. Von nun an sind sie der festen Überzeugung, dass die „entschlüpfende Schlüpfrigkeit"[39] von Katasias Mundwinkel, Lenas Lippen und der gehängte Spatz nicht einfach nur kontingente Phänomene sind, sondern in einem wie auch immer gearteten Verhältnis zueinander stehen. Sie sind Zeichen, eine Botschaft, die Witold und Fuks zu entschlüsseln suchen. Die paranoische Detektivarbeit in der Sommerschwüle führt sogleich zu ersten Ergebnissen: Sie meinen Pfeile an der Zimmerdecke zu entdecken, werden von diesen Pfeilen zu einem aufgehängten Stäbchen im Garten des Hauses geführt. „[E]in gewisser Drang nach Sinn machte sich [...] bemerkbar [...]. [D]ie Lippe und das Stäbchen schienen verschwägert zu sein, ebenso wie die Lippe und der Spatz[.]"[40]

Schließlich findet sich in der Nähe des Stäbchens eine Deichsel in „eine[m] Haufen Gerümpel in der offenen Schuppentür"[41], die auf Katasias Stube zu zeigen scheint. Die Botschaft: Es gilt, Katasias Zimmer in ihrer Abwesenheit zu durchsuchen. Der nächtliche Einbruch bringt unter anderem eine in der Tischplatte steckende Nadel, einen Nagel, eine Schreibfeder, einen Hammer zum Vorschein – Banalitäten.[42] Als aber in diesem Moment das Schlagen eines Beils

38 Goddard 2010, 123.

39 Gombrowicz 1985, 10. Im Original: „oślizgłość uboczna" (Gombrowicz 1970, 10).

40 Gombrowicz 1985, 38–39. Im Original: „przebijało się w nich jakieś parcie ku sensowi [...]. Warga i patyk wydawały się na oko spowinowacone, a także warga i wróbel[.]"(Gombrowicz 1970, 35–36).

41 Gombrowicz 1985, 52. Im Original: „kup[a] rupieci w otwartych drzwiczkach budki" (Gombrowicz 1970, 47).

42 Und alles natürlich Dinge, die im Gegensatz zum aus der Lebenswelt herausgehobenen, vereinzelten ‚Indiz' eine alltägliche Funktion besitzen. Der von Witold aufgefundene Hammer lässt sich geradezu als eine An-

hörbar wird, kurz darauf Schläge aus Lenas Zimmer, scheint die Detektivarbeit am Ort des vermuteten Verbrechens eine bis dato vermisste Sinnhaftigkeit zu bekommen. Witold begibt sich zu Lenas Zimmer, schlägt seinerseits gegen die Zimmertür, was unbeantwortet bleibt. Die Wahrnehmungen und Kausalverbindungen werden fragwürdig. Als Witold nach draußen geht, sieht er Licht in Lenas Zimmer, klettert vom Wunsch getrieben, sie zu sehen, einen Baum hoch, wirft einen Blick in ihr Fenster - und sieht Ludwik, Lenas Ehemann, wie er ihr eine Teekanne zeigt. Witolds Reaktion gleicht einem psychischen Zusammenbruch:

> Es gibt so etwas wie ein Übermaß an Wirklichkeit, ihr Aufquellen bis zur Unerträglichkeit. Nach so vielen Gegenständen, die ich gar nicht alle aufzählen konnte, nach Nadeln, Fröschen, Spatz, Stäbchen, Deichsel, Schreibfeder, Schale, Pappdeckel etc. Schornstein, Kork, Riß, Rinne, Hand, Kügelchen usw. usw. Erdklümpchen, Gitter, Draht, Bett, Steinchen, Zahnstocher, [...] bis zum Überfluß - jetzt wie aus heiterem Himmel diese Teekanne, ohne Sinn und Verstand, extra, gratis, Luxus des Durcheinanders [...]. Genug. Es schnürte mir die Kehle zu.[43]

Witold klettert herunter, und erwürgt im Zustand der Verwirrung Lenas Kater. Folgerichtig hängt er ihn nach der Tat auf: „Er hing wie der Spatz, wie das Stäbchen, der Vollständigkeit halber."[44] Um abzukürzen: Am folgenden Tag machen Fuks und Witold die Familie mit ihren Überlegungen, ihren Indizienketten vertraut, denn schließlich ist nun evident, dass hinter dem Hängen ein System steckt, dass diese Serie etwas zu bedeuten hat, sich ein Irrer, ein Verbrecher, ein Sadist herumtreibt. Es folgen Verdächtigungen, Vermutungen, eine zwanghafte Suche nach Zusammenhang, nach Zeichen und weiteren Indizien. Bei einem Ausflug der Familie in die

---

spielung auf Heideggers Paradebeispiel für den angemessenen Umgang mit Zeug lesen. Siehe Heidegger 1977, 93.

43 Gombrowicz 1985, 70. Im Original: „Istnieje coś jak nadmiar rzeczywistości, jej spęcznienie już nie do zniesienia. Po tylu przedmiotach, których i wyliczyć bym nie mógł, igłach, żabach, wróblu, patyku, dyszlu, stalówce, skórce, tekturce etcetera, komin, korek, rysa, rynna, ręka, gałki itd. itd. grudki, siatka, drut, łóżko, kamyki, wykałaczka, [...] do przesytu, teraz ten czajnik, jak Filip z Konopi, ni to od Sasa, ni od Lasa, osobno, gratis, jak luksus bezładu [...]. Dość. Ścisnęła mi się krtań." (Gombrowicz 1970, 62).

44 Gombrowicz 1985, 72. Im Original: „Wisiał, jak wróbel, jak patyk, do kompletu." (Gombrowicz 1970, 64).

Berge, Witold und Fuks sind eigeladen, erhängt sich Ludwik ohne ersichtlichen Grund. Witold findet die Leiche, und steckt ihr seinen Finger in den Mund. Die Handlung ist aus Witolds Perspektive folgerichtig, gilt es doch, die Serie des Hängens mit der Serie der Münder wieder zusammenzuführen. Das Motiv des Selbstmordes bleibt unaufgeklärt, Witold kehrt nach Warschau zurück, und die Erzählung endet so banal wie ihre Ereignisserien es vermuten lassen: „Heute gab es Hühnerfrikassee zu Mittag."[45]

In seinem Tagebuch vermerkte Gombrowicz, er bezeichne *Kosmos*

> gern als ‚Roman über die Erschaffung von Wirklichkeit'. [...] Ich setze zwei Ausgangspunkte fest, zwei Anomalien, die sehr weit voneinander entfernt sind: a) ein erhängter Spatz; b) die Assoziation von Katasias Mund mit Lenas Mund. Diese beiden Rätsel beginnen nach Sinn zu verlangen. Eines durchdringt das andere, nach Einheit strebend. Es kommt zu einem Prozeß von Mutmaßungen, [...] etwas ist am Entstehen, [...] und diese finstere, unfaßbare Scharade wird nach ihrer Lösung rufen... wird suchen nach der aufhellenden, ordnenden Idee....[46]

Die zwei „Anomalien" des Romans werden von Gombrowicz, als sei es eine Versuchsanordnung, zu Beginn des Romans platziert und begründen von dort ausgehend - über die Vermittlung durch Fuks und Witold - alle Handlung, alle Bedeutungen des Romans.[47] Zwei kontingente Fragmente führen zu einer „Flut von Dingen, die nicht zu einer Wahrnehmungstotalität integriert werden können, weil sie

---

45 Gombrowicz 1985, 182. Im Original: „Dziś na obiad była potrawka z kury." (Gombrowicz 1970, 159).

46 Gombrowicz 2004, 911. Im Original: „chętnie nazywam ‚powieścią o tworzeniu się rzeczywistości'. [...] Ustalam dwa punty wyjściowe, dwie anomalie, bardzo od siebie odległe: a) wróbel powieszony; b) skojarzenie ust Katasi z ustami Leny. Te dwie zagadki zaczną domagać się sensu. Jedna przeniknie drugą, dążąc do całości. Rozpocznie się proces domysłów, [...] coś pocznie się tworzyć, [...] i ta mroczna szarada, niepojęta, wzywać będzie swego rozwiązania... szukać wyjaśniającej, porządkującej idei..." (Gombrowicz 1971, 174–175).

47 Gilles Deleuze spricht in Bezug auf die Serien von *Kosmos* von „zwei Reihen heterogener Differenzen [...] [, die] ihre wechselseitige Kommunikation über verschiedene Zeichen hinweg provozieren" (Deleuze 1992, 141) und schließlich Sinn produzieren. Siehe dazu auch Deleuze 1993, 60–61.

einen unabschliessbaren Verweishorizont aufspannen."[48] Witolds Problem ist, dass - wie er früh im Roman vermerkt - die „Welt fürwahr eine Art Aushängeschild [ist], ich kam nur so weit an sie heran, wie sie mich nicht erneut weiterschickte - die Dinge spielten mit mir Ball!"[49] Die Idee der paranoischen Hermeneutik findet hier ihren Ausdruck in einer Verweisungsstruktur, die von Signifikant zu Signifikant weiterleitet, ein Gleiten bewirkt, das Sinnversprechen an Sinnversprechen reiht. Man kann diesen Prozess im Sinne Derridas als *différance* beschreiben - er führt zu ,Verräumlichung' und ,Temporisation'.[50] Beide Bewegungen möchte ich für unsere Zwecke im Folgenden durchaus auch wörtlich verstehen.

Wie wir in den Zitaten aus *Kosmos* gesehen haben, artikuliert sich die ,Flut von Dingen' in Details, Fragmenten und Kleinigkeiten, deren Zeichencharakter fragwürdig ist, und nur durch einen Akt des Subjekts zu einem solchen wird. Witolds Ziel ist die totalisierende Abbildung der Zeichen, eine Konstruktion, die alle Indizien[51] versammelt und in eine sowohl kausale wie auch relationale Ordnung bringt. Witold verwendet für diese Abbildfunktion früh im Roman den Vergleich mit dem Medium ,Landkarte'. Dieser ist - so meine These - mehr als nur ein Vergleich:

> [D]ie verstauchte Zügellosigkeit Katasias, dieses Entschlüpfen ins Schweinische, hatte [...] gar nichts mit dem frischen Spaltweitgeöffnetsein der jungfräulichen Verschlossenheit von Lenas Lippen gemein, nur soviel, daß das eine ,bezüglich des anderen' war - wie auf einer Landkarte - wie auf einer Landkarte eine Stadt bezüglich einer anderen Stadt - überhaupt mischte sich mir eine Landkarte in den Kopf [...]. Diese ganze ,Verbindung' war eigentlich keine Ver-

---

48 Gall 2007, 345.

49 Gombrowicz 1985, 57. Im Original: „świat był doprawdy rodzajem parawanu i nie udzielał się inaczej jak tylko przekazując mnie wciąż dalej - rzeczy bawiły się mną w piłkę!" (Gombrowicz 1970, 51).

Im Original ist damit nicht die Rede von einem „Aushängeschild", sondern von „parawan", was sich als „Wandschirm", gleichermaßen aber auch als „Vorwand" übersetzen lässt. Wenn die Übersetzung hier also zwar nicht sinnentstellend ist, erscheint mir der Aspekt der Weiterverweisung bei gleichzeitiger Implikation einer dahinter verborgenen ,Wahrheit' bzw. Bedeutung im Original stärker zu sein.

50 Siehe Derrida 1999a, 39–42.

51 *Indizien* lautete bezeichnenderweise auch der deutsche Titel der Erstübersetzung des Romans.

bindung, es war ganz einfach der eine Mund betrachtet in bezug auf den anderen Mund, im Sinne des Abstands zum Beispiel, der Richtung, der Lage... nichts weiter...[52]

Die sich hier artikulierende Ordnung der Dinge ersetzt die Kausalstruktur durch eine bloß relationale mit dem Ziel, diese Konstruktion als Repräsentation der Ordnung der Welt zu behaupten. Die Abbildung aller kontingenten Faktoren auf einer Fläche erzeugt in einem ersten Schritt einen Zusammenhang in der Abbildung bzw. Möglichkeit der Abbildung selbst. Gleichzeitig ist dieser Prozess der ‚Relationalisierung' Antriebsfeder der Handlung, da er Bedeutung impliziert. Anders ausgedrückt: Ausgehend von der Überzeugung, dass das Medium der Karte eine Repräsentation der Realität ist, ist die Möglichkeit der Kartographierung die Bedingung der Möglichkeit von Bedeutung.[53] Die Maschinerie von *Kosmos* ist somit die Verschaltung der ‚Verräumlichung' durch das Medium der Karte mit der ‚Temporisation' linearer Handlung, die den in der Karte implizierten Repräsentationsmoment einholen möchte.

Die Karte wird verwendet als letztlich rhetorische Strategie zur Herstellung eines Gesamtbildes, das ohne die Technik der Karte nicht herstellbar wäre - die Karte ist Simulation von Geschlossenheit und Ordnung. Es bietet sich an, hier an John Brian Harleys Kritik der Kartographie zu erinnern: „The steps in making a map - selection, omission, simplification, classification, the creation of hierarchies, and ‚symbolization' - are all inherently rhetorical."[54]

Die mediale Strategie der Abbildung konstituiert supplementär zur undurchdringlichen, ungeordneten Lebenswelt ein Ordnungs-

---

52 Gombrowicz 1985, 19. Im Original: „[W]ywichnięta rozwiązłość katasina, ten jej umyk w świństwo, nie miał nic [...] wspólnego że świeżym rozchyleniem dziewiczego stulenia wargowego Leny, tyle tylko, że jedno było ‚względem drugiego' - jak na mapie - jak na mapie jedno miasto względem drugiego miasta - w ogóle mapa wmieszała mi się do głowy [...]. Ten cały ‚związek' nie był właściwie związkiem, były to po prostu jedne usta rozpatrywane w odniesieniu do drugich ust, w sensie odległości na przykład, kierunku, położenia... nic więcej..." (Gombrowicz 1970, 17).

53 Meines Wissens verwies zuerst Michael Goddard auf das ‚map-making' (siehe Goddard 2010, 126–128) als grundlegende Strategie zur Relationalisierung der Serien von Mündern und gehängten Dingen. Leider übersieht er in seiner Fokussierung auf den *spatial turn* die Medientechnik, die sich hier als fundamentale Ordnungsfigur offenbart.

54 Harley 1989, 11.

phantasma. Und wie schon in der *Angst des Tormanns beim Elfmeter* begegnet uns auch hier eine Art *Feedback*-Effekt des medialen Dispositivs: Die Ordnungs- und Repräsentationsillusion der Landkarte impliziert den Zwang zur sinnhaften Anordnung aller Elemente. Es muss eine Regel der Ordnung vorhanden sein oder erfunden werden. Aus diesem Grund ist die Wucherung der Serie, der Fragmente, auch etwas, dem der Erzähler mit Angst begegnet:

> [D]as Elend war, daß es so viel war, das Labyrinth wucherte in die Breite, eine Vielzahl von Gegenständen, Vielzahl von Orten, Vielzahl von Ereignissen, ist es nicht so, daß jede Pulsation unseres Lebens sich aus Milliarden Partikeln zusammensetzt, was soll man da machen?[55]

Gerade die Tatsache, dass Witold wie ein Kartograph, wie ein unbeteiligter Beobachter - bezeichnenderweise heißt es an einer Stelle, er habe „zeitweilig gar den Eindruck [...], mich und die anderen durch ein Fernrohr zu sehen, von weitem"[56] - an die Konstruktion der Wirklichkeit herangeht, lässt ihn daran scheitern.

Aus der Lebenswelt, in der der Verweisungszusammenhang eine praxeologisch begründete und prinzipiell offene Ordnung garantiert, entfernt er sich hin zu der Aufgabe, jedem Element seinen Ort und damit Sinn in der Repräsentation der Gesamtheit zuzuweisen. Darin scheitert er tragikomisch, zurückgeworfen in die Lebenswelt, bei „Hühnerfrikassee zu Mittag".

Schluss

Ausgehend von der Idee, zeitgenössische Medientheorie mit einer ‚paranoischen' Hermeneutik zusammenzubringen, erfolgte die Auseinandersetzung mit zwei Romanen, die in ihrem *plot* und ihrer Erzählhaltung die Frage nach Bedeutung und Sinn ausführlich verhandeln, damit auch einen metapoetischen Aspekt integrieren, vor allem aber auf das Vorhandene als potentiell Verweisendes fokussieren. Ich wollte zeigen, inwiefern mediale Dispositive als organi-

---

55 Gombrowicz 1985, 90. Im Original: „[B]ieda, że tego było tak dużo, labirynt rozrastał się, mnóstwo przedmiotów, mnóstwo miejsc, mnóstwo zdarzeń, czy nie jest tak, że każda pulsacja naszego życia składa się z miliardów drobin, co robić?" (Gombrowicz 1970, 80).

56 Gombrowicz 1985, 113. Im Original: „aż miałem chwilami wrażenie, iż siebie i innych widzę przez lunetę, z oddalenia." (Gombrowicz 1970, 110).

sierende Faktoren der Sinnkonstitution in beiden Romanen eine Rolle spielen, inwiefern somit eine Lektüre der Werke als Verhandlungen epistemologischer Fragestellungen reduktiv ist. Dies geschah um den Preis, die Analyse selbst auf nur wenige Aspekte der Romane zu beschränken. Dennoch konnte gezeigt werden, dass die Werke ihr eigentliches Zentrum - ihren Antrieb - in der Applikation medialer Wahrnehmungsdispositive bei der Fokalisierung der Lebenswelt haben und vorführen, dass dies zu einem Scheitern des Protagonisten führt. Somit können die Texte Handkes und Gombrowiczs auch als Zeugnisse einer kritischen Perspektive auf die Mediatisierung der Welt gelesen werden - wesentlicher noch führen sie aber vor, wie die Mediatisierung zum konstitutiven formalen Element anderer Künste werden kann.

Bibliographie

Barry, Thomas F. (1986): Language, Self, and the Other in Peter Handke's ‚The Goalie's Anxiety at the Penalty Kick'. In: South Atlantic Review 51:2. 93–105.

Bartoszyński, Kazimierz (1984): Kosmos i Antynomie. In: Łapiński, Zdzisław (Hrsg.): Gombrowicz i Krytycy. Kraków/Wrocław. 655–691.

Bonn, Klaus (1994): Die Idee der Wiederholung in Peter Handkes Schriften. Würzburg.

Cataluccio, Franceso M. (1991): Gombrowicz Filozof. Übersetzt von Katarzyna Bielas. In: Ders./Illg, Jerzy (Hrsg.): Gombrowicz Filozof. Kraków. 5–21.

Cataluccio, Francesco M./Illg, Jerzy (Hrsg.) (1991): Gombrowicz Filozof. Kraków.

Deleuze, Gilles (1992): Differenz und Wiederholung. Übersetzt von Joseph Vogl. München.

Deleuze, Gilles (1993): Logik des Sinns. Übersetzt von Bernhard Dieckmann. Frankfurt am Main.

Derrida, Jacques (1989): Die soufflierte Rede. In: Ders.: Die Schrift und die Differenz. Übersetzt von Rodolphe Gasché. Frankfurt am Main. 259–301.

Derrida, Jacques (1999a): Die différance. Übersetzt von Eva Pfaffenberger-Brückner. In: Ders.: Randgänge der Philosophie. Herausgegeben von Peter Engelmann. Wien. 31-56.

Derrida, Jacques (1999b): Signatur Ereignis Kontext. Übersetzt von Donald Watts Tuckwiller. In: Ders.: Randgänge der Philosophie. Herausgegeben von Peter Engelmann. Wien. 325–351.

Fisher, Linda (1992): Hermeneutics of Suspicion and Postmodern Paranoia. Psychologies of Interpretation. In: Philosophy and Literature 16:1. 106–114.

Flusser, Vilém (1998): Kommunikologie. Herausgegeben von Stefan Bollmann und Edith Flusser. Frankfurt am Main.

Gall, Alfred (2007): Performativer Humanismus. Die Auseinandersetzung mit Philosophie in der literarischen Praxis von Witold Gombrowicz. Dresden.

Goddard, Michael (2010): Gombrowicz, Polish Modernism, and the Subversion of Form. West Lafayette, Indiana.

Gombrowicz, Witold (1970): Kosmos. Dzieła Zebrane, Tom IV. Paris.

Gombrowicz, Witold (1971): Dziennik (1961–1966). Dzieła Zebrane, Tom VIII. Paris.

Gombrowicz, Witold (1985): Kosmos. Übersetzt von Olaf Kühl. Gesammelte Werke. Bd. 4. Herausgegeben von Rolf Fieguth und Fritz Arnold. München/Wien.

Gombrowicz, Witold (2004): Tagebuch 1953–1969. Übersetzt von Olaf Kühl. Frankfurt am Main.

Handke, Peter (1972): Die Angst des Tormanns beim Elfmeter. Frankfurt am Main.

Handke, Peter (1992): Die Wiederholung. Frankfurt am Main.

Harley, J[ohn] B[rian] (1989): Deconstructing the Map. In: Cartographica 26:2. 1–20.

Heidegger, Martin (1977): Sein und Zeit. Gesamtausgabe. Bd. 2. Herausgegeben von Friedrich-Wilhelm von Herrmann. Frankfurt am Main.

Huber, Alexander (2005): Versuch einer Ankunft. Peter Handkes Ästhetik der Differenz. Würzburg.

Jarzębski, Jerzy (1982): Gra w Gombrowicza. Warszawa.

Krämer, Sybille (2003): Erfüllen Medien eine Konstitutionsleistung? Thesen über die Rolle medientheoretischer Erwägungen beim Philosophieren. In: Münker, Stefan/Roesler, Alexander/Sandbothe, Mike (Hrsg): Medienphilosophie. Beiträge zur Klärung eines Begriffs. Frankfurt am Main. 78–90.

Lagaay, Alice/Lauer, David (2004): Einleitung – Medientheorien aus philosophischer Sicht. In: Dies. (Hrsg.): Medientheorien. Eine philosophische Einführung. Frankfurt am Main. 7–29.

Mulvey, Laura (1985): Visual Pleasure and Narrative Cinema. In: Nichols, Bill (Hrsg.): Movies and Methods. An Anthology. Volume 2. Berkeley/Los Angeles/London. 303–314.

Neumann, Uwe (1992): Robbe-Grillet und der Nouveau Roman im Spiegel der Kritik deutschsprachiger Schriftsteller. In: Blüher, Karl Alfred (Hrsg.): Robbe-Grillet zwischen Moderne und Postmoderne. Tübingen. 102–138.

Roesler, Alexander (2003): Medienphilosophie und Zeichentheorie. In: Münker, Stefan/Ders./Sandbothe, Mike (Hrsg): Medienphilosophie. Beiträge zur Klärung eines Begriffs. Frankfurt am Main. 34–52.

Shapiro, David (1999): Neurotic Styles. New York.

Sutherland, Marielle (2003): Linguistic Squinting. The Reader's Encounter with the Textuality of Peter Handke's *Die Angst des Tormanns beim Elfmeter*. In: Focus on German Studies 10. 123–140.

Todtenhaupt, Martin (1992): Unterwegs in der Sprache mit Heidegger und Handke. In: Pankow, Christiane (Hrsg.): Österreich. Beiträge über Sprache und Literatur. Stockholm. 119–132.

André Hansen

Photographic Elements in the Narrative Technique of Antje Rávic Strubel's *Offene Blende* (*Open Aperture*)

> Es war unmöglich, ihr ein Bild zuzuordnen, wie er es sonst tat, wenn er mit einer Frau im Dunkeln lag und ihrer Stimme ein Gesicht fehlte. Diese Stimme entfernte sich und kam näher, und das war alles. Als müßte er ihr erst sehr lange zuhören, bis sich aus dem Dunkel Bilder herausheben würden.[1]

This early passage in Antje Rávic Strubel's 2001 novel *Offene Blende* (*Open Aperture*) is narrated from the perspective of a man who lies in bed with a woman called Christiane. The feature perceived of the woman is only her voice which is understood by the man as the negative of a picture he has yet to develop.

In the novel, photographic imagery abounds. The title already suggests that one of the major motifs is photography. Moreover, an aperture is a technical device in photo cameras which allows, according to *The Oxford Companion to the Photograph,* „to regulate the amount of light reaching the focal plane, to control the depth of field of the lens, or to utilize the best characteristics of a lens."[2] An open or maximum aperture represents no regulation and, thus, usually does not use the full capacity of a lens. Photography is a visual medium which mechanically transforms light into a picture. The existence of an aperture suggests that this transformation can be manipulated by the person taking the photograph.

The fourth chapter of Rávic Strubel's novel directly deals with photography as a subject by introducing the photographer Leah. It is fittingly called „Über Fotografie," „On Photography." First of all, the context of the chapter will be outlined by providing a short contextualization of the novel in its web of intertextual references. Afterwards, the impact of photography on the character's perception of the novel's fictional reality will be discussed. Contrasting these effects on someone's personality with an understanding of photography as an objective mechanism, it will eventually be shown how

1 Rávic Strubel 2001, 49.

2 Pritchard/Saxby 2005.

the novel's narration uses photography as a concurrent viewpoint to its own assumptions about reality.

Context

The novel is set in New York. It starts with the life narrative of Christiane, an East German expatriate who emigrates to America around 1986. About ten years later, another German character, Leah, arrives in New York. Observing Christiane, who calls herself „Jo", she wants to take her picture and eventually falls in love with her. Christiane is directing an off-off theatre in Barrow Street, while Leah is working as a press photographer. Until the end of the novel, Leah is ignorant of Jo's past. She believes that Jo is an American.

Intertextual references are common in Antje Rávic Strubel's first novel. The most obvious references are to German speaking authors who had a critical relationship to GDR society such as Uwe Johnson, Reiner Kunze, Christa Wolf and Maxie Wander. Other mentions refer to classics of socialist realism such as Nikolai Ostrovski and Mikhail Sholokhov. For the purpose of this article, the most important references are those to Roland Barthes with a chapter named „Die Helle Kammer," being a reference to the French thinker's book *La chambre claire*, and to Susan Sontag whose essay collection *On Photography* gives its name to the chapter *FOUR – Über Fotografie* which will be taken into account in the following analysis. Sontag's thoughts on the transformation of visual experience after the technological invention of photography are important for the understanding of the passage.

Sontag discusses the relation between image and reality as well as between subject and object of the view (cf. Fig. 1).

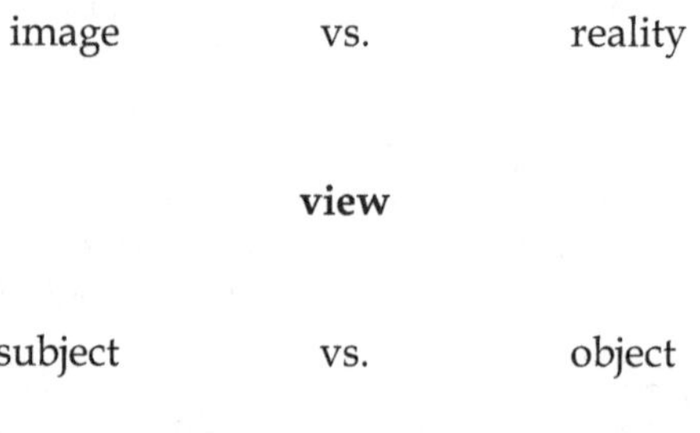

Fig. 1: Susan Sontag's centrality of the view.

The view seems to be the central focus of her interest. In Sontag's opinion, photography establishes an „ethics of seeing."[3] This implies that one usually thinks of photographs as providing evidence of events confirming their reality and the fact that they belong to the past. Moreover, Sontag states that photography has become „the norm for the way things appear to us, thereby changing the very idea of reality, and of realism."[4] That means that people in Western civilizations tend to identify themselves with their photographs as they believe that photography represents reality objectively. But, according to the essayist, reality only constitutes itself as a consequence of this common belief. To prove her intuition right, she gives the example of the hypothetical photograph of Shakespeare in comparison to a hypothetical portrait painted by Holbein. Stating that one would prefer the photograph in order to know what Shakespeare *really* looked like corresponds to the idea that photographs have the power to prove existence. Still, this efficacy of photography implies a distance between the photographer and the photographed object. The photographer does not want the photographed event to pass, and most importantly, does not intervene.[5]

We will now see what consequence this distance implies for a fictional photographer's relation to her perceptions as well as her social life.

Photography's Influence on Perception

The initial sentence, „Lärm trieb Leah wie Sand in die Augen,"[6] alludes to a confusion of sound and sight. Referring to such a synaesthetic perception is possible in language, but would be difficult to communicate in pictures. Furthermore, the sentence refers to the expression ‚jemandem Sand in die Augen streuen' meaning ‚fooling someone'. The sentence is followed by more than one page of descriptions of auditive, sensual and visual experiences juxtaposed one after another and only separated by commas. Let's focus on the passage of the bubblegum sirens for an instant:

3 Sontag 1990, 3.

4 Ibid., 87.

5 Ibid., 11.

6 Rávic Strubel 2001, 82.

> [...] und die Sirenen wie Kaugummiblasen, die gegen Häuserwände trieben, vibrierten, zitterten, bevor sie auf den Gehsteig stürzten und platzten, ungehört im Trappen der Schritte, dem Trappen von Ledersohlen, Plastikabsätzen, zertreten und weggewischt wie Fetzen Papier und Hasch in den Straßen, in die sie [Leah; A.H.] sich stürzte [...][7]

The first observation refers to a synaesthetic simile which consists in comparing the noise of sirens to the visual impression of bubblegum bubbles. But, confusingly, these bubbles seem to behave more like soap bubbles because they vibrate, tremble and burst and are not connected to a human mouth. Even more confusingly, the bubbles are unheard although they are equated to the noise of sirens. This is explained by the louder noise of the footsteps. But if these footsteps are louder than the sirens, the image of the bubblegum suggests that the noise starting at one place is still perceivable at another spot although there are stronger conflicting noises. This passage shows how a sound can be represented by an image to indicate its ongoing presence. The bubblegum is trampled upon and wiped away.

But although it is not perceived anymore, it does not completely disappear. If it is said here that ‚it is not perceived anymore', this is not a coincidence, because it raises the question of who actually tells us about the bubblegum siren. One is inclined to expect a third-person narrator who tells the events from Leah's perspective. This follows clearly from the first sentence and the paragraphs following the initial one. Leah's synaesthetic perception makes her different from other people who do not perceive the noises as images and maybe do not hear them at all because they are used to them. Her special perception conflicts with her activity as a photographer. Desiring to preserve what she perceives in the way she perceives it seems to be bound to disappoint. Hence, the narrative voice says: „Das Resultat nach der Entwicklung solcher Bilder war ein geronnenes Stillschweigen. Nichts davon fand sie auf den Fotos wieder."[8]

The words „solcher Bilder" are refer to the pictures evoked in the preceding text, for example the bubblegum. The disappointment after the development of the photographs is due to their silence. The unheard bursting of the bubblegum siren is invisible. One could say that Leah is naive in thinking to be able to capture her confusing impressions in photography. But her freedom in associating differ-

7 Ibid.

8 Ibid., 83.

ent impressions makes her realise things most people are too confined in their habits to recognise.

When meeting Jo on the street, Leah gets interested in her the moment when Jo's orange scarf falls on the ground:

> [Leah:] ‚Kannst du das noch mal machen? Das war cool.' Es war ein oranges Seidentuch und würde auf dem Bild ein Fremdkörper sein. Es konnte künstlich wirken, hinzugefügt.[9]

But Jo refuses to be photographed. This changes the way Leah looks at her. After having focused nearly exclusively on the scarf, Leah now sees Jo's body and clothes as being a part of her person, not just an aesthetic combination of colours. Capturing the movement of a scarf appears to be photogenic while the description of Jo's outer appearance draws the attention to her properties as a person:

> Sie trug dünnen Lidstrich, die Haare waren fest an den Schläfen zurückgekämmt. Darunter zeigten sich Sommersprossen. Auf den Wangenknochen und am Kinn. Unzählige Pünktchen, auch auf dem Handgelenk, als die Frau ihr Tuch zurechtrückte. Das Tuch stand seltsam gegen die Lederjacke ab. Es paßte nicht zu ihr.[10]

While Leah abandons her specific photographic viewpoint, she is able to focus on visual incongruities like the fact that the scarf does not fit the leather jacket. The pronoun ‚ihr' is potentially ambiguous, it could also suggest that the scarf does not fit Jo as a person. Leah abandons what could be called an aesthetic perception of the visual.

Another example of photography's influence on Leah's perception is in a café scene where she and Jo take a latte: „Leah betrachtete den Schaum. Er zerfiel wie Fotopapier unter Blutlaugensalzlösung."[11] This simile which associates the effects of potassium ferrocyanide on photo paper to decomposing foam is mentioned after an indirect confession of Jo's sexual preferences:

> ‚Manchmal sind es Männer.' Jo zog den Kaffeelöffel langsam zwischen den Lippen durch. Ein weißes Bläschen blieb an ihrem Kinn hängen. ‚Aber das ist nicht besonders interessant.' Sie wischte das Bläschen weg. ‚Oder?'[12]

---

9 Ibid., 86.

10 Ibid.

11 Ibid., 101.

12 Ibid.

In this passage, the idea of developing a photograph functions as a comparison to the process of learning something about another person. The foam decomposes like the picture of that precise moment Leah develops in her head. But then Leah wants to preserve the moment of her encounter with Jo by taking a photograph. She forgets about Jo's rule that no photographs are allowed. That is why Jo crashes her camera against the table. This seems to allow the characters to get closer. The meeting becomes a sexual encounter.

The role of photography in the novel follows Susan Sontag's analysis of photography forming the perception of reality. But focusing on Leah's perspective, it becomes clear that her knowledge about the functioning of the photographic mechanism does not converge with commonplace intuition that photography represents a fragment of reality as it really has been at one moment in the past. Following a particular interpretation of Sontag's idea, she rather wants to project her personal vision on the perceivable objects while taking pictures. The dialogue between the narrative reconstruction of an event and its photographic representation has a critical function regarding the possibilities of knowing what is real and, especially, the possibilities of understanding another person.

Polyperspectivism: Photography and Narration

Referring to Leah's fascination for the photographic medium and her repeated attempts to photograph the other woman, Jo says that Leah believes that

> Fotos wären so wie das Leben. Man braucht nur genug Fotos von einer Person zu machen und schon weiß man alles über sie. Man weiß soviel über sie, daß man sich am Ende sogar vorstellt, diese Person zu sein.[13]

In Jo's opinion, the idea of taking photographs of persons in order to learn all about them is erroneous. What she calls psychology gets lost in the photographic reduction of a person's complexity. One could suppose that her idea of psychology is a mixture of thoughts and emotions that are invisible in the outer appearance.

Bodo, a German press photographer living in New York, asserts that he is not an artist: „Ich fotografiere schließlich keine Tassen."[14] The

---

13 Ibid., 111.

14 Ibid., 91.

mentioning of cups corresponds to Leah's passion for photographing street lanterns. Both are non-human objects transformed by an artist's view into a particular subjective expression, projecting the idea of personality on the object: „Laternen besaßen Persönlichkeit [...]."[15] Taking headshots, on the other hand, transforms persons to pictures ignoring what could be called a person's authenticity. Bodo shoots those pictures in order to sell them to the press. Photography in itself does not differentiate between inanimate objects and human beings. Narration, on the contrary, necessarily does so, because it needs to have agents who are embedded in a meaningful structure. It offers a critical perspective on the use of photography as an objectifying mechanism.

Roland Barthes refers to the moment of being „un sujet qui se sent devenir objet,"[16] a subject that has the impression of becoming an object. And as in photography one can never „nier que *la chose a été là*", „c'est la Référence qui est l'ordre fondateur de la Photographie."[17] This idea of reference attributed to photography is reconsidered in fictional texts. Obviously, if we assume a chronological narration, a fictional event first of all has to be narrated before it can be referred to by a photograph. Furthermore, a text which refers to a photograph needs to create this photograph in the first place. In *Offene Blende*, both the actual situation and the photography referring to this situation are narrated. Consequently, the analysis of this text has to take into account a comparison between the narrative constitution of a situation and the textual invention of a photograph, assuming that the double narration opens a discrepancy between the original narration and the narration derived from photography. This raises questions of memory and narrative reliability.

Narration consists of personal arrangements of facts. For example, when Leah told Jo about the „Spektakel mit der Mauer,"[18] referring to the fall of the Berlin wall, she only told her about the enthusiasm she observed, but „[v]erschwieg, wie falsch und übertrieben das alles gewesen war und daß sie die ganze Party genervt hatte."[19] She selects and structures past events in order to communicate a certain aspect of perceived reality.

15 Ibid., 98.

16 Barthes 1980, 30.

17 Ibid., 120.

18 Rávic Strubel 2001, 112.

19 Ibid.

Concerning memory, narration and photography are in direct conflict:

> Jetzt, vor ihr auf der Bank, hatte Jo nicht mehr viel mit der Frau, mit der sie vor kurzem geschlafen hatte, zu tun. Nichts außer ihrer Gestalt. Das eine war vielleicht ein Foto und das andere war sie; beides war nicht zu unterscheiden, und man wußte doch, daß es nicht dasselbe war.[20]

In this passage, Leah interprets the Jo of the past and the Jo of the present as one being the original and the other one a copy. She thus articulates that she cannot grasp any continuity between the two versions of the other person. Continuity would refer to narration and could explain how Jo developed. But Leah is characterised as having a bad memory. After the first encounter with Jo, she forgets nearly everything: „Sie versuchte an alles zu denken, worüber sie geredet hatte, und es fiel ihr nicht mehr ein. Über die letzten vier Sätze kam sie nicht hinaus."[21] The discontinuity of Leah's memory makes it necessary to have a photographic reference to the past. But the camera film has been destroyed by Jo's crashing the camera on the table. This directly affects memory:

> Es gab keine Laterne es gab kein Spinnennetz, es gab nur ihre [Leahs; A.H.] lächerliche Hand mit der Zange, die die Abzüge wieder und wieder ins Wasser tauchte, bis das Material glitschig wurde und sich auch die letzten unscharfen Schattenrisse in kontrastarmes Weiß auflösten.[22]

If one turns back the pages, there is a lantern, there is a spider web and all the other objects Leah takes pictures of. But what has been mentioned earlier by the narrative voice is retrospectively doubted due to the lack of photographs. Narration alone is incapable of producing memory. As it fails to invent pictures that unambiguously prove what it stated before, it contradicts itself. This contradiction could be called a form of polyperspectivism.

Conclusion

Narration has been in the focus of this paper, and the way it is transformed by the influence of photography. Sontag's assumption of the

---

20 Ibid., 113.

21 Ibid., 89.

22 Ibid., 105.

medium's influence on the view is reflected in the novel. Not seeing a bubblegum and only perceiving siren sounds would be paramount to accepting photography's power of providing truth. Narration, on the contrary, subverts this way of looking at things because it links the sound directly to the bubblegum. There is no truth because the two perspectives contradict each other.

This contradiction makes it clear that, for the novel, there does not exist a definite version of the story. Once described moments cannot be reproduced by the development of a picture which necessarily produces an alternative version which is only in appearance more reliable. Photography works as a corrective tool for memory, but its conditions of referentiality are doubted.

We can go one step further by claiming that even identity categories which one ascribes to a person are constantly questioned by the contradiction of perspectives. It seems, rather, that the desire to understand the totality of another human being is always a confinement of that other person to the status of other, making it impossible for the involved persons to unify. The novel extends Sontag's thesis of the boundary between the subject and the object of the view towards the boundary between the subject and the object of understanding (cf. Fig. 2).

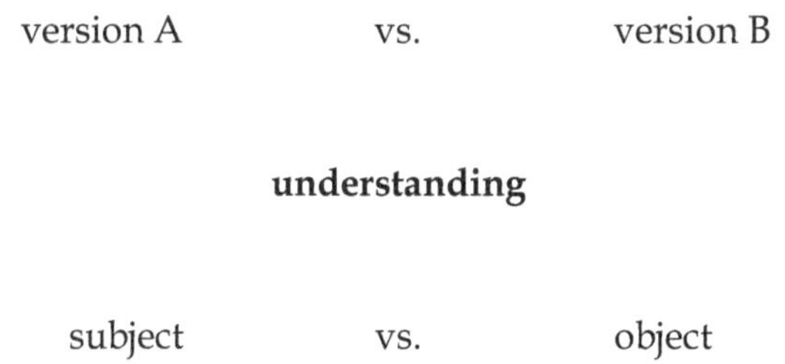

Fig. 2: Extension of Sontag's centrality of the view to the centraltity of understanding in *Offene Blende*

Works Cited

Barthes, Roland (1980): La chambre claire. Note sur la photographie. Paris.

Pritchard, Michael/Saxby, Graham (2005): Aperture Control. In: Lenman, Robin (Ed.): The Oxford Companion to the Photograph. Oxford. Oxford Reference Online. <http://www.oxfordreference.com/views/ENTRY.html?subview=Main&entry=t207.e68>. [Last access: 10.05.2011.]

Rávic Strubel, Antje (2001): Offene Blende. München.

Sontag, Susan (1990): On Photography. New York.

III

Diskursivierung, Affirmation & Subversion

Elke Wagner

Unsichtbare Medien? Zur Genese und therapeutischen Funktion von Mediendebatten

Medien zeichnen sich durch eine eigentümliche Praxis aus. Einerseits wird Medien viel oder nahezu alles zugetraut: Sie sind in aller Munde, ihre Vorzüge und Nachteile werden etwa in Mediendebatten breit diskutiert. Medien, so lauten die einschlägigen Thesen, leiten nicht nur unsere Wahrnehmungssysteme an, sondern revolutionieren auch ganze Gesellschaftsordnungen. Medien sind deshalb „die Botschaft"[1], weil sie - und nicht so sehr ihr Inhalt - zu Genese und Wandel unserer Ordnungsvorstellungen beitragen und den Geschichtsverlauf mitbestimmen. Andererseits gelten Medien als diffus, schwer greifbar und - ähnlich wie Gespenster[2] - als nahezu unsichtbar: Seitens der Medientheorie wird etwa attestiert, dass Medien lose gekoppelte Elemente sind, die nur über die sie tragenden Formen[3] sichtbar werden können und sich im praktischen Vollzug unsichtbar machen.[4] Die skandalträchtige These McLuhans, dass es nicht der medial vermittelte Inhalt sondern das Medium selbst ist, das zur Botschaft wird,[5] konnte vor allen Dingen deshalb Informationswert zuteilwerden, weil das Medium offenbar im praktischen Vollzug gar nicht sichtbar wird. So hält McLuhan trotz seines starken Medienbegriffs und seiner Annahme, dass Medien generativ sind, fest: „Das Medium ist verborgen, der Inhalt offensichtlich."[6] Das Medium tritt hinter den dargestellten Inhalt zurück, wenn es etwas zeigen möchte. „Im gelingenden Vollzug verschwindet das Medium" [7], formuliert Sybille Krämer.

Die These von der Unsichtbarkeit des Mediums wirkt dann seltsam, wenn man sich für Mediendebatten interessiert. In der Geschichte sind immer wieder Mediendebatten aufgetreten.[8] Häufig wird die

1 McLuhan 1964, 19.

2 Siehe auch Siegmund 2011.

3 Siehe Luhmann 1997.

4 Siehe Krämer 2008.

5 Siehe McLuhan 1964, 19.

6 Ebd., 9.

7 Krämer 2008, 37.

8 Siehe Kümmel (u.a.) 2004.

Etablierung neuer medialer Formate von einerseits euphorischen andererseits pessimistischen Einschätzungen begleitet. Der Film wurde etwa in der Kinodebatte einerseits als „Kinoseuche"[9] abqualifiziert, andererseits als „die siebente Kunst"[10] glorifiziert. Das Radio motivierte Bertolt Brecht zur Abfassung seiner utopisch aufgeladenen Radiotheorie, während andere Zeitgenossen es als die bürgerliche Persönlichkeit untergrabendes Medium begriffen. Das Fernsehen wurde von Neil Postman als zersetzendes Moment der Demokratie kritisiert, von den Cultural Studies hingegen als Medium der Emanzipation gefeiert. Und das Internet motiviert die einen dazu, das verheißungsvolle Zeitalter der Cyberdemokratie anbrechen zu sehen, während die anderen sich um online-süchtige Jugendliche und das Ende der Privatsphäre sorgen. Anhand von Medien-Debatten wird sichtbar, dass zumindest neue Medien auch im praktischen Vollzug doch nicht so unsichtbar sind, wie von der Medientheorie angenommen wird. Neue Medien konfrontieren Gesellschaften offenbar mit einem Sinnüberschuss,[11] den sie erst langsam verarbeiten müssen. Bisherige Selbstverständlichkeiten werden durch (neue) Medien alternativ aufeinander bezogen und auf neuartige Weise sichtbar gemacht. Was durch (neue) Medien möglich wird, scheint deshalb oftmals wie ein Schock oder wie ein Befreiungsschlag zu wirken. Diese Reaktionen äußern sich dann in entweder kulturpessimistischen Debatten oder Medienutopien. Wie verhält sich diese soziale Praxis von Mediendebatten aber nun zur These der Medientheorie, dass Medien im praktischen Vollzug unsichtbar bleiben? Diese Frage möchte ich im weiteren diskutieren. Zunächst werde ich noch einmal genauer die These von der Unsichtbarkeit der Medien in der Medientheorie darlegen (1). In einem weiteren Schritt werde ich anhand von Beispielen ausgewählter Mediendebatten zeigen, inwiefern die These von der Unsichtbarkeit des Mediums zum Problem werden kann (2). Schließlich werde ich in einem dritten Schritt die medientheoretische These der Unsichtbarkeit des Mediums durch jene der Unterbestimmtheit des Mediums ergänzen. *Es ist gerade die Unterbestimmtheit des Mediums, die seinen Gebrauch ermöglicht und zu diversen Anschlüssen in Form von Mediendebatten führt.*

---

9 Roland 1912, in Schweinitz 1992.

10 Feyerabend 1994; siehe auch Welther 2000.

11 Siehe Baecker 2007a.

Unsichtbare Medien?

Überblickt man den Kanon der Medientheorie, so wird darin klassischerweise ein starker Medienbegriff formuliert. Als Mitbegründer der medientheoretischen Perspektive der kanadischen Toronto School, auf die sich schließlich auch McLuhan beziehen sollte, formulierte etwa Harold Innis in den vierziger Jahren des vorigen Jahrhunderts:

> Wir können wohl davon ausgehen, dass der Gebrauch eines bestimmten Kommunikationsmediums über einen langen Zeitraum hinweg in gewisser Weise die Gestalt des zu übermittelnden Wissens prägt.[12]

McLuhan nimmt auf diese These Bezug,[13] wenn er seine damals ebenso provokante wie populäre Ansage formuliert: „The Medium is the Message."[14] Und Friedrich Kittler schließt in radikaler Form hieran an, wenn er von einem *medialen apriori* ausgeht: „Medien bestimmen unsere Lage, die (trotzdem oder deshalb) eine Beschreibung verdient."[15] Medien, so lässt sich die Einsicht der klassischen Medientheorie zusammenfassen, bedingen unsere Erfahrungen und Wahrnehmungsmöglichkeiten. Sie liegen allen sozialen Formen und Praktiken zugrunde. Und Medien bedingen, der Medientheorie zufolge, sogar den Geschichtsverlauf:[16] soziale Wandlungsprozesse lassen sich auf veränderte mediale Bedingungen zurückführen. Der Buchdruck erzeugt etwa eine spezifische Form von Autorschaft, über die sich die bürgerliche Gesellschaft herstellt. Der Computer produziert die Plausibilitäten einer Netzwerkgesellschaft.

Neben dem Hinweis auf die Stärke von Medien macht die Medientheorie auf einen weiteren Aspekt aufmerksam: Medien machen sich im praktischen Vollzug unsichtbar. Wenn wir Medien benutzen, nehmen wir in erster Linie ihren Inhalt - ihre Botschaft - wahr. Dass es Medien sind, die uns diese Botschaften vermitteln, tritt da-

---

12 Innis 1997, 96.

13 Dass die Medientheorie tatsächlich mit Innis' Arbeiten und nicht erst mit jenen McLuhans einsetzt, erklärt McLuhan selbst in seinem Werk *Die Gutenberg-Galaxis*: „Harold Innis war der erste, der darauf hinwies, daß die *Formen* einer bestimmten Medien-Technik den Wandlungs*prozeß* schon implizieren. Das vorliegende Buch ist eine erklärende Fußnote zu seinem Werk." (McLuhan 1995, 63.)

14 McLuhan 1964, 19.

15 Kittler 1986, 3.

16 Siehe Leschke 2008; Gramp/Wiebel 2008.

bei in den Hintergrund. McLuhan spricht etwa von einem regelrecht narkotischen Zustand, in dem wir uns befinden, wenn wir Medien benutzen:

> It is this continuous embrace of our own technology in daily use that puts us in the Narcissus role of subliminal awareness and numbness in relation to these images of ourselves. By continuously embracing technologies, we relate ourselves to them as servomechanisms. That is why we must, to use them at all, serve these objects, these extensions of ourselves, as gods or minor religions. An Indian is the servomechanism of his canoe, as the cowboy of his horse or the executive of his clock.[17]

Und Sybille Krämer formuliert ähnlich, wenn sie auf die Unsichtbarkeit des Mediums verweist:

> Wir hören nicht Luftschwingungen, sondern den Wasserkessel pfeifen; wir sehen keine Lichtwellen des Farbspektrums Gelb, sondern einen Kanarienvogel; nicht eine CD, sondern Musik kommt zu Gehör; und die Kinoleinwand ‚verschwindet', sobald der Film uns gepackt hat. Je reibungsloser Medien arbeiten und zu Diensten sind, umso mehr verharren sie unterhalb der Schwelle unserer Wahrnehmung.[18]

Wenn wir Medien überhaupt wahrnehmen, dann, so die These der Medientheorie, stets in Gestalt von Dysfunktion und Störung. Wenn der Computer abstürzt, wird der Vortrag unterbrochen und es wird sichtbar, dass man es mit medialen Übermittlungsprozessen zu tun gehabt hat:

> Indem Medien etwas zum Vorschein bringen, treten sie selbst dabei zurück; Medien vergegenwärtigen, indem sie selbst dabei unsichtbar bleiben; selbst zur Geltung kommen sie umgekehrt nur im Rauschen, also in der Dysfunktion und Störung.[19]

Der Hinweis auf die Unsichtbarkeit des Mediums im praktischen Vollzug scheint einerseits plausibel zu sein. Andererseits vermittelt die Medientheorie mit dieser Position manchmal den Eindruck einer Arm-Chair-Perspektive, der allein es möglich ist, etwas über die Eigenschaft von Medien sagen zu können. Tatsächlich tritt das Medium, zumindest als Form, im praktischen Vollzug öfter in Erschei-

---

17 McLuhan 1964, 68.

18 Krämer 2008, 27.

19 Ebd., 27.

nung als hier angenommen wird. In Zeiten von Medienpluralität sind wir beständig damit konfrontiert, entscheiden zu müssen, über welches Medium wir kommunizieren wollen und können: Beende ich eine Liebesbeziehung per SMS, per Facebook-Eintrag oder per Interaktion unter Anwesenden mit dem Mittel der mündlich gesprochenen Sprache? Gleichzeitig macht aber gerade das Beispiel der immer wieder auftretenden Mediendebatten sichtbar, dass es offenbar wirklich Störungen und Dysfunktionen sind, die uns in Erinnerung rufen, dass wir es bei Kommunikationsversuchen mit Medien zu tun haben. Dirk Baecker nutzt diese Beobachtung für ein evolutionstheoretisches Argument. Er formuliert die Annahme,

> dass die Einführung jedes neuen Kommunikationsmediums in die Gesellschaft [...] eine Katastrophe [...] auslöst, die darin besteht, dass die mit diesem Kommunikationsmedium einhergehenden kommunikativen Möglichkeiten die bisherigen Strukturen der Gesellschaft, die Muster ihrer Suche nach Anschlussereignissen, überfordern.[20]

Für Dirk Baecker führt die Einführung eines jeden neuen Verbreitungsmediums zu einem Schock. Das neue Verbreitungsmedium ermöglicht neue Sinn- und Wahrnehmungsformen, die sich für die Gesellschaft zunächst als Zumutung herausstellen. Entsprechend hatte McLuhan bereits formuliert:

> Wer zum erstenmal den Einbruch einer neuen Technik erlebt - handle es sich um das Alphabet oder das Radio -, reagiert auf äußerst lebhafte Weise, weil die neuen Sinnesverhältnisse, die von der technischen Erweiterung des Auges oder Ohres geschaffen werden, den Menschen vor eine überraschende neue Welt stellen, die eine nachhaltige ‚Schließung' oder ein neuartiges Muster des Wechselspiels zwischen allen Sinnen hervorruft. Aber der anfängliche Schock nimmt allmählich ab, wenn sich die ganze Gemeinschaft dem neuen Wahrnehmungshabitus anpaßt und ihn tatsächlich auf allen Gebieten ihrer Arbeit und ihres Zusammenlebens absorbiert.[21]

Die Schockerfahrung, die sich durch die Einführung eines neuen Mediums einstellt, muss verarbeitet und normalisiert werden, um soziale Reproduktion zu ermöglichen. Dirk Baecker nimmt an, „[...] dass es der Gesellschaft nur dann gelingt, sich zu reproduzieren,

---

20 Baecker 2007a, 153.

21 McLuhan 1995, 28.

wenn sie auf das mit diesem dominierenden Verbreitungsmedium einhergehende Problem des Überschusssinns eine Antwort findet."[22] Mediendebatten sind dann ein Mittel, mit diesem Schock umzugehen und Problemlösungsmuster zu generieren.

Man kann in der Wirkweise von Mediendebatten eine Entsprechung zu den Effekten von Reinigungsritualen erkennen, wie sie Mary Douglas beschrieben hat. Öffentliche Debatten sind zwar keine Rituale. Sie tragen vielmehr zur Emanzipation von ritualisierten Formen des Handelns bei, weil sie genau darüber reflektieren, was sich im Ritual nur als symbolische Wiederholung zeigt. Doch immerhin scheinen sich aus dem Einsatz von aufgeklärten Öffentlichkeiten ähnliche Effekte ablesen zu lassen, wie diese durch den Einsatz von Ritualen gezeitigt wurden.[23] Mary Douglas geht davon aus, dass sich primitive Gesellschaften durch den Ausweis von Schmutz und Anomalien ihrer eigenen Ordnung versichern können. Durch Reinigungsrituale kann die gestörte Ordnung wieder hergestellt werden.

> In jedem gegebenen Klassifikationssystem entstehen Anomalien, und jede gegebene Kultur muss Ereignissen entgegentreten, die sich ihren Annahmen zu widersetzen scheinen. Sie kann die Anomalien, die ihr Schema hervorbringt, nicht ignorieren, wenn sie nicht riskieren will, das in sie gesetzte Vertrauen zu verlieren. Darum [...] sind in jeder Kultur, die diese Bezeichnung verdient, verschiedene Verfahren für den Umgang mit zweideutigen oder anomalen Ereignissen vorgesehen.[24]

Diese Verfahren der Herstellung von Ordnung weichen in primitiven Gesellschaften von jenen ab, die die moderne Gesellschaft etabliert. An die Stelle von religiös verorteten Reinigungsritualen treten Öffentlichkeiten und Debatten, im Sinne von partizipativen Verfahren der Selbstverständigung und Entscheidungslegitimation. Diese verhandeln über Störungen, wie sie etwa durch den Einsatz neuer Medien entstehen können im Sinne von Diskursen. Mediendebatten dienen dazu, die unterschiedlichen Perspektiven und Erfahrungen zu verarbeiten und einer gemeinsamen Ordnung zuzuführen.

---

22 Baecker 2007a, 152.

23 Luhmann spricht (zugegebenermaßen spöttisch) von Öffentlichkeiten im Sinne eines „Tanzes um das goldene Kalb ‚blinder Fleck'. Der Kult führt den Namen ‚Kritik'." (Luhmann 2000, 314.)

24 Douglas 1998, 82.

> Reinheits- und Unreinheitsrituale versuchen eine solche Einheit der Erfahrung zu schaffen. [...] Mit ihrer Hilfe werden symbolische Strukturen entwickelt und öffentlich dargestellt. Innerhalb dieser Strukturen werden ungleichartige Elemente in Beziehung zueinander gesetzt und wird ungleichartigen Erfahrungen eine Bedeutung verliehen.[25]

Diese hier angenommene Analogie ist dabei den Einsichten einer funktionalen Analyse geschuldet, die nicht von einer direkten Übertragung von Strukturmechanismen ausgeht, sondern diese wiederum in ihrem unterschiedlichen Kontext und in ihrer unterschiedlichen Kontextur verortet und darüber vergleichbar macht. Während das Reinigungsritual der primitiven Gesellschaft auf Exklusion setzte, reagiert die moderne Gesellschaft mit Inklusion. Der Effekt von Mediendebatten aber dürfte sich ähnlich entschlüsseln lassen wie jener des Rituals. Allein schon die Durchführung von Diskursen führt dazu, dass die neuartigen Medienerfahrungen besser verständlich werden. Zumindest lassen sich Schockerfahrungen hierüber sozialtherapeutisch verarbeiten.

Während Dirk Baecker nun quasi einen Automatismus anzunehmen scheint - jedes neue die Gesellschaft dominierende Verbreitungsmedium führt zu einer medialen Schockerfahrung -, möchte ich im weiteren einen empirischen Blick auf Mediendebatten vorschlagen. Mediendebatten erweisen sich als soziologischer Forschungsgegenstand deshalb als interessant, weil hieran Wandlungsprozesse sichtbar werden können, die offenbar auf Medien zurückführbar sind. Gleichzeitig zeigt der empirische Blick, dass Mediendebatten sich nicht im Sinne eines Automatismus einstellen. Mediendebatten wiederholen sich in der Geschichte, verlaufen aber immer wieder spezifisch und deshalb anders als sich dies die Medientheorie vielleicht vorstellen mag. Interessiert man sich für Mediendebatten, so wird zudem sichtbar, dass hierbei einerseits die Unsichtbarkeit des Mediums aufgebrochen wird: Medien werden nun als solche wahrnehmbar und erfahrbar, weil sie neu sind und neue Erfahrungshorizonte vermitteln können. Deshalb werden sie explizit zum Thema gemacht. Andererseits können die Mediendebatten nur deshalb einerseits Utopien andererseits Dystopien entwerfen, weil Medien offenbar unterbestimmt genug sind, dass sie verschiedene Anschlussmöglichkeiten eröffnen.

---

25 Ebd., 1998, 78.

Unsichtbare Medien? Historische Mediendebatten

Die Mediensoziologie kann die Thesen der Medientheorie aufnehmen und sie für eine empirische Frage anschlussfähig machen: Wie wird in Mediendebatten spezifisch auf die Einführung eines neuen Mediums reagiert? Welche bisherigen sozialen Erwartungsstrukturen werden irritiert? Für wen ist die neue Medienerfahrung ein Schock und für wen ein Befreiungsschlag? Die folgenden Ausführungen sollen hierzu einen ersten Versuch der Empirisierung der medientheoretischen Beiträge darstellen. Die soziale Irritation, die mit der Einführung des Buchdrucks einherging, bestand zunächst in der für die damalige Zeit nahezu unendlich anmutenden Verfügbarkeit von erhältlichem Wissen. Albrecht Koschorke hat dies beschrieben:

> Das alte System, das die Weitergabe des gesellschaftlichen Wissens im wesentlichen an die persönliche Mitteilung knüpfte und den direkten Anschluss an das Imaginationspotential der Schrift dem Gelehrtenstand und einer kleinen kulturellen Elite vorbehielt, hat dem Druck der Entwicklungen nicht standgehalten. Es ist einer wachsenden Zufuhr von Daten ausgesetzt, die nicht mehr in die dafür traditionell vorgesehenen Kanäle fließen.[26]

Entsprechend dieser Schockerfahrung wurde den neuen Möglichkeiten, die das Medium Buch transportierte, in moralischen Wochenschriften mit Restriktionsvorgaben begegnet. *Nicht zu viel lesen!*, lautete das Credo. Zur Umsetzung dieser Devise wurden nun bestimmte Figuren eingeführt: Der Autor als Genie, ein bürgerliches Kunstsystem, das nach bestimmten Regeln der In- und Exklusion von Werken funktioniert, ein klassischer Bildungskanon, der nicht jede Form von Literatur in sich aufnimmt. Die Mediendebatten über das Buch machen damit sichtbar, dass einerseits bisherige soziale Ordnungsvorstellungen tatsächlich durch Medien in Bedrängnis geraten. Über die Debatten werden nun Lösungsangebote erarbeitet, über die die Gesellschaft sich auf die neuen medialen Erfahrungen einstellen kann. Und durch diese über Medien vermittelte Debatte entstehen neue Formen des Sozialen – im Falle des Buchdrucks ist es die bürgerliche Gesellschaft, die als neue Sozialform emergiert.

Dass die Einführung neuer Medien nicht immer zu einem Schock führen muss, zeigt die Einführung des Telefons. Dass man sich

26 Koschorke 2000, 119.

gleichzeitig an verschiedenen Orten befinden und trotzdem die wirkliche Stimme des Anderen in Echtzeit wahrnehmen kann, muss rückblickend betrachtet als Schock gewirkt haben. Die Literatur über die Einführung des Telefons beobachtet indes genau das Gegenteil. Jens Ruchatz bemerkt etwa in seiner Studie über die Einführung des Telefons: „Jedenfalls lässt sich feststellen, dass das Telefon [...] nur eine geringe diskursive Dynamik entfaltete und bis nach der Jahrhundertwende kaum zum Gegenstand gesellschaftsweiter Debatten avancierte."[27] Rammert wiederum bemerkt, dass die unterschiedlichen Tempi der Verbreitung des Telefons etwa in den Vereinigten Staaten, Frankreich und Deutschland mit den verschiedenen Kommunikationstraditionen erklärt werden müssen:

> Das Tempo der Veralltäglichung der Telefonkommunikation hängt auch wesentlich [sic!] davon ab, inwieweit der besondere mediale Charakter des Telefons mit den jeweiligen Kulturen der Kommunikation kompatibel ist und von den sozialen Schichten akzeptiert wird.[28]

Man kann hier sehen, dass der Automatismus, den die Medientheorie in Bezug auf die Einführung neuer Verbreitungsmedien unterstellt, empirisch nicht ganz so streng ausfällt wie von einer Arm-Chair-Perspektive aus gedacht. Es ist kein medientechnischer Determinismus, der in Bezug auf Mediendebatten am Walten ist, sondern vielmehr ein soziales Ereignis, das spezifische Anschlussmöglichkeiten eröffnet - oder eben nicht. Mit Dirk Baecker lässt sich deshalb gegen seine Annahme eines Automatismus in Bezug auf Mediendebatten feststellen:

> Die literarische Medientheorie vermutet den Code und damit auch die Technizität eines Mediums im Medium selbst, genauer: in seiner Speicherkapazität, die als eine Kapazität der Erzeugung des gespeicherten Gegenstandes gelesen wird. [...] Für die soziologische Medientheorie dagegen ist der Code auf die Prozesse der Kommunikation zurechenbar, die sich in ihrer Medialisierung nicht erschöpfen, sondern eine Differenz von Form und Medium bewegen, die ihrerseits nicht nur benutzt, sondern auch beobachtet werden kann - wenn auch nur innerhalb einer weiteren Differenz von Form und Medium.[29]

---

27 Ruchatz 2004, 127.

28 Rammert 1989, 86.

29 Baecker 2007b, 99.

An einem weiteren Beispiel - der Debatte über die Einführung des Radios - wird noch ein weiterer Aspekt sichtbar, der mit Mediendebatten einhergeht. Einerseits können über Mediendebatten Schockwirkungen verarbeitet werden. Andererseits sind Mediendebatten in erster Linie: *Debatten*, die immer unterschiedliche Anschlüsse an ein Medium ermöglichen. Das Radio wurde etwa in der Radiotheorie Bertolt Brechts als utopischer Heilsbringer gefeiert:

> Der Rundfunk wäre der denkbar großartigste Kommunikationsapparat des öffentlichen Lebens, ein ungeheures Kanalsystem, das heißt, er wäre es, wenn er es verstünde, nicht nur auszusenden, sondern auch zu empfangen, also den Zuhörer nicht nur hören, sondern auch sprechen zu machen und ihn nicht zu isolieren, sondern ihn in Beziehung zu setzen.[30]

Gleichzeitig wurde der Rundfunk verteufelt. Er zerrütte die Persönlichkeit, führe zu Oberflächlichkeit und Niveauverlust, wie an einer Äußerung von Leopold von Wiese deutlich wird:

> Wir leiden in der Gegenwart an der Massenhaftigkeit von Darbietungen, an dem Durcheinander der Eindrücke, an der Aufhebung eines Eindrucks durch den anderen, an der Mischung von ernst und heiter, tragisch und komisch, künstlerisch und wissenschaftlich; wir machen aus einem Menschen ein seelisches Sammelbecken von allerlei, ohne Kraft und Tiefe. Der moderne Mensch ist zu allem und zu nichts fähig, sein Inneres gleicht dem Wochenprogramm unseres Rundfunks.[31]

Dass ein und dasselbe Medium mit unterschiedlichen Bedeutungen verknüpft werden kann, haben Mediendebatten immer wieder gezeigt: Die Fotografie wurde einerseits als Nicht-Kunst kritisiert[32] und andererseits als Kunst gefeiert,[33] das Fernsehen wurde einerseits als ein Medium der Verdummung beschimpft[34] und andererseits als Medium der Emanzipation gepriesen.[35] Das Internet wurde wiederum von einigen Autoren als ein Medium direkter Demo-

30 Brecht 2000, 260.

31 Von Wiese 1930, zitiert in Lenk 1997, 248.

32 Siehe Baudelaire 1989, Kracauer 1963 und 1960.

33 Siehe Sizeranne 1899.

34 Siehe Adorno 1953; Postman 1985; Bourdieu 1996.

35 Siehe Hall 1980; Fiske 2000.

kratie gelobt,[36] andere hingegen kritisieren es als Medium der Entfremdung, das uns von der Möglichkeit eigentlicher, natürlich-authentischer Erfahrung distanziere.[37] Diese Diversität der Anschlüsse lässt sich nun wieder an meine Eingangsthese zurückkoppeln, nämlich, dass die Unsichtbarkeit des Mediums in Mediendebatten einerseits aufgebrochen wird, dass das Medium sich aber gleichzeitig in seiner Unterbestimmtheit bemerkbar macht: in Mediendebatten können alle möglichen Erwartungen und Vorstellungen an das Medium gekoppelt werden, gerade weil es unterbestimmt ist. Ich möchte diesen Aspekt am Beispiel der Debatte um das Internet in Gestalt des Web 2.0 näher ausführen.

Funktionale Unterbestimmtheit von Medien

Ebenso diverse Anschlüsse wie vergangene Mediendebatten versammelt auch jene um das Web 2.0. Während das Web 2.0[38] ebenso wie das Internet ganz generell[39] bei seiner Einführung zunächst als Verbesserung einer demokratischen Öffentlichkeit gefeiert wurde, freut man sich inzwischen zunehmend mehr über die eine Woche ohne Netz. Eine Facebook-Userin, die sich gegen den weiteren Gebrauch dieses medialen Formats entschieden hat, erklärt:

> Ich werde auch nicht mehr grübeln müssen, wer Eike Schmand ist, und warum er ausgerechnet mit mir befreundet sein möchte. Ich schwöre, ich kenne ihn nicht. Auch muss ich keinen Gedanken mehr daran verschwenden, warum der stellvertretende Chefredakteur irgendeines Magazins meine Freundschaftsanfrage ignoriert, was sich genauso anfühlt wie ein Korb vom DJ. Ich werde auch nicht mehr meine Lippe aufbeißen, während ich mich in den Leben der anderen verliere, ihre Urlaubfotos betrachte, ihre Kinder, Häuser und Partner. Es wird kein Stalken der Exfreunde und der neuen Freundin des Exmannes der Freundin mehr geben. Und ich werde auch keine Angst mehr haben müssen, dass sie mithilfe des ‚Profile Spy' eines Tages herausfinden,

36 Siehe Rheingold 1994.

37 Siehe Turkle 1995 und 2012.

38 Siehe O'Reilly 2005.

39 Siehe Rheingold 2002 und 1994.

> wie viele Stunden ich mich durch ihre kleinen Leben gewühlt habe.[40]

Zusätzlich zu den online geführten Debatten über die Chancen und Probleme des virtuellen Zeitalters, findet sich auch Ratgeberliteratur in Form von Büchern, die (womöglich ähnlich den moralischen Wochenschriften) über den Fluch bzw. den Segen des Internets und des Web 2.0 verhandeln.[41] Samy Nurian erklärt die Motivation für die Abfassung ihres Buchs *Als wir noch analog lebten* mit dem Anspruch:

> eine Kleinigkeit in Erinnerung rufen [zu wollen]: dass ‚da draußen' noch ein Leben möglich ist, ohne auf Laptops, Blackberrys und iPhones zu spielen, E-Mails zu checken, sich auf Facebook herumzutreiben, Videos anzuschauen, SMS in Handys zu tippen und hier und da mit diesem und jenem zu chatten. […] Mag sein, dass es der Lauf der Zeit ist und so wenig aufzuhalten wie ein Tsunami. Aber brauchen wir nicht wenigstens ein bisschen Impfstoff gegen die drohende digitale Verdummung, gegen die restlose Auslieferung an eine Technologie, deren Verfechter auf kritische Nachfragen stets eminent empfindlich reagieren?[42]

Andere Beiträge zur aktuellen Mediendebatte um das Web 2.0 greifen diese hier formulierten Kritikpunkte auf, setzen sie aber in ein ambivalenteres Verhältnis. Alex Rühle, ein Journalist, erklärt etwa in seinem Selbsterfahrungsbericht von seiner halbjährigen Internet-Pause:

> Das Netz sei mit Geschmeiden behängt und mit Ölen gesalbt, es möge ihm wohlergehen immerdar, der Herr lasse leuchten Sein Angesicht über ihm und gebe ihm Frieden. Ich habe aber das Gefühl, dass ich mir darin selbst abhanden komme. […] Im Nachhinein kamen mir solche Tage vor, als

---

40 Welt online, 26.05.2010.

41 Eine Zusammenstellung amerikanischer Debattenbeiträge zur Einführung des Internets unter besonderer Berücksichtigung des Web 2.0 findet sich in Bauerlein 2011 (siehe auch Morozov 2011 und Wu 2010). Auf dem deutschen Buchmarkt sind in den vergangenen Jahren eine Reihe an Büchern erschienen, die sich mit den Folgen des Internets durch die Einführung von Web 2.0-Formaten wie etwa Facebook auseinandersetzen und damit eine medienkritische Öffentlichkeit im Sinne von Mediendebatten herstellen. Die Titel hier lauten etwa: *Ich bin dann mal offline* oder *Wer bin ich, wenn ich online bin…*, oder *Die Facebook-Falle*).

42 Nurian 2009, 13ff.

> hätte ich in der staubtrockenen Luft eines Kopierladens fortwährend nur leere Blätter in die Luft geworfen, bleiche, zerfaserte Zeit. Als würde da einer hinter meinem Rücken, während ich in den Bildschirm starre, mit dem Tintentod über den Tag drübergehen: Kaum vergangenen, ist alles verblasst.[43]

Ähnlich ambivalent liest sich die Begründung der bewusst gewählten Offline-Zeit im Aussteiger-Bericht von Christoph Koch:

> Ein Stück weit war mein Selbstversuch sicher auch der sentimentale Versuch einer Rückkehr in jene ‚gute alte Zeit', in der ich am Nachmittag auf mein Fahrrad stieg und zur Tischtennisplatte im Park fuhr, weil einfach immer jemand da war, der mitspielen würde. In der man sich mit einer Gitarre und einer Kiste Bier um ein Lagerfeuer setzte und noch niemand wusste, was SMS und Chats und Tweets und Facebook überhaupt waren. Geschweige denn, wofür man sie brauchen sollte. Doch natürlich konnte diese Rückkehr nicht mehr gelingen - oder eben nur zeitweise. Zum Glück.[44]

Und auch der Beitrag von Frank Schirrmacher zur Debatte zeigt, dass die Diskutanten die aktuelle Mediendebatte um das Web 2.0 durchaus relativieren können im Hinblick auf mediale Neuerungen und deren Diskussion in der Vergangenheit:

> Wann immer eine neue Technologie - Fernsehen, Kino, Radio oder der Telegraf - geboren wurde, standen die Klageweiber an der Wiege und beweinten den absehbaren Tod von Vernunft und Gefühl. Wir haben diese neuen Technologien nicht nur alle überlebt, sondern sind, statistisch gesehen, über die Jahre immer noch klüger geworden.[45]

Trotz aller Relativierung der neuartigen Medienerfahrung wird diese dennoch als problematisch erlebt. Das Problem, das Schirrmacher in Bezug auf das Internet resp. den Computer verhandelt, besteht in der Allmacht von Maschinen, die dem autonomen (bürgerlich-selbstbestimmten) Subjekt den Rang ablaufen:

> Aber jetzt ist die Lage eine ganz andere. Die modernen Technologien, die im Internet kulminieren, sind nicht einfach nur Anbauten in unserem schönen Haus, nicht einfach nur ‚neue Medien'. Und die pädagogische Ermahnung der

43 Rühle 2010, 19.

44 Koch 2010, 239.

45 Schirrmacher 2009, 46.

> sechziger Jahre ‚Schau nicht so viel Fernsehen!' kann man auf diese Technologien nicht anwenden. Sie sind inzwischen Einwohnermeldeamt und Telefonauskunft, sie werden bald beurkundete Dokumente versenden dürfen und zu Kommunikationsplattformen zwischen Staat und Bürger werden. Sie werden zu Bestandteilen staatlicher Bürokratie. Wir sind bereits irreversibel abhängig von ihnen. [...] indem wir uns in und mit ihnen ausdrücken, treten wir, wie geschickt die Softwareingenieure dies auch verbergen wollen, fast immer, wenn wir glauben, mit Menschen zu kommunizieren, in Wahrheit in Wettbewerb mit den Maschinen.[46]

Die Ausschnitte zeigen einerseits, dass das Internet bestimmte Erfahrungspraktiken ermöglicht, die in der bisherigen Mediennutzung so nicht aufgetaucht sind: die Grenze zwischen Öffentlichkeit und Privatheit scheint sich zu verschieben, Informationsgenerierung ist in einem neuen Maß möglich und die Kontaktaufnahme mit anderen verläuft schneller und diverser als in der herkömmlichen Interaktion unter Anwesenden. Hieraus lassen sich durchaus Indikatoren dafür ableiten, wie das Internet bzw. das Web 2.0 die Nutzer mit neuen Erfahrungsmöglichkeiten konfrontiert, die bisherige Erwartungsstrukturen nicht eingeräumt haben. Das Medium erscheint damit tatsächlich als generative Kraft, die die soziale Ordnung auf ein alternatives Niveau heben kann. Es werden spezifische Erfahrungsmuster durch das neue mediale Format erschüttert – das Web 2.0 als mediale Form scheint sich also durchaus auf ganz spezifische Weise in die sozialen Praktiken einzuschleichen und diese zu transformieren. Gleichzeitig zeigen die Ausschnitte aber auch, dass dem Internet in Gestalt des Web 2.0 als neuartiger medialer Form alle möglichen Erfahrungswerte attestiert werden können: während es einerseits als Heilsbringer gepriesen wird, erscheint es andererseits als Keim allen Übels. Es geht bei der soziologischen Beobachtung dieser Debatten dann vielleicht gar nicht so sehr darum, wer recht hat und wer nicht. Als mediensoziologischer Befund dürfte aber interessant sein, dass sich diese diversen Anschlüsse aus der medialen Unterbestimmtheit erklären lassen. Gleichwohl das Medium sich in bestimmte Praktiken einschleicht und diese auf geheimnisvolle Weise zu transformieren scheint, wird gleichsam sichtbar, dass zumindest die Mediendebatten deshalb funktionieren, weil dem Medium alle möglichen Erfahrungswerte angeheftet werden

46 Ebd., 46f.

können. Womöglich ähnlich wie ein *leerer Signifikant*[47] funktioniert das Medium innerhalb der Debatte als ein Bezugspunkt, der auf funktionale Weise mit einem Bedeutungsüberschuss angereichert werden kann, weil er gleichsam von Bedeutung entleert ist.

Der leere Signifikant ist eine Figur, die in der Öffentlichkeitssoziologie durch das Werk von Ernesto Laclau Bekanntheit erlangt hat. Für Laclau ist der leere Signifikant zunächst eine Lösung für das Problem, die Einheit des Systems im System darzustellen zu können.[48] Weil dies nicht extramundan, also außerhalb diskursiver Praktiken des Systems möglich ist, wird versucht, die Praxis der systeminternen Signifikation zu unterlaufen. Denn diese kann immer nur erneut auf die Differenz des Bezeichnens im System verweisen.

> Aber wenn wir keine Differenz bezeichnen wollen, sondern - ganz im Gegenteil - einen radikalen Ausschluss, welcher Grund und Bedingung aller Differenzen ist, dann kann in diesem Fall keine Produktion einer weiteren Differenz diesen Zweck erfüllen.[49]

Erfunden werden müssen Bezeichnungsformen, die so tun, als ob sie für das Ganze stehen könnten, ohne eine erneute Differenz des Bezeichnens zu markieren; „nur durch das Entleeren ihrer differentiellen Natur [...] kann das System sich selbst als Totalität bezeichnen."[50] Laclau überträgt nun diesen zunächst sprachtheoretisch gewonnen Gedankengang auf das Soziale. Er interessiert sich für die Füllpraxis dieses solchermaßen entleerten Signifikanten, die sich bei ihm in Gestalt eines politischen Diskurses unterschiedlicher Partikularitäten zeigt. Diese kämpfen um die Beantwortung der Frage, welche Bedeutungsgehalte das System - also: die Gesellschaft als leerer Signifkant - repräsentiert. Es bilden sich im Sinne von Äquivalenzketten Hegemonien heraus, die aber immer nur erneut zeigen, dass das Ganze nicht durch eine Zentralmetapher zusammengehalten wird, sondern vielmehr auf die „Unmöglichkeit von Gesellschaft"[51] im Sinne eines feststehenden Begriffs der Totale verweist. Der hegemoniale Diskurs zeigt sich bei Laclau (auch in Zusammenarbeit mit Chantal Mouffe) im Mantel des Politischen. Sie begreifen ihre Perspektive als postmarxistisches Programm, mit der

47 Siehe Laclau 1996.

48 Hiermit ist bei Laclau zunächst nur das System der Sprache gemeint.

49 Ebd., 69.

50 Ebd.

51 Ebd., 76.

sie sich von den vermeintlich historisch feststehenden Differenzen des Marxismus abzugrenzen versuchen. Mit Stäheli lässt sich nun beobachten, dass der Diskurs um leere Signifikanten auch in ganz anderen Kontexten auftaucht. So nennt Stäheli etwa das Beispiel der Populärkultur, in der sich ähnliche Mechanismen zeitigen. In Schönheitswettbewerben, so Stähelis Fallbeispiel für das Populärkulturelle, muss Schönheit „von ihren partikularen, kulturspezifischen Bedeutungen entleert werden; sie muss zu einem Signifikanten ohne Signifikat werden, der als Projektionsfläche für unterschiedliche Bedeutungen dient."[52] Erst dann kann sich ein Vergleichsarrangement ausbilden, über das Diskurse entstehen. Jetzt können Ordnungsfragen - nämliche jene der Ästhetik - diskursiviert werden im Sinne der Ausbuchstabierung einer Hegemonie. Dieser hier auf den Bereich des Populärkulturellen übertragene Mechanismus lässt sich womöglich auch im Falle von Mediendebatten zeigen. Nur weil Medien unterbestimmt genug sind, lassen sich diverse Vorstellungen mit ihnen verbinden - seien es nun Befreiungsutopien oder Schreckgespenster. Die unterbestimmte Form, die Medien innerhalb von Mediendebatten als Bezugspunkt annehmen, lässt sich mit Don Ihde schließlich ganz generell für den Mediengebrauch feststellen. Er formuliert für den Gebrauch von Techniken:

> The designer's intentions play only a small part of the subsequent history of the artifact. It was, after all, Nobel's intention in the invention of dynamite that it be used for mining and the benefit of humankind. Design, in the history of technology, usually falls into the background of a multiplicity of *uses*, few of which were intended at the outset. [...] There is no ‚thing-in-itself'. There are only things in contexts, and contexts are multiple.[53]

Übertragen auf den praktischen Gebrauch von Medien bedeutet dies: das Medium hinterlässt zwar Spuren innerhalb von Praktiken des Umgangs mit ihnen. Allerdings schreiben sich Medien nicht automatisch und immer gleich in soziale Praktiken ein. Ihre Nutzung ist womöglich gerade deshalb möglich, weil ihre Einschreibefläche relativ subtil, unterbestimmt gehalten ist.

Ich fasse meinen Befund zusammen: Der Stand der Literatur zur Praxis medialer Wahrnehmung und zur Wirkweise von Medien scheint von einer seltsamen Spukfigur auszugehen. Einerseits wird

---

52 Stäheli 2000, 96.

53 Ihde 1990, 69.

den Medien eine starke Wirkungsmacht zugesprochen. Sie verändern soziale Ordnung und revolutionieren unsere Wahrnehmungsmuster. Insofern dienen sie zumindest der Medientheorie als Indikator für den sich wandelnden Geschichtsverlauf. Andererseits zeichnen sich Medien gerade dadurch aus, dass wir sie einfach benutzen können, ohne uns ihrer bewusst zu sein. Ihre Materialität und Eigengesetzlichkeit verschwindet im praktischen Vollzug: sie wird unsichtbar. Meine Hinwendung zu empirischen Mediendebatten sollte nun Unterschiedliches zeigen: einerseits wurde sichtbar, dass Medien offenbar tatsächlich jenen Einfluss auf soziale Ordnung haben können, den ihnen die Medientheorie attestiert. Wie man am Beispiel des Buchdrucks sehen konnte, hat dieser tatsächlich dazu beigetragen, die Plausibilitäten einer bürgerlichen Gesellschaft herzustellen. Gleichzeitig habe ich am Beispiel der Einführung des Telefons deutlich machen wollen, dass sich diese Medienrevolutionen nicht automatisch einstellen. Nicht jedes Verbreitungsmedium führt automatisch und überall gleichermaßen zu einer Schockwirkung und den damit verbundenen Mediendebatten. Schließlich lässt sich an den unterschiedlichen Anschlüssen innerhalb von Mediendebatten sehr schön beobachten, dass sich Medien vielleicht nicht nur durch ihre prinzipielle Unsichtbarkeit, sondern auch durch ihre Unterbestimmtheit ausweisen lassen. Dass wir es mit Medien zu tun haben, wird in einer Zeit der Medienvielfalt und des Medienpluralismus und der beständigen Einführung neuer medialer Formate immer mehr zum gewöhnlichen Alltagsthema. Die Diversität der Debatten über Medien wird aber wiederum nur erklärbar, wenn man sich die Unterbestimmtheit von Medien vergegenwärtigt. Erst dann kann sich eine Diskussion einstellen, in der die mögliche Schockerfahrung zu den Risiken und Nebenwirkungen von Medienpraktiken therapeutisch verarbeitet werden kann.

Bibliographie

Adorno, Theodor W. (1953): Prolog zum Fernsehen. In: Ders.: Texte zur Theorie und Geschichte des Fernsehens. Stuttgart. 52–66.

Baecker, Dirk (2007a): Studien zur nächsten Gesellschaft. Frankfurt am Main.

Baecker, Dirk (2007b): Wozu Gesellschaft. Berlin.

Baudelaire, Charles (1989): Der Salon von 1859. In: Ders.: Sämtliche Werke/Briefe. Bd. 5 (Aufsätze zu Literatur und Kunst 1857–1860). Herausgegeben von Friedhelm Kemp (u.a.) München/Wien. 127–212. [Orig. 1859].

Bauerlein, Mark (Hrsg.) (2011): The Digital Divide. New York.

Bourdieu, Pierre (1996) On Television. New York.

Brecht, Bertolt (2000): Der Rundfunk als Kommunikationsapparat. In: Engell, Lorenz (u.a.) (Hrsg.): Kursbuch Medienkultur. Die maßgeblichen Theorien von Brecht bis Baudrillard. Stuttgart. 259–263.

Douglas, Mary (1998): Ritual, Reinheit und Gefährdung. In: Belliger, Andréa/Krieger, David J. (Hrsg.): Ritualtheorien. Ein einführendes Handbuch. Wiesbaden. 77–96.

Feyerabend, Karl (1914): Die siebente Kunst? In: Neue Preußische (Kreuz-)Zeitung 181 (19.4.1914). 2. Beilage.

Fiske, John (1987) Television Culture. London.

Grampp, Sven/Wiebel, Eva (2008): „Revolution in Permanenz". Die Erfindung des Buchdrucks als Gründungsfigur der Neuzeit. In: Grampp, Sven (u.a.) (Hrsg.): Revolutionsmedien – Medienrevolutionen. Konstanz. 95–123.

Hall, Stuart (1980): Encoding/Decoding. In: Ders. (Hrsg.): Culture, Media, Language. Working Papers. Cultural Studies, 1972–79. London. 128–138.

Ihde, Don (1990): Technology and the Lifeworld. Bloomington.

Innis, Harold A. (1997): Kreuzwege der Kommunikation. Wien/New York. [Orig. 1950].

Kittler, Friedrich (1986): Grammophon, Film, Typewriter. Berlin.

Koch, Christoph (2010): Ich bin dann mal offline. Ein Selbstversuch. Leben ohne Internet und Handy. München.

Koschorke, Albrecht (1999): Körperströme und Schriftverkehr. Mediologie des 18. Jahrhunderts. München.

Kracauer, Siegfried (1960): Theory of Film. The Redemption of Physical Reality. New York.

Kracauer, Siegfried (1963): Das Ornament der Masse. Essays. Frankfurt am Main.

Krämer, Sybille (2008): Medium, Bote, Übertragung. Kleine Metaphysik der Medialität. Frankfurt am Main.

Kümmel, Albrecht (u.a.) (Hrsg.) (2004): Einführung in die Geschichte der Medien. München.

Laclau, Ernesto (1996): Emanzipation und Differenz. Wien.

Lenk, Carsten (1997): Die Erscheinung des Rundfunks. Einführung und Nutzung eines neuen Mediums 1923–1932. Opladen.

Leschke, Rainer (2008): Vom Eigensinn der Medienrevolutionen. Zur Rolle der Revolutionsrhetorik in der Medientheorie. In: Grampp, Sven (u.a.) (Hrsg.): Revolutionsmedien – Medienrevolutionen. Konstanz. 143–169.

Luhmann, Niklas (1997): Die Gesellschaft der Gesellschaft. Frankfurt am Main.

Luhmann, Niklas (2000): Die Politik der Gesellschaft. Frankfurt am Main.

McLuhan, Marshall (1964): Understanding Media. The Extensions of Man. Corte Madera.

McLuhan, Marshall (1995): Die Gutenberg-Galaxis. Das Ende des Buchzeitalters. Bonn/Paris. [Orig. 1962].

Morozov, Evgeny (2011): The Net Delusion. How not to Liberate the World. London.

Nurian, Samy (2009): Als wir noch analog lebten. München/Wien.

Postman, Neil (1985): Wir amüsieren uns zu Tode. Urteilsbildung im Zeitalter der Unterhaltungsindustrie. Frankfurt am Main.

Rammert, Werner (1989): Wie das Telefon in unseren Alltag kam... – Kulturelle Bedingungen einer technischen Innovation und ihrer gesellschaftlichen Verbreitung. In: Hessische Blätter für Volks- und Kulturforschung. Heft 28. Sonderband „Telefonieren". 77–90.

O'Reilly, Tim (2005): What Is Web 2.0. Design Patterns and Business Models for the Next Generation of Software. <http://www.oreillynet.com/pub/a/oreilly/tim/news/2005/09/30/what-is-web-20.html> [Letzter Zugriff: 12.06.2012].

Rheingold, Howard (1994): Virtuelle Gemeinschaft. Soziale Beziehungen im Zeitalter des Computers. Bonn/Paris.

Rheingold, Howard (2002): Smart Mobs. The Next Social Revolution. Cambridge.

Ruchatz, Jens (2004): Das Telefon – Ein sprechender Telegraf. In: Kümmel, Albert (u.a.) (Hrsg.): Einführung in die Geschichte der Medien. Paderborn. 125–150.

Rühle, Alex (2010): Ohne Netz. Mein halbes Jahr offline. Stuttgart.

Schirrmacher, Frank (2009): Payback. Warum wir im Informationszeitalter gezwungen sind zu tun, was wir nicht tun wollen, und wie wir die Kontrolle über unser Denken zurückgewinnen. München.

Schweinitz, Jörg (1992): Prolog vor dem Film. Nachdenken über ein neues Medium 1909-1914. Leipzig.

Siegmund, Gerald (2011): ‚Un-Fug': Gespenster und das Wahrnehmungsdispositiv des Theaters. In: Ders./Bolte-Picker, Petra (Hrsg.): Subjekt: Theater - Beiträge zur analytischen Theatralität. Festschrift für Helga Finter zum 65. Geburtstag. Frankfurt am Main. 31–45.

Sizeranne, Robert de la (1980): Ist die Fotografie eine Kunst? In: Ders.: Theorie der Fotografie I. München. 212–218. [Orig. 1899].

Stäheli, Urs (2000): Die Kontingenz des Globalen Populären. In: Soziale Systeme 6. 85–110.

Turkle, Sherry (1995): Life on the Screen: Identity in the Age of the Internet. New York.

Turkle, Sherry (2012): Alone Together: Why We Expect More from Technology and Less from Each Other. New York.

Welther, Tilman (2000): Medienrevolutionen und Redereflexe. Die Etablierung neuer Medien im Spiegel ihrer Diskurse. München.

Wu, Tim (2010): The Master Switch. The Rise and Fall of Information Empires. New York.

Agnieszka Roguski

Face YourSelf? Authentische Aufnahmen und Profil-Performance auf Facebook

Das normale Leben ist so öde, dass ich so viel wie möglich aus ihm raushole.

Steve Jones, Sex Pistols-Mitglied, zitiert im *Melody Maker*

Einleitung: Das Medium lebt

Teilen, erleben, Kontakte knüpfen - man muss nicht in die Tiefen der Netzkultur eindringen, um mitten im Alltag anzukommen. Hier, im sogenannten *Social Web*, tummeln sich Freunde jenseits analoger Unmöglichkeiten. Wer mitmacht beim Posten und ‚Liken' moderner Kommunikationstechnologien, kann sich schnell und flächendeckend durch sein global-vernetztes Sozialleben navigieren und dabei dennoch an Ort und Stelle bleiben. Denn innerhalb einer „kulturellen Evolution"[1] wird unmittelbar konsumiert, was persönlich produziert wird: im selbst organisierten Netzwerk des *Prosumenten.*[2]

Facebook heißt der Riese am Markenhimmel der Online-Kommunikation; eine 2004 von Studierenden gegründete US-Firma, die mittlerweile rund 900 Millionen registrierte Accounts unter ihrem Dach beherbergt, Anzahl steigend.[3] Skandal, Verfilmung, Mythos - Facebook genießt den Ruhm eines medialen Superstars. Die ‚Echtheit' der User wird dabei unterschiedlich verhandelt - zwar wird online mittels selbst geschaffener Profile kommuniziert, in der Regel jedoch auf real existierende Personen und Institutionen zurückgegriffen. Vorstandsmitglied Sheryl Sandberg ist sich sicher: „Face-

1 Faßler 1999, 6.

2 Der Begriff „Prosument", ein etymologisches Zwitterwesen aus Produzent und Konsument, wurde 1980 von Alvin Toffler und dessen Buch *Die dritte Welle* geprägt. Toffler beschreibt darin vorwiegend die Personalisierung von Gütern, die die Einbindung des Kunden als Teil des Produktionsprozesses nach sich zieht.

3 Siehe Allfacebook. Der inoffizielle FacebookBlog. Facebook Nutzerzahlen, <http://allfacebook.de/userdata/>.

book is where you are yourself, your authentic self on the Web."[4] Tatsächlich?

In der Look-and-Feel-Ästhetik aus Einfachheit, ikonographischer Konstanz und kühler Schreibtischatmosphäre darf das persönliche Lebenszeichen nicht fehlen; das Profilbild ist Logo und Eye-Catcher des „narrative[n] Selbst"[5]. Im Mittelpunkt von *Feedback* und *Usability* steht also der individuelle Nutzer, der in Form eines dynamischen Beziehungsgeflechts das *Verhältnis* an sich neu gestaltet. Denn innerhalb eines ortlosen, offenen Netzwerks scheint die Geste des Kontakts, des Zusammenhangs entscheidend zu werden. Avanciert so der Selbst-Entwurf des Einzelnen zum Indikator von Identifizierung und Zugehörigkeit - und letztlich zur Angelegenheit einer Formulierung, die mit maximaler Selbstverständlichkeit das eigene ‚Ich' erkennen lässt?

Ausgangspunkt ist also die Frage, ob wir auch auf Facebook authentisch sind - oder besser: wie wir Authentizität darstellen. Entscheidend wird hier der Brückenschlag zur fotografischen Aufnahme: Profilbilder fungieren als visuelles Pendant des virtuellen Selbst. Damit werden sie vom schweigenden Abbild zum handelnden Nachbild - kurzum: Sie setzen das in Szene, was Basis gegenseitigen Selbstverständnisses werden soll. Wie also können diese visuellen Stellvertreter beschrieben werden, die auf paradoxe Weise zwischen Inszenierung und Natürlichkeit oszillieren? Und welche Konsequenzen ergeben sich daraus für die Konzeption eines eigenen Selbst?

Im grenzenlosen Pool der Profilbilder lässt sich mehr Redundanz als Repräsentatives finden. So war es letztlich das Moment der Wiederholung selbst, das mich auf ein unauffälliges Aufnahmeschema aufmerksam machte und zum Gegenstand meiner folgenden Untersuchung wurde: das Webcam-Selbstporträt. Als mit der Computerkamera erzeugte Aufnahme verlagert es sowohl den Porträtierten als auch den Akt des Porträtierens in das Medium selbst, und kann so als paradigmatische Porträtform des Web 2.0 gesehen werden.

Mittels einer ästhetischen Bildanalyse entlang der Begriffe Authentizität und Performanz möchte ich beschreiben, wie ein authenti-

4 Sheryl Sandberg, zitiert nach Lummerding 2011, 206.

5 Reichert 2008, 9. Umso mehr Brisanz und Relevanz gewinnt das Erzählen durch die im Dezember 2011 eingeführte *Chronik* bzw. *Timeline,* die Profile transparent als Chronologie von Ereignissen darstellt.

sches Selbst auf Facebook erzeugt wird. Analog zum digitalen Netzwerk gehe ich dabei als ich-zentriertes, privates, kontingent positioniertes Subjekt vor. Die gewählten Aufnahmen sind dementsprechend Fundstücke meiner Perspektive als Nutzerin: Sie sind mit der Webcam aufgenommene Profilbilder, die auf Facebook von ‚Freunden' und ‚Freunden von Freunden' als solche verwendet wurden oder werden und stehen demnach alle in graduell unterschiedlicher Relation zu meinem persönlichen Profil.[6] Als solche können sie ‚gefallen' und kommentiert werden, betiteln visuell die betreffenden Profilseiten und begleiten ähnlich eines Logos den Namen der Person bei Postings, Verlinkungen und Kontaktsituationen. Damit kann meine Untersuchungsperspektive als exemplarisch gelten; sie passt sich den Repräsentationsstrukturen an, indem sie diese aufgreift und wiederholt - und so eine *„persönliche Öffentlichkeit"*[7] herstellt.

Zunächst soll jedoch ein begriffliches Instrumentarium skizziert werden, um von dort aus in die konkrete Analyse überzugehen.

Begriffliches Instrumentarium

Authentizität

Werden Erlebnisse und Freunde im Web 2.0 nun Teil eines persönlichen Narrations-Schemas, stellt sich die Frage: Wer erzählt hier? Und um wen geht es? Schließlich birgt das Aufkommen jeder neuen Technologie die Chance, bestehende Bedeutungsmuster aufzubrechen, denn sie ist zunächst relativ neutral und muss erst mit Bildern und Interpretationen versehen werden.[8] Auf Facebook speisen sich diese ‚Bilder' aus dem Repertoire tatsächlich stattgefundener Erlebnisse und persönlicher Vorlieben; sie müssen, wenngleich sie eine neue (Online-)Interpretation des (Offline-)Geschehen darstellen, in einen kohärenten Identitätsentwurf eingebettet werden, der mit dem Leben jenseits des Netzes korrespondiert.

---

6 Alle für die Analyse verwendeten Profilbilder wurden mit der Zustimmung der betroffenen Inhaberinnen und Inhaber verwendet und veröffentlicht. Sie sollen nicht im Einzelnen auf Personen verweisen oder zu ihnen verlinken.

7 Trepte/Reinecke 2009, 33.

8 Siehe Carstensen 2006, 2.

Sind wir auf Facebook also *authentisch*? Obwohl in der aktuellen Hochkonjunktur des Wortes meist unverfälschte Ursprünglichkeit mitschwingt, verspricht seine etymologische Herkunft mehr als ein natürliches Wesen. Das spätlateinische ‚authenticus' bedeutet so viel wie „zuverlässig verbürgt"[9], der griechische ‚authentes' bedient sich als Gewalthaber seines „eigenständigen Tuns des Urhebers"[10] und verweist damit klar auf die Legitimation von Macht und Ordnung. Authentizität fungiert damit als Gütesiegel und als „Kennzeichnung für echt gehaltene Repräsentationsverhältnisse"[11], was auf Facebook eine entscheidende Rolle für die Beglaubigung und Autorisierung von Beziehungen spielt - wer sich mit anderen teilt, muss sich auf diese anderen verlassen können. ‚Authentische' Selbstdarstellung fungiert demnach im Rahmen eines Profilbildes nicht nur als spezifische Form, sich selbst zu beschreiben; sie bietet Grund zur Annahme, diese Darstellung als ‚echte' Repräsentationsform zur Grundlage einer virtuell beglaubigten Beziehung werden zu lassen.

Außerdem gilt gemeinhin als authentisch, was die *Übereinstimmung zwischen Gemeintem und Artikuliertem* sichert. Was also Einheit suggeriert, ist prinzipiell gespalten in ein essenzielles Wesen und dessen Repräsentation. Nicht weit entfernt liegt hier die Assoziation des Spiegels, der die Realität scheinbar wirklichkeitsgetreu und unkonstruiert wiedergibt, ihr jedoch ebenso ein seitenverkehrtes Double gegenüberstellt. Ein Idealbild, das je nach Epoche unterschiedlich gerahmt wurde: Während in der antiken Rhetorik unmittelbare Gefühlsäußerungen sich nie auf ein „vorgängiges Substrat" purer Innerlichkeit beriefen, sondern im „Vollzug der Rede"[12] - und so einer Kunstfertigkeit - lagen, im Barock eine natürliche Selbstdarstellung sogar eine „gelungene[ ] Aufführung des gesamten Leibes"[13] mit maximaler Selbstbeobachtung respektive -beherrschung bedeutete, zog erst mit der Aufklärung der Geist unverfälschter Aufrichtigkeit des selbstverantwortlichen Subjekts auf. Transparenz wurde zum Ideal jeder Theaterbühne, die als Sinnbild und Wegweiser des aufgeklärten Bürgers fungieren sollte.[14] Die künstlerische Avantgarde des 20. Jahrhunderts tat vermeintlich

9 Duden 1963, 42.

10 Grittmann 2003, 126.

11 Schicha 2003, 28.

12 Kolesch 2005, 220.

13 Ebd.

14 Siehe ebd., 221f.

natürliche Darstellungsweisen schließlich als „kleinbürgerlich und spießig"[15] ab und passte nun umgekehrt die Bühne dem Alltag an: Authentizität wurde nicht mehr als ungebrochene, unmittelbare Inszenierung verstanden, sondern als Inszenierung der Unmittelbarkeit.

Im multimedial vernetzten Hier und Heute spielt die Kommunikation mit dem Publikum eine ebenso entscheidende Rolle, wenngleich die Bühne wie im postdramatischen Theater kein klar markiertes Gebiet mehr darstellen muss. Innerlichkeit wie Individualität werden als Erfolgsmodelle des *unternehmerischen Selbst*[16] zum repräsentativen Appell; im Internet wird Darstellung zum digitalen, virtuellen Akt, dessen Wirklichkeitsgehalt zunächst prinzipiell fragwürdig scheint - und deshalb überprüft werden muss. Fotografie als „das Medium, das Authentizität *als* diskursive und technisch-mediale Manipulation aufzeigt"[17], vermag hier eine Schlüsselfunktion einzunehmen, verspricht sie doch die *Übereinstimmung* von subjektiver Darstellung und objektiv einsehbaren Wirklichkeitsverhältnissen.

Wie also wird Authentizität sichtbar, wenn wir uns auf einer virtuellen Bühne befinden? Wie kann ein ‚wahres' Selbst dort in Erscheinung treten, wo jedes Profil zwar als persönliche Äußerung, nicht aber als Person selbst verstanden werden kann - jedoch *als* solche dargestellt wird?

Performanz

Treten Selbst und Selbstrepräsentation als *eines* in Erscheinung, stelle das eine paradoxe Konstruktion dar, meint die Soziologin und Internet-Pionierin Sherry Turkle.[18] Der *Effekt*, das Auslösen bestimmter Gefühle, ersetze das schlichte Äußern eben dieser. Identität werde mehr gepostet statt erkundet und unterliege in Form der

---

15 Ebd., 223.

16 Siehe auch Bröckling 2007. Verstanden werden kann das unternehmerische Selbst als Leitmodell der Gegenwartskultur: des *Selbstmanagements*, welches Arbeit, Subjektivität und Wissen in einen neoliberalen Verwertungszusammenhang bringt. Kreativität, Flexibilität und Effizienz werden zu individuellen wie totalitären Anforderungen, indem das einzelne Subjekt *sich selbst* diszipliniert, anstatt diszipliniert zu werden.

17 Stiegler 2010, 341.

18 Siehe Turkle 2011, 4.

‚Pflege' einer gesteigerten Beschäftigung mit dem vorwiegend eigenen Profil – einer zweckorientierten virtuellen Performance. Was also, wenn um Aufmerksamkeit bemühte Identitätsformen sich als Profilbilder visuell artikulieren?

Als Anfang einer Antwort dient der Begriff der Performanz. Denn schon auf etymologischer Ebene verweisen Performances – und ebenso Performanz – auf zwei Bereiche: jenen der Aufführung und jenen der Leistung.[19] Eine kulturell sehr aktuelle Doppelbödigkeit, denkt man an ‚eine gelungene Gesamtperformance' verschiedener Marken oder Manager. Als Verbform weist *to perform* allerdings nur mehr auf den bloßen Akt hin: *to perform* bedeutet handeln, tun, vollziehen.[20] Performanz liefert damit eine passende Vorlage für kulturwissenschaftliche Paradigmenwechsel. Denn wo Ausführung und Aufführung zusammentreffen, liegt der gedankliche Brückenschlag nahe, auch soziale Konzepte als Verkörperung bestimmter Wertmuster in Form von Akten zu begreifen, indem sie durch deren bloße Äußerung *vollzogen* werden.

Aufführungen zeichnen sich zunächst vor allem durch die Anwesenheit von Publikum wie Performern aus, die etwas wahrnehmen, das nur auf sich selbst verweist – sie beglaubigen etwas Flüchtiges, nur im Vollzug Existentes und als Spur zu Erahnendes. Damit wird mit jeder Aufführung ein Moment von Wirklichkeit geschaffen, das so real wie erfunden gleichermaßen ist.

Stelle ich also ‚mich' als ‚mein Profil' dar, unternehme ich damit eine performative Äußerung; denn was als ‚ich' gepostet wird, wird schließlich zu ‚mir', indem ich es poste. Ich setze ein Moment von Realität, das doch nie greifbar ist, verwandle und kommuniziere mich gleichermaßen und füge mich in ein schon bestehendes Set aus Konventionen ein. Performanz bedeutet damit immer auch Re-Inszenierung von Sinnstrukturen und Konzepten, die bereits bestehen. Erfreuen sich diese der Eigenschaft, als unumstößlich, ontologisch oder biologisch gegeben zu gelten, steigt ihre Wirkmacht in der Wiederaufführung – ein Charakteristikum, dessen sich das Konzept der Authentizität in höchstem Maße bedient.

Ich möchte deshalb in erster Linie auf einen Performanzbegriff zurückgreifen, wie er im Zuge des sogenannten *‚performative turns'* in den späten 1980er Jahren von Judith Butler geprägt wurde. Denn

19 Siehe Fischer-Lichte 2005, 234.

20 Siehe ebd.

dieser zeichnet sich durch eine stark soziale Verfasstheit und eine historische Dimension aus und hat das Moment der Re-Inszenierung als zentralen Angelpunkt: Nicht der einzelne Akt steht im Vordergrund, sondern dessen permanente Wiederholung. Die Implikationen kultureller Konzepte - wie etwa *gender* oder *race* - würden in Form von Szenen so lange wiederholt, bis sie den Anschein einer naturgegebenen Realität erhielten und als unumstößlich gelten. Wirklichkeit - und so auch der Entwurf eines authentischen Selbst - sei demnach nichts als eine Szene, welche die Wirkmacht eines Diskurses verkörpere - und verkörpern lasse. Denn es sind wir selbst, die Akteure, in die sich Gesten, Posen, Worte und Handlungen einschreiben - als „zitierende Praxis, durch die der Diskurs die Wirkungen erzeugt, die er benennt“[21]. Wir selbst, nichts als affirmative Zitate?

Nicht unbedingt. Denn Wiederholung impliziert ebenso die Möglichkeit der Differenz zum Vorhergehenden.[22] So kann ein authentisches Selbst nie mit dessen Repräsentation identisch sein: Diese stellt vielmehr die gestische Wiederholung einer herrschenden Vorstellung (eines Ich-Konzepts) dar. Was als ‚Ich‘ wiederholt wird, bezieht sich nicht auf ein regierendes, immer gleich bleibendes Bedeutungsschema (einen ‚wahren Charakter‘), sondern auf den vorhergehenden Akt der Repräsentation, der „echogleich“[23] wiedergegeben wird - und so immer etwas anders klingt als sein Vorgänger. Die Bedeutungsmacht liegt demnach in einer Gesamterscheinung von Gesten, die diese Bedeutungen (hier: Ich-Konzepte) nachahmen bzw. wiederholen. Auf längere Sicht bietet die Dominanz der gestischen Praxis so die Möglichkeit, bestehende Vorstellungen (eines ‚Ichs‘) mit neuem Bedeutungsgehalt zu füllen, auch wenn dessen Bezeichnung die gleiche bleibt.

Ein authentisches Ich würde dementsprechend den gleichen Authentizitätsbegriff zitieren, das Zitieren selbst jedoch verändern -

---

21 Butler 1997, 22.

22 Im Rekurs auf Derrida untersucht Butler das Potenzial der Resignifikation und Iteration: Wenn Macht nicht auf einen autoritären Zwang bzw. ein autoritäres Subjekt reduziert werden kann, wirkt sie als „ein ständig wiederholtes Handeln, das Macht in ihrer Beziehung und in ihrer Instabilität *ist*“ (Butler 1997, 309). In diesem Sinne birgt Handeln die Chance auf Umschreibung und Neubesetzung von Konzepten und Bezeichnungen.

23 Ebd., 309.

und so neue Wahrnehmungs- und Bedeutungsmuster schaffen. Entscheidend ist, wer sich von wo aus artikuliert. So kann schließlich auch das traditionell als ,unecht' abgetane Internet zu einem Raum werden, in dem Handlungen in ihrer ,Echtheit' bewertet und wahrgenommen werden.

Um diese Echtheit herzustellen, müssen Orientierungspunkte für eine stabile und kohärente Identität gefunden werden, die einem ständigen Abgleich zwischen Innen- und Außenperspektive unterliegt; eine *geteilte* Identität, die repräsentiert und kommuniziert wird. Soziale Wirklichkeit gestaltet sich nach Butler also im Moment gemeinsamer Wahrnehmung, was das Handeln eines authentischen Akteurs in ein komplexes Feld zwischen Spiegel-Blick, intimer Innerlichkeit, Präsenz, Wirklichkeit und dezidierter Inszenierung verlagert. Ein Feld voller Widersprüche und Formulierungsfragen, das ich nun mit Hilfe verschiedener Repräsentationsmomente genauer betrachten möchte.[24]

Facetten authentischen Teilens

Nichts als die Wahrheit – der Blick in den Spiegel

Abb. 1

Wo können wir es sehen, unser wahres Selbst? Am liebsten dort, wo wir es nicht aus dem Blick verlieren können: im eigenen Spiegelbild. Mit dieser Analogie spielt die Webcam nicht nur metaphorisch: Im Gegensatz zu Foto- oder Handykameras *spiegelt* sie den Bildinhalt. Eine für Selbstporträts typische Perspektivwahl; fungiert ein Porträt doch als „Index, Symbol, Ikone und Metapher"[25] für Identität

24 Ich werde im Anschluss den Begriff *Protagonistin/Protagonist* für alle hier erscheinenden Profilinhaberinnen und -inhaber verwenden, da mir dieser Begriff im Hinblick auf Visualisierungsstrategien eines *narrativen Selbst* am treffendsten scheint.

25 Bright 2005, 13.

und kann dadurch als eine Art *Fenster* verstanden werden, das zu uns selbst oder wenigstens einer Version unserer selbst führt.

Abb. 2

Gefällige Ergebnisse seien hier demnach immer schon eine wichtige Regel gewesen: „The good portraitist has always had the capability, [...] to mirror this self-perceived imagery of the sitter."[26] Wessen Blick wird im Selbstporträt also sichtbar? Wer sieht hier wen - und was, wenn nicht nur idealisierte Oberflächen?

Basierend auf der Idee, ein austauschbares Äußeres mit einmaliger Wesenhaftigkeit aufzuladen, verweist das Gesicht als zentraler Ausdrucksträger der Aufnahmen zunächst auf Charakter bzw. Persönlichkeit. Ob durch mittige Platzierung (Abb. 2) oder spezielles Vorbeugen in den Lichtfokus (Abb. 1), das Gesicht steht im Rampenlicht vor einem als Hintergrund verschwindenden Raum.

Ein individuelles *Wesen* zu verkörpern mag eine gewisse Dringlichkeit besitzen. Denn „Identität ist in Auflösung begriffen"[27], zumindest im digitalen Format. Die deutlich wahrnehmbare Digitalität der Aufnahmen wirkt in diesem Sinne nicht ‚falsch', sondern vielmehr ehrlich: Sie offenbart ein potenzielles *Als-Ob* zwischen Möglichkeit und Wahrscheinlichkeit.

Die Identifikation *mit* etwas oder jemandem - und sei es dem eigenen Spiegelbild - birgt schließlich immer schon den Vorgang einer Verwandlung in ein imaginiertes Zweites. Das heißt, es entsteht ein auf einer imaginären Ebene situiertes *Ideal-Ich*[28], das eine Version unseres Selbst gleichermaßen möglich wie real macht. Frisch gestylte Frisur und Perücke lassen die Protagonistinnen dementsprechend verschiedene *Rollen* spielen, kurz und unverbindlich, ohne dabei ein ‚eigentliches' Ich zu negieren. Im Gegenteil: als spielerische Möglichkeit deuten sie gerade auf ein Selbst hin, das hinter dem Spiegelblick besteht wie ein Schauspieler hinter seiner Rolle. Der Blick auf

26 Pinkard 1982, 247.

27 Amelunxen 2002, 69.

28 Ein Lacan'scher Terminus des Aufsatzes/Vortrags *Das Spiegelstadium als Bildner der Ichfunktion,* siehe Lacan 1986, 64.

den Monitor kontrolliert das Erscheinungsbild, das schließlich *nach* der Aufnahme korrigiert werden kann, dabei genauso wie der Blick in die Kamera. Die Beobachtung anderer spiegelt sich im Akt der Selbstbeobachtung.

Das Spiel mit Rollen, die doch einen kohärenten Ich-Entwurf wiederholen, erfordert jedoch vor allem einheitliche Lesbarkeit. Der Akt der Aufnahme kann so ebenfalls verstanden werden als Dialog zwischen Selbst- und Fremdblick, der auf die Beziehung von Protagonistin oder Protagonist und Publikum gründet. Spezifisch an dieser Rollenverteilung ist das Agieren aller als *Teilnehmende* derselben subjektiven Sichtweise, die auf diese Weise beglaubigt, ja objektiviert werden kann. Fotografin, Porträtierte und Betrachterin verschmelzen in *einer* aufgenommenen *Geste*.

Selbstblick und Fremdblick gehen dementsprechend eine widersprüchliche Symbiose ein. Dies mag zunächst kein außergewöhnlicher Umstand sein, schreibt Barthes doch selbst, vor der Kamera sei er sowohl „der, für den ich mich halte", als auch „der, für den ich gehalten werden möchte"[29]. Neu ist allerdings eine mediale und temporäre Vereinheitlichung: Der Bildschirm wird zur Oberfläche für Kamera *und* Foto im gleichen Moment und wird so als polyvalenter Kontrollmonitor *in Szene gesetzt*. Ein Akt gegenseitiger Selbstversicherung, der in geteilter *Produsage* verschmilzt und so die Protagonistinnen und Protagonisten erst produziert.

Webcam-Selbstporträts speisen sich dementsprechend aus einem Individualitäts-Diskurs, der sowohl „auf eine unhintergehbare Differenz" hindeutet als auch ein diskursiv produziertes „Einheitsprinzip"[30] darstellt, innerhalb dessen lose Entwürfe zusammengeschweißt werden. Was Einheit suggeriert, ist von Grund auf gespalten. Denn sobald gesagt wird ‚Das bin ich', kann es diese Person nicht mehr sein – sie befindet sich neben ihr, auf sie zeigend. So sei laut Barthes das Selbstporträt schließlich nichts als ein „bizarrer Vorgang": „Ich ahme mich unablässig nach, und aus diesem Grund streift mich jedes Mal, wenn ich photographiert werde [...], unfehlbar ein Gefühl des Unechten."[31]

---

29 Barthes 1985, 22.

30 Foucault 1980, 277.

31 Barthes 1985, 22.

Intime Einblicke

Abb. 3

Wird das Posieren vor dem Spiegel, ein hochgradig intimer Akt der Goffman'schen Hinterbühne,[32] so zur öffentlichen Geste?

Wo einst das eigene Erscheinungsbild korrigiert, betrachtet und trainiert wurde, wird nun gerade dies *als* Erscheinungsbild sichtbar; zum Gegenstand der Verständigung soll dienen, was hinter der Grenze von Intimität und Privatsphäre nicht ausgesprochen wurde. Intimität, gemeinhin als vertraut oder familiär verstanden, wird hier, im virtuellen Nirgendwo, zum eigentlichen Gegenstand der Beobachtung. Welche Konsequenzen birgt diese Grenzüberschreitung aber?

Zunächst kann festgestellt werden, dass die Protagonistinnen weder professionelle Models noch Fotografinnen und Fotografen darstellen. Facebook richtet sich, wenn auch vergeblich,[33] ausschließlich an Privatpersonen, was die hier vorgestellten Profilbilder als Amateuraufnahmen klassifiziert. Und so zu privaten Einblicken werden lässt - findet doch gewissermaßen ein ‚Besuch' in persönlicher Atmosphäre statt. Inmitten einer vorwiegend durch „weak ties"[34] bestehenden Gefolgschaft von ‚Freunden' verlangt ein solcher ‚Besuch' das Setzen einer *Beziehung*; man muss sich nah kommen, hier, in der Ferne.

Was wir sehen, sind deshalb fast ausschließlich Innenräume. Stets wird ein privater Lebenszusammenhang hergestellt, wie hier als Einsicht in Wohn- und Schlafzimmer. Persönliche Attribute, wie etwa die kaum erkennbare Unordnung, ‚garantieren' ein tatsächliches Zuhause.

---

32 Siehe Goffman 1969.

33 Vor allem Unternehmen, Institutionen, Lokalitäten sowie Personen des öffentlichen Lebens nutzen den Auftritt als Privatpersonen als dezidierte Marketingstrategie. Zwar werden nicht zwingend Personen dargestellt, jedoch kann von persönlichen Kommunikationsmustern profitiert werden.

34 Siehe Ebersbach/Glaser/Heigl 2008, 176.

Die Aufnahmen stellen jedoch nicht nur durch die angedeuteten Räumlichkeiten ein Gefühl der Vertrautheit her: Dicht am Bildschirm erscheinen die Protagonistinnen und Protagonisten in engen Bildfenstern, in filmischer Close-Up-Perspektive - eine kaum als unbefangen zu bezeichnende Begegnung. Mit fast verschwörerischer Nähe vermitteln sie vielmehr den Effekt einer Art ‚in flagranti'-Situation. Das Bohren in der Nase wird vom Blick der Kamera bloß gestellt, ebenso aber auch vom absichtlichen Blick *in* sie hinein (Abb. 3). Auch die Lichtdramaturgie scheint auf verbotene Nähe hinzuweisen: abgedunkeltes Licht (oder der explizite Lichtfokus im Hintergrund, siehe Abb. 4) und starke Kontraste bauen eine Spannung zwischen Innen und Außen auf.

Entscheidend sind ebenso die Produktionsbedingungen der Aufnahmen. Für das Publikum stellen sie eine analoge Situation zur eigenen Rezeptionssituation dar; eine insgesamt bekannte Perspektive. Das erzeugte Vertrauen - oder vielmehr dessen Effekt - deutet auf eine stark emotionale, personale Erzählweise hin, sowohl als Absicht wie Reaktion. Eine mit Nähe assoziierte Situation zu erzeugen, bedeutet also in erster Linie sie nachzustellen. Vertrauen, hier zu verstehen als visuell vermittelte Wahrnehmungsperspektive, liegt so bereits im Erzählen selbst - und wird gleichzeitig als dessen *Feedback* rückwirkend erzeugt. In bloßer Intimität befindet sich jedoch auch hier niemand. Privatsphäre, eine Erfindung bürgerlichen Rechts, stellt die Handlungsmacht dar, sich der Öffentlichkeit gegenüber auf eine bestimmte Weise zu positionieren - und so erneut eine öffentliche Geste darzustellen. Indem die Aufnahmen aus einem Katalog intimer Bedeutungsmuster zitieren, eignen sie sich ein Konzept von Privatheit an - sie setzen es nämlich dazu in Beziehung.

Abb. 4

Webcam-Selbstporträts stellen also keinen einfach voyeuristischen Blick dar. Sie setzen vielmehr selbst einen Blick, der Räume des *Innens* nicht mehr ausgrenzt, sondern in ein *Außen* integriert. Für den Effekt von Authentizität sorgen hier weniger private Entblößungen, sondern die Position der Sprechenden; denn sie nehmen

Räume und symbolische Bedeutungsmuster in Anspruch, die bereits besetzt sind.[35]

Permanente Präsenz

Abb. 5

Eine Sprechweise, die Nähe kommunizieren soll, muss die Position der Protagonistinnen und Protagonisten nicht nur verändern, sie also in Privaträumen auftreten lassen - sie muss eine Kommunikationssituation schaffen, die selbst spricht; oder dies zumindest in Form einer scheinbaren Begegnung suggeriert.

Momente einer solchen Begegnung bestehen auf Facebook zwar nur als virtuelle Möglichkeit, dafür jedoch permanent. Denn was auf den Profilbildern sichtbar wird, basiert zunächst auf der recht simplen Tatsache, sie unmittelbar aufnehmen, posten sowie sichten zu können. Die Position der Kamera am Computer - und so der Aufnahmefläche - zieht darüber hinaus eine grundlegende Formgebung mit sich: Die Protagonistinnen und Protagonisten befinden sich, auch formell, inmitten des Kommunikationsmediums - ein entscheidender Effekt, geht es doch um das Gefühl geteilter *Anwesenheit*. Dieses entsteht im Augenblick des medialen Kontakts und muss das *live* erlebbar werden lassen, was sich doch nur über On- und Offline-Sein definiert. Damit beinhaltet die vermeintliche Präsenz der Aufnahmen nicht nur den Verweis auf etwas Vergangenes, Flüchtiges, sondern ebenso auf einen Moment, der immer schon nur in symbolischen Strukturen bestand.

Deutlich wird dies an der Darstellung von Körperlichkeit: Hinter der fast bildschirmfüllenden, nicht offensichtlich retuschierten oder bearbeiteten[36] Erscheinung der Protagonistin in Abb. 5 steht das Wissen um eine zweidimensionale Pixelstruktur, die für Verfärbung

35 Siehe Butler 2001, 17ff.

36 D.h. keine Bearbeitung mit Effekten, die unbekannt, professionell oder nicht Teil einer ‚offenen' Ästhetik sind, die allen Teilnehmern gleichermaßen zugänglich und nachvollziehbar scheint.

und Verzerrung sorgt. Denn nicht die naturgetreue Wiedergabe der Körper, sondern vielmehr deren Erscheinen als lebendig Teilnehmende steht im Vordergrund – und erzeugt dementsprechend eine Ästhetik der Partizipation, welche die Ko-Präsenz aller Akteure vermitteln soll.

Abb. 6

So stellt die Möglichkeit, etwa durch Kommentare oder ‚Likes' direkt (und normativ) an den Aufnahmen teilnehmen zu können eine emotionale Verbindung her. Abb. 6 erinnert an einen klassischen *Schnappschuss*: scheinbar beliebige Rahmung und Komposition, unkonventionelle Perspektive, Körnigkeit, schlechte Belichtung und Unschärfe, vereint in der unfertigen Darstellung eines banalen Anlasses[37] – die Stärke des Schnappschusses liegt gerade nicht in seiner Perfektion, sondern in seiner unmittelbaren Lebendigkeit. Eine Ausdrucksweise also, die wir, ästhetisch betrachtet, auch aus Chatforen und Online-Konversationen kennen. So suggeriert die nahe, aufmerksame und informelle Haltung der Protagonistin in Abb. 5 das Gefühl des ‚Zuhörens' innerhalb eines gerade stattfindenden Gesprächs. Der symbolische Code liegt demnach nicht *in* der Aufnahme, sondern in ihrem szenischen Vollzug – ein unausweichlicher Dialog. Gesprochen wird hier allerdings nur das Zitat selbst; ein immer abwesender Moment, der in jeder Begegnung wiederholt wird als eine sich immer wieder anders formierende Spur von Anwesenheit.

Reale Begebenheiten

Als Momentaufnahme verstanden liefert das Webcam-Selbstporträt zunächst Beweismaterial: Denn „das Bild mag verzerren; immer aber besteht Grund zu der Annahme, dass etwas existiert."[38] Es impliziert also ein damit verbundenes Konzept von Wirklichkeit – das hier virtuell verhandelt wird. Kann die mit der Webcam erzeugte Aufnahme so die *Wirklichkeit* ihrer Protagonisten bezeugen?

---

37 Siehe Pinkard 1982, 469.

38 Sontag 1978, 11.

,Authentisch' dargestellte Wirklichkeitsverhältnisse gelten als „zuverlässig verbürgt"[39]. Der Inhalt der Aufnahmen orientiert sich dementsprechend vor allem an den Lebensverhältnissen ihrer Protagonisten, da sie einem Realitätsverständnis zugehören, das objektiv *teilbar* ist - ihrem Alltag. Schon Komposition und Ausschnitt deuten darauf hin: Sie wirken spontan und an die Lebensverhältnisse der Protagonisten angepasst. Die Lichtverhältnisse ergeben sich aus deutlich erkennbaren, bereits vorhandenen Lichtquellen, wie etwa der reflektierenden Deckenbeleuchtung (Abb. 7) oder dem strahlenden Tageslicht des Fensters (Abb. 8). Damit erzeugen die Aufnahmen nicht nur eine Atmosphäre unmittelbarer Nähe, sondern rahmen einen scheinbar zufälligen Zugriff auf tatsächlich existierende Alltagswelten. Eine Szene des eigenen Lebens auf direkt-dilettantische Art darzustellen, kann auf diese Weise zum codierten Beweis einer vermeintlich objektiven Wirklichkeit avancieren.

Abb. 7

Es geht also um einen Wahrnehmungsmodus, der auf spezifische Art hergestellt werden muss. In der Fotografie wird an dieser Stelle vom „Realitätseffekt"[40] beim Rezipienten gesprochen. Denn es ist gerade „das Maß ihrer Besonderung, Verdichtung, Konstruktion und Bedeutungskonstitution"[41], das uns Wirklichkeit vermuten lässt. So trägt schließlich das Publikum den entscheidenden Teil dazu bei, die Aufnahmen ,real' wirken zu lassen: Ihre Wahrnehmung fügt dem gezeigten Ausschnitt das hinzu, was jenseits der Bildränder suggeriert wird.

Hinweise hierfür liefern Hintergrundhandlungen, die in Form von Szenarios in die Aufnahmen integriert werden. Ein büroartiger Arbeitsraum und eine Küche stellen Schauräume individueller Lebenswelt dar, die als exemplarisches Material ausgewählt und schließlich in einem technischen Dispositiv präsentiert werden.

---

39 Duden 1963, 42. Bezogen auf das spätlateinische *authenticus* und das griechische *authentikós*.

40 Matz 2000, 97.

41 Ebd.

Abb. 8

Dafür darf die nötige Ausstattung nicht fehlen: Die Protagonisten präsentieren sich in Alltagsoutfits und werden von einer Vielzahl von vertrauten Unauffälligkeiten umgeben. Ob Post-It, Bratpfanne oder Badetuch, bis ins Detail strotzen die Räume vor *wirklichen* Dingen. Wichtig scheint außerdem die Integration von Ko-Darstellerinnen und -Darsteller.

Scheinbar nebensächlich verleihen sie einer Alltagsszene den Status, aufgenommener Ausschnitt einer Biografie zu sein - sei es im Stil des fotografischen Souvenirs bzw. des Fotoalbums (Abb. 8) oder vermeintlich teilnahmsloser Berichterstattung (Abb. 7).

Insgesamt rekurrieren die Aufnahmen auf eine bloße *Annahme* glaubhaft gemachter Lebensverhältnisse, indem Realität scheinbar nicht aufgeführt, sondern, ganz simpel, ausgeführt wird. Damit trifft auf die Performanz von Webcam-Selbstporträts zu, was schon lange als soziales Interagieren beschrieben wird: „Wir sind, was wir darstellen"[42] - jedoch innerhalb einer Lebenswelt, die umso mehr vom Publikum mitgestaltet wird, je mehr Transparenz sie offenbart.

Inszenierung - die Show der Probe

Werden wir dadurch aber nicht zu Schauspielern innerhalb unserer eigenen Biographie oder vielmehr ‚Timeline'? Unter dem Stichwort *Aufmerksamkeit*[43] versammeln sich gestellte, festgelegte und erprobte Strategien, die ein Selbst erscheinen lassen - und so nicht nur arrangieren, sondern kreieren. Wichtig ist nun also der Fokus auf die Szene selbst: auf den Schauplatz einer Handlung.

Ein Blick auf die Aufnahmen verrät, dass die Protagonistinnen und Protagonisten ausdrücklich posieren - die Pose wird Kern der Handlung. Handelt es sich hier also um eine Web-basierte Art inszenierter Fotografie im Sinne einer Arbeitsweise, „bei der das

42 Krämer 2000, 113.

43 Aufmerksamkeit wird mittels Kommentaren oder anderen sichtbaren Interaktionsformen vermittelt und steuert damit den Wahrnehmungsprozess systematisch: Je mehr Aufmerksamkeit, desto mehr Sichtbarkeit - und umso mehr Relevanz.

Motiv für das Foto konstruiert, aufgebaut und explizit in Szene gesetzt wird"?[44]

Tatsächlich werden Inszenierungsstrategien schon formal sichtbar: Die Orientierung an klassischen Kompositionsmustern wie der Zentralperspektive setzt das Gesicht der Protagonistinnen ins Zentrum des Geschehens, rechts wird außerdem das (Blitz-)Licht des Bildschirms zu seiner nachdrücklicheren Betonung eingesetzt. Im Gegensatz dazu steht jedoch die insgesamt diffuse Lichtregie beider Aufnahmen; eine scheinbar natürliche Bühnensituation, die Lichteffekte nur durch körperliche Bezugnahme auf den Bildschirm, durch gestisches Interagieren erzeugt.

Auch inhaltlich werden in den Posen klar erkennbare Rollenentwürfe jenseits des Zufalls sichtbar. Sie erinnern an die Mode- und Musikbranche, an Plakate, Pop und Glamour, kurzum: an einen Bildervorrat „aus dem kulturellen Supermarkt für Weltdeutungsangebote aller Art"[45]. Verstärkt werden die Bezüge durch den Einsatz von Requisiten, die entweder klar als solche zu erkennen sind - etwa der blonden Perücke (Abb. 9) - oder durch das kostümhafte Wirken alltäglicher Accessoires wie Bademantel und Handtuch (Abb. 10). Schauplatz der beiden Aufnahmen ist in jedem Fall das ‚eigene Leben', einmal als Privatwohnung im Hintergrund erkennbar, das andere Mal durch Requisiten angedeutet. Wichtig ist jedoch, dass gerade dieses zu etwas Besonderem transzendiert wird, indem es verstärkt, manipuliert und letztlich in einen anderen Wahrnehmungskontext gesetzt wird. Die Gesichtsmaske wird durch die ausdrückliche Pose zum Element eines mehrteiligen Kostüms, einer perfekt sitzenden Rolle.

Abb. 9

Entscheidend ist das Spannungsverhältnis der Posen zum Publikum. Der Betrachter kennt die Aufnahmen bereits als feste Formen und muss sie nun in ein neues Verhältnis bringen: ein prozesshaftes, nie vollständig gesteuertes Spiel. Die Offenheit der Improvisation,

44 Freier 1992, 159.

45 Humer 2008, 180.

der Probe bietet hier also gerade *nicht* den Freiraum für abweichende Konnotationsmuster. Denn was frei und spielerisch nachgestellt wird, verweist umso vehementer auf ein klares Rollenkonstrukt, das hinter allen darstellerischen Brüchen eindeutig hervorscheint: Je ferner die Szene vom Broadway, desto näher kommt ihm die Pose.

Der in den Aufnahmen erscheinende Inszenierungsaspekt beschreibt also einen Prozess, der imaginierte wie materiell-soziale Realitäten in einem Selbst-Entwurf vereint. Diese Schnittstelle bewegt sich jedoch in einem Feld diskursiv gerahmter Authentizität und erhält so eine ihnen eigentümliche Performanz: Sie avanciert zum Schauraum des Selbst, das Publikum wie Performer zu direkten Teilnehmerinnen und Teilnehmern macht, indem Zitate und Wiederholungen in Differenz zu einem nur hintergründig abwesenden Selbst offengelegt werden. Als Teil kommunikativen Handelns sind sie damit jedoch mehr als die Erzählung eines Selbst: Sie wiederholen vielmehr aktiv eine Erzählung.

Abb. 10

Dabei handelt es sich weniger um ein Ich als „Projektion einer Oberfläche“[46]; was projiziert wird, wird durch „regulierende Schemata orchestriert“[47], die sich auf die soziale Autorenschaft einer kontingent wachsenden Community stützen. Entscheidendes Kriterium authentischer Selbstdarstellung auf Facebook ist damit der *Konsum* von Gesten und Posen, die auf ein immer sprechendes ‚Ich‘ angewandt werden. Es geht um Haltung, Positionierung, Distinktion und *Geschmack* – und dieser kann schließlich immer übertroffen werden.

Es ist das *Teilen des Aktes*, in dem sich die Akteurinnen und Akteure wechselseitig konstituieren; nicht als ernst gemeinter Versuch, etwa eine Filmdiva zu *sein*, wohl aber sie explizit zu *spielen*. Handlung wird so als spezifische Art der Re-Inszenierung hervorgebracht; eine „Handlung nämlich, [...] die in gewissem Sinne immer schon begonnen hat, bevor der individuelle Akteur auf dem Schauplatz er-

46 Butler 1997, 37.

47 Ebd.

schienen ist."[48] Die Protagonistinnen und Protagonisten tragen in diesem Sinne nicht das Kostüm ihrer Stars. Das Kostüm trägt sie *selbst.*

Schluss

Auf Facebook authentisch aufzutreten ist einfach, intuitiv und unmittelbar. Vielleicht artikuliert sich gerade so die Geschwindigkeit eines medialen Umbruchs, der den Einzelnen gleichermaßen isoliert wie vernetzt zurücklässt - als Rückbesinnung auf ein immer schon gewesenes Selbst, das im Do-It-Yourself-Look den unzähligen Rollenmodellen und Anforderungen einer räumlich gespaltenen Lebenswelt begegnet.

Strategien authentischer Selbstdarstellung referieren also nicht auf ein grundsätzlich neu konnotiertes Konzept von Authentizität. Für alle verständlich soll sie sein, einen idealtypischen Zugang schaffen, ohne als dafür konstruierte Hilfestellung erkannt zu werden. Was jedoch neu ist, ist der Prozess des Konnotierens; als authentisch wahrgenommen wird auf Facebook keine übereinstimmende Darstellung von Selbst und repräsentierter Rolle, sondern die Übereinstimmung der visuellen Repräsentation eines Selbst mit dessen Wahrnehmungsmodell. Damit ist gemeint, dass jede Form artikulierter Sichtbarkeit nicht mehr als bestimmtes Bedeutungskonzept gelesen wird, sondern Bedeutung erst in Form einer *szenisch wahrnehmbaren Beziehung* herstellt, auf die immer wieder zurückgegriffen wird. Moment der Kreation ist schließlich der Augenblick gemeinsamen Gebrauchs - oder *geteilten* Erlebens.

Dies scheint bedenklich, denn von der Szene gegenseitigen Verständnisses wird absorbiert, was abweichend, unverständlich oder schlichtweg unpassend erscheint. Wo Aufmerksamkeitspolitik durch teilbare Erlebnisse und subjektive Setzungen verhandelt wird, wird auch die Konstruktion eines authentischen Selbst zum evaluierbaren Wert, der gefallen muss, um sich maximal zu verbinden. Oder, mit den Worten Diedrich Diederichsens gesprochen: „Wenn ich behaupte, dass meine Kunst, meine Lebendigkeit, mein Körper ganz meines und unverkäuflich sind, tue ich das, um wenigstens das noch verkaufen zu können?"[49]

---

48 Fischer-Lichte 2005, 238.

49 Diederichsen 2005, 12.

Damit wird das Selbst zum performativen Narrativ, das sein Potenzial, überhaupt wahrgenommen zu werden, als nicht enden wollendes Feedback abruft. Performanz bedeutet im Online-Netzwerk Aneignung - nicht von ‚etwas', sondern von der Wirksamkeit der Zirkulation selbst, die mit individueller Differenz nachgestellt wird. Authentisch ist der Effekt, die gleiche Szene zu teilen, und damit ist die Bühne eine neue. Sie stellt nicht nur, wie in der Performance Art, ein ‚Theater ohne Rollen' dar, sondern einen wechselseitig bespielbaren Schauraum, der immer erst von einem möglichen Betrachter beglaubigt wird. Dieser ist entscheidendes Element: Denn er wird zum Realität schaffenden Resonanzkörper, der authentische Aufnahmen nicht als statische Äußerungen, sondern dynamische Momente wahrnimmt, die einen Dialog *auslösen.* Was Authentizität durch scheinbare Übereinstimmung suggeriert, unterliegt demnach weniger einem Abgleich zweier Seiten als der Gleichförmigkeit des Abgleichens.

Für den einzelnen Nutzer bedeutet dies, dass die Paradoxien verschiedener Rollenvorgaben in ein einheitliches Selbst-Konzept aufgenommen werden, als Zustand unausweichlicher Ganzheit und Redundanz. Authentisch ist, wer performativ nachweist, überhaupt ein zu Authentizität fähiges Selbst zu haben und so die Präsenz des anderen immer mit einschließt.

Die Formel *Ich ist ein Anderer* erweitert sich so um einen entscheidenden Punkt: *Ich ist ein Anderer, also ganz ich selbst.*

Bibliographie

Online

Allfacebook. Der inoffizielle FacebookBlog. Facebook Nutzerzahlen. <http://allfacebook.de/userdata/> [Letzter Zugriff: 14.03.2012].

Facebook. <https://www.facebook.com/facebook?v=info> [Letzter Zugriff: 14.03.2012].

Carstensen, Tanja (2006): Ko-Konstruktionen von Technik und Geschlecht in feministischen Diskursen über das Internet. Vortrag auf dem Workshop Gender Körper Technik am 10.11.2006 in München. <http://www.tu-harburg.de/agentec/team/carstensen/kokon struktionen.pdf> [Letzter Zugriff: 14.03.2012].

Turkle, Sherry (2011): „Ich poste, also bin ich." US-Soziologin Sherry über das digitale Zeitalter. Interview mit Johannes Kuhn. Süddeutsche Zeitung. 29.08.2011. <http://www.sueddeutsche.de/digital/us-soziologin-sherry-turkle-ueber-das-digitalezeitalter-ich-poste-also-bin-ich-1.1133783> [Letzter Zugriff: 14.03.2012].

Offline

[ohne Autor] (1963): Artikel „Authentisch". In: Duden. Etymologie. Herkunftswörterbuch der deutschen Sprache. Herausgegeben vom wissenschaftlichen Rat der Dudenredaktion. Mannheim/Wien/Zürich. 42.

Amelunxen, Hubertus von (2002): Digitale Fotografie. In: Butin, Hubertus (u.a.): DuMonts Begriffslexikon zur zeitgenössischen Kunst. Köln. 69–73.

Barthes, Roland (1985): Die helle Kammer. Übersetzt von Dietrich Leube. Frankfurt am Main.

Bright, Susan (2005): Art Photography Now. London.

Bröckling, Ulrich (2007): Das unternehmerische Selbst. Soziologie einer Subjektivierungsform. Frankfurt am Main.

Butler, Judith (1997): Körper von Gewicht. Übersetzt von Karin Wördemann. Frankfurt am Main.

Butler, Judith (2001): Antigones Verlangen. Verwandtschaft zwischen Leben und Tod. Übersetzt von Reiner Ansén. Frankfurt am Main.

Diederichsen, Diedrich (2005): Maggies Agentur. In: Pollesch, René: Prater-Saga. Berlin. 7–20.

Ebersbach, Anja/Glaser, Markus/Heigl, Richard (2008): Social Web. Konstanz.

Faßler, Manfred (1999): Cyber-Moderne. Medienrevolution, globale Netzwerke und die Künste der Kommunikation. Wien/New York.

Fischer-Lichte, Erika (2005): Performatitiviät/performativ. In: Fischer-Lichte, Erika (u.a.) (Hrsg.): Metzler Lexikon Theatertheorie. Stuttgart/Weimar. 234–242.

Foucault, Michel (1980): Power/Knowledge. Selected Interviews and Other Writings 1972–77. Herausgegeben von Colin Gordon. Brighton.

Freier, Felix (1992): DuMonts Lexikon der Fotografie. Technik - Geschichte - Kunst. Köln.

Goffman, Erving (1969): Wir alle spielen Theater. Die Selbstdarstellung im Alltag. Übersetzt von Peter Weber-Schäfer. München.

Grittmann, Elke (2003): Die Konstruktion von Authentizität. Was ist echt an den Pressefotos im Informationsjournalismus? In: Knieper, Thomas/Müller, Marion (Hrsg.): Authentizität und Inszenierung von Bildwelten. Köln. 123-150.

Humer, Stephan (2008): Digitale Identitäten. Winnenden.

Kolesch, Doris (2005): Natürlichkeit. In: Fischer-Lichte, Erika (u.a.) (Hrsg.): Metzler Lexikon Theatertheorie. Stuttgart/Weimar. 220-223.

Krämer, Sybille (2000): Subjektivität und neue Medien. Ein Kommentar zur Interaktivität. In: Sandbothe, Mike/Marotzki, Winfried (Hrsg.): Subjektivität und Öffentlichkeit. Kulturwissenschaftliche Grundlagenprobleme virtueller Welten. Köln. 102-117.

Lacan, Jacques (1986): Das Spiegelstadium als Bildner der Ichfunktion. In: Ders.: Schriften I. Herausgegeben von Norbert Haas. Übersetzt von Peter Stehlin. Weinheim/Berlin. 61-70.

Lummerding, Susanne (2011): Facebooking. What You Book is What You Get - What Else? In: Leistert, Oliver/Röhle, Theo (Hrsg.): Generation Facebook. Leben im Social Net. Bielefeld. 199-215.

Matz, Reinhard (2000): Gegen einen naiven Begriff der Dokumentarfotografie. In: Amelunxen, Hubertus von (Hrsg.): Theorie der Fotografie IV. 1980-1995. München. 95-105.

Pinkard, Bruce (1982): The Photographer's Dictionary. London.

Reichert, Ramón (2008): Amateure im Netz. Selbstmanagement und Wissenstechnik im Web 2.0, Bielefeld.

Schicha, Christian (2003): Die Inszenierung von Authentizität und Emotionen. Zur Selbstdarstellung von Politikern auf den Bühnen der Mediendemokratie. In: Knieper, Thomas/Müller, Marion (Hrsg.): Authentizität und Inszenierung von Bildwelten. Köln. 25-42.

Sontag, Susan (1978): Über Fotografie. Übersetzt von Mark W. Rien und Gertrud Baruch. München/Wien.

Stiegler, Bernd (2010): Fotografie im digitalen Zeitalter. In: Stiegler, Bernd (Hrsg.): Texte zur Theorie der Fotografie. Stuttgart. 339-343.

Toffler, Alvin (1983): Die dritte Welle. München.

Trepte, Sabine/Reinecke, Leonard (2009): Sozialisation im Social Web. Eine Forschungsagenda zu den Wirkungen des Web 2.0. In: Zeitschrift für Kommunikationsökologie und Medienethik 11:1. 33-37.

Bernadette Appel

Die Recharismatisierung einer entzauberten Welt? Eine Annäherung an das Verhältnis von charismatischer Wirkung und medialer Inszenierung am Beispiel von Stefan George

> Der Betrachter stand erstarrt, auf den Fleck gebannt. Ein Hauch einer höheren Welt hatte ihn gestreift. Er wusste nicht mehr, was geschehen war, kaum wo er sich befand. War es ein Mensch gewesen, der durch die Menge schritt? Aber er unterschied sich von allen Menschen, die er durchwanderte, durch eine ungewusste Hoheit und durch eine spielende Kraft, so daß neben ihm alle Gänger wie blasse Larven, wie seellose Schemen wirkten. War es ein Gott, der das Gewühl zerteilt hatte und leichtfüßig zu anderen Gestaden enteilt war?[1]

Hierbei handelt es sich nicht etwa um die Schilderung einer mystischen Gotteserfahrung, sondern um eine nicht unübliche Reaktion auf den Dichter Stefan George (1868–1933), der soeben eine Straße überquert hat. Was ist es, womit einzelne Persönlichkeiten derart verzaubern, in ihren Bann ziehen und andere Menschen in teilweise lebenslängliche Anhängerschaft treiben? Das Verständnis der unsichtbaren Kraft, die wir das ‚Charismatische' nennen, orientiert sich in erster Linie an den biblischen Ausführungen des Apostels Paulus, der im Brief an die Korinther mit den christlichen ‚Gnadengaben' die Grundlage des heutigen Charismabegriffs schuf. Das Charismatische bezeichnet hier eine transzendente, göttliche Kraft, die den Menschen beseelt und ihn mit besonderen Fähigkeiten ausstattet.[2] Seinen mythologischen Ursprung hat das Charisma jedoch im Charitengeschlecht in Gestalt der griechischen Göttinnen der Anmut. Deren Wirken äußert sich besonders in der Kunst, welche der ‚Gnade' der Charitinnen unbedingt bedarf: „Die schönsten Werke der Kunst heißen Werke der Chariten, ohne sie vermag nichts die Geschicklichkeit und kalte Regel der Kunst; erst durch die Anmut erhält sie ihre wahre Weihe."[3]

1 Salin 1954, 11.

2 Siehe 1 Kor 12, 1–11.

3 Roscher 1965, 876.

Am Beispiel Stefan Georges lässt sich die begriffliche Komplexität des ‚Charismatischen' erahnen. Seine umfassende Selbstinszenierung wirft die zentrale Frage auf, ob das Charismatische als ein Wirkungsphänomen begriffen werden sollte und inwiefern es sich dann nicht genauso gut künstlich herstellen ließe, etwa durch rhetorische Inszenierung.

In einem ersten Schritt sollen deshalb einige Mittel der Selbstdarstellung Stefan Georges und ihr Bezug zu seiner charismatischen Wirkung untersucht werden. Der Dichter wusste sich gezielt in Szene zu setzen, unter anderem durch sein persönliches Auftreten, die neuen Bildmedien, publizistischen Verfahren und kultischen Rituale. Nach und nach rekrutierte er somit einen Kreis ergebener Anhänger, die ihm, dem ‚Meister', huldigten und sich seiner Wirkung ergeben zeigten. Ähnlich erging es auch Max Weber, der durch seine Begegnung mit George zu seiner Theorie der „charismatischen Herrschaft"[4] inspiriert wurde.

In einem zweiten Schritt möchte ich mich näher mit dem Aspekt der Massenwirkung und ihren Folgen für die charismatische Ausstrahlung beschäftigen. In der Theorie Max Webers verschwindet die charismatische Wirkung des Führers, sobald dieser eine Massenwirkung verzeichnet und auch Walter Benjamin, der ebenfalls unter dem Einfluss Georges stand, führte mit dem Begriff der ‚Aura' ein Konzept ein, dessen Bedeutung an die charismatische Ausstrahlung erinnert, wie noch auszuführen sein wird. Wolfgang Braungart greift in seiner einschlägigen Studie zu Stefan Georges *Rituale[n] der Literatur* auf die Benjamin'sche ‚Aura'-Konzeption zurück, wenn er die Wirkung Georges auf seine Anhänger beschreibt[5] und stellt ebenso den Zusammenhang zu Webers Charisma-Begriff her.[6] Führt man diese Gedanken konsequent weiter, ergeben sich folgende Fragen: Wie würde Walter Benjamin die Begeisterung der Star-Schnitt-Poster-Besitzer angesichts ihres retuschierten Abgottes in einer Mediengesellschaft wie der unseren erklären? Und was sucht Deutschland im ‚Superstar'?

In einem dritten Schritt führt die Suche nach dem Charismatischen deshalb in die populäre (Medien-)Kultur des Glamours. Kann man im Popstar ohne weiteres einen Charismatiker sehen? Inwieweit

4 Siehe §10 in Weber 2002, 243ff.

5 Siehe Braungart 1997, 122ff.

6 Siehe ebd., 123.

wird die Zuschreibung charismatischer Wirkung durch das Dogma der noch immer sorgfältig gepflegten Kluft zwischen Hoch- und Populärkultur gesteuert?

Der Grundgedanke der nun folgenden Überlegungen richtet sich auf Mechanismen und Grenzen einer möglichen Inszenierung des Charismatischen, fragt also nach dessen Authentizität und in diesem Zusammenhang nach dem Verhältnis zum Medium. Ausgangspunkt und ständiger Begleiter soll die schillernde Gestalt Stefan Georges sein, der die Entwicklung des Charisma-Begriffs entscheidend geprägt hat.

Es läge nahe, die vorliegende Untersuchung mit einer handlichen Begriffsdefinition zu beginnen und sodann die einzelnen Bedeutungsschichten auszuleuchten. Das Charismatische jedoch widersetzt sich von Anfang an einem solchen Vorgehen. Es handelt sich um eine diffuse, aber umso wirkmächtigere Kraft, der mit irdischen Gesetzmäßigkeiten und Beschreibungskonventionen nicht beizukommen zu sein scheint. Der Kunstbegriff Stefan Georges zeugt ebenfalls von der Annahme einer überweltlichen Aura, nur dass George sich hier selbst für den Begnadeten hält. Ein Schulfreund des Dichters erinnert sich, dass dieser sich schon damals als „Weihepriester“[7] vorbestimmt gefühlt habe. Er glaubte sich berufen, die Kunst zu erneuern, bzw. sie auf ihren wahren Urwert zurückzuführen. Georges Engagement zielt, wie sich in Anlehnung an Max Weber formulieren lässt, auf eine ‚Wiederverzauberung einer entzauberten Welt‘. Er rebellierte gegen den Untergang der Dichtung und wollte das Gefühl für das ‚Erhabene‘ wiederbeleben.[8] Im Geiste des ‚l'art pour l'art‘ ging es dem symbolistisch geprägten George um die Eigengesetzlichkeit der Kunst und damit um deren Abkehr von jedem moralischen oder gesellschaftlichen Sendungsbewusstsein. Er sah seine Dichtung als Haltung an und stilisierte diese und sich selbst nach und nach zu einem Gesamtkunstwerk. Der charismatischen Beseeltheit seiner Kunst war er sich dabei wohl sehr sicher („Aus den Gedichten muss der Hauch der Chariten wehen“[9]), denn die Inszenierung seiner selbst offenbart ein umfangreiches Spektrum rhetorischer Praktiken, die entscheidend zu seiner charismatischen Wirkung beitrugen und den Zustrom treuer Anhänger nicht abreißen ließen.

---

7 Georg Fuchs, zitiert nach Roos 2000, 14.

8 Siehe ebd., 8.

9 Roscher 1965, 876.

George wollte eine neue ästhetische Wirklichkeit konstituieren. Seine Imitation der karolingischen Minuskel wurde als StG-Schrift (Stefan-George-Schrift) zur Repräsentationsform seines Prophetentums. Die StG-Schrift war nur schwer zu entschlüsseln, weshalb sie, so Roos, den Eingeweihten exklusive Zugehörigkeit garantierte und folglich zum „Bollwerk gegen den Ansturm wilder Horden“ [10] werden konnte. Ebenso hielten spezifische Arten der Gedichtrezeption, einem liturgischen Ritual ähnelnd, die Gemeinschaft im Glauben an die Geisteswelt ihres Meisters zusammen. George ließ seine ‚Jünger' Gedichte immer wieder anhören, vorlesen, abschreiben, auswendig lernen und singen. Die Anhänger verglichen sich mit „den ohne laiengemeinde zur messe versammelten mönchen“, sie waren

> [...] desselben geistes voll, einförmig und doch vielstimmig, immer wiederkehrend und doch abstufend, einzeln, abwechselnd, verschlungen und im chor den text halb redend halb singend, bewusst verzichtend auf das kurze spiel vordergründlicher intellektualität und betriebsamkeit, aber leidenschaftlich flehend, daß durch solche hingabe des ganzen wesens an den im gebundenen worte wohnenden großen geist das geheimnisvolle geschehen auch in ihnen sich erfülle: am anfang war das wort und das wort ward fleisch und wohnte unter uns.[11]

Roos bemerkt hierzu, dass die Lesepraxis des George'schen Ordens ein Gemeinschaftsleben förderte, das dem geistigen Dienst seines Meisters gewidmet war. Ähnlich wie bei religiösen Kulten, kommt auch hier den Gesangstechniken eine große Rolle zu, um der praktizierenden Gemeinde einen direkten Kontakt mit dem Göttlichen zu ermöglichen.[12] Auch Walter Benjamin kam mit den George'schen Leseinszenierungen in Berührung, denn er war Mitglied einer literarischen Gruppe, die Georges Texte las und sich intensiv mit seinem Werk befasste. Gershom Scholem berichtet, Benjamins Art des Vorlesens sei ‚georgesch' gewesen.[13] Die George'schen Lesungen zeugen im damaligen ‚Zeitalter der technischen Reproduzierbarkeit des Kunstwerkes' in Gestalt des Buchdrucks von dem Bemühen, der Dichtung ihre einmalige Aura im ‚Hier und Jetzt' zurück zu geben.

---

10 Stefan George: Blätter für die Kunst. Zitiert nach Roos 2000, 34.

11 Boehringer 1955, 16. Siehe zu den George'schen Vorlesepraktiken auch die Untersuchung von Braungart 1997, 154ff.

12 Siehe Roos 2000, 40.

13 Siehe Scholem 1975, 176.

„Das Lesen diente der Resakralisierung und Recharismatisierung der Dichtung, die besondere Wirkung durch die persönliche Darbietung des Meisters selbst erhielt."[14] Ein wesentliches Merkmal der charismatischen Wirkung Georges scheint demnach der sakralen Aura verwandt und äußert sich in dessen kultischer Verehrung. Georges publizistische Praktik bestand darin, durch begrenzte Auflagen im Selbstverlag für Exklusivität zu sorgen. Als das Interesse an den seltenen Ausgaben jedoch größer wurde, bemühte er sich schließlich doch um mehr Präsenz. Allerdings arrangierte er die Auflagen für die Massen so, dass sie auf die vorherigen, exklusiven verwiesen; einmal publizierte er ein Buch in quadratischer Form[15] oder wies darauf hin, dass die Druckplatten nach dem Erscheinen vernichtet worden seien. Sowohl Georges Privatschrift als auch seine publizistische Eigenwilligkeit unterstreichen die große Rolle der Exklusivität für seine charismatische Wirkung.

Von besonderer Bedeutung für Georges charismatische Inszenierung erwies sich die Fotografie. Er sah die fotografischen Reproduktionsmöglichkeiten als ein Mittel der Selbstvermarktung an und veröffentlichte sein Portraitfoto als ikonografische Ergänzung seiner Werke.[16] Wie Roos ausführt, setzte der Dichter die Fotografie als Mittel für seine charakterliche Darstellung, für sein Ethos, für sein gesamtes Schaffen ein. Georges Erscheinungsbild zeichnete sich durch Selbstbeherrschung, Kälte, maßlose Arroganz und Unnahbarkeit aus. Braungart legt dar, in welchem Ausmaß die Fotografien „Instrument zur Kreisbildung"[17] waren. Sie gehörten als liturgisches Element zum Georgekult und hatten ihr Vorbild in der Ikonografie des Sakralen. Die Wirkung der Ikone lebt vom magischen Prinzip der Stellvertretung und auch die Fotografien Georges sind als Stellvertreter seines Schaffens und seiner Person in der Funktion von Ikonen und Heiligenbildern zu sehen. Der Lichteinsatz der Fotos ähnelt der christlichen Ikonografie und auch der vom Betrachter abgewendete Blick findet seine Vorläufer in den klassischen Christus-Darstellungen. Auf den Fotos Georges wird Entrücktheit inszeniert. Vor dem meist retuschierten Hintergrund hebt sich das helle Profil aus der Lichtaureole ab. Oft ist der ‚Meister' in Ordenstracht oder mit einem Buch zu sehen. Die Fotografie trug entscheidend

14 Roos 2000, 42.

15 Siehe George 1967.

16 Siehe Roos 2000, 103ff.

17 Braungart 1997, 135.

dazu bei, das Bild des Dichters als Propheten zu verbreiten. George widmete ausgewählte Bilder seinen Freunden, die von diesen geradezu verzaubert waren.

> Niemand, der dem Dichter persönlich begegnete, unterließ eine Beschreibung seiner Erscheinung. George war sich seiner auratischen Wirkung bewusst. Diese Aura begünstigte die erfolgreiche Anwendung der Portraitfotografie für seine ästhetische Selbstinszenierung.[18]

George erreichte einen Kultstatus für seine Bilder, bewahrte sich jedoch durch seine wohl dosierten und distanzierten Auftritte ein hohes Maß an Unerreichbarkeit.

Seine facettenreiche Selbstinszenierung gewährte George schon zu Lebzeiten zur Legende zu werden, und er galt bald als moralischer Führer und Retter seiner Anhänger. Die persönliche Begegnung mit George, sein auffallendes äußeres Erscheinungsbild, seine Körperhaltung, Kleidung und Stimme erzeugten einen auratischen Bann, der die Wirkung der Fotos um ein Vielfaches übertraf. Wie Roos ausführt,

> sollen manche seiner Verehrer aus Begeisterung alles getan haben, um das hinterlassene Fluidum, das unmittelbare Bild seiner Aura möglichst lange zu bewahren: Die Möbel, die er benutzte, wurden nicht mehr verrückt, das Zimmer, das er betreten hatte, hätte man am liebsten verschlossen, und selbst das Fällen von Bäumen wurde beklagt, auf denen sein Blick geruht hatte.[19]

George sah immer übernächtigt und leidend aus; das stete Leiden an der Gegenwart war für ihn aber auch Ausweis seines Erwähltseins. Da die Diskrepanz zwischen Ideal und Ausführung nur Annäherungswerte zulasse, müsse jeder Künstler unter den Unzulänglichkeiten des von ihm Geschaffenen leiden, so das Credo der Anhänger des ‚l'art pour l'art'. Mit jeder Geste, mit allem, was er sagte, unterstrich George seinen Anspruch, stellvertretend im Namen einer höheren Macht zu handeln. Kaum ein Zeitgenosse blieb von seiner Erscheinung unberührt. Sein Charisma kam einem Zauber gleich, der ihn als lichtumfluteten Erlöser erscheinen ließ. Die ‚Wiederverzauberung der entzauberten Welt' schien in der Gestalt Georges ihren Zaubermeister gefunden zu haben.

---

18 Roos 2000, 108.

19 Ebd., 109.

Max Weber, der mit seiner These von der „Entzauberung der Welt" die eskapistischen Tendenzen vieler zeitgenössischer Künstlerbewegungen vorangetrieben hatte, war von der offenbaren Geheimnislosigkeit der Welt, die ihn verzweifeln ließ, zugleich zutiefst überzeugt. Stefan George und sein Kreis waren für Weber nicht nur Inspiration für die Einführung des Charisma-Begriffs in die Soziologie; der Führerstatus des Dichters beeinflusste darüber hinaus in wesentlichem Maße Webers Entwicklung des charismatischen Herrschaftstypus, welchen er neben dem legitimen und dem ‚traditionalen' Herrschaftstypus als nicht-institutionalisierte Herrschaftsform beschreibt. Laut Weber soll Charisma

> eine als außeralltäglich [...] geltende Qualität einer Persönlichkeit heißen, um derentwillen sie als mit übernatürlichen oder übermenschlichen oder mindestens spezifisch außeralltäglichen, nicht jedem andern zugänglichen Kräften oder Eigenschaften oder als gottgesandt oder als vorbildlich und deshalb als ‚Führer' gewertet wird.[20]

Die Herrschaft des charismatischen Führers ist demnach so lange legitim, wie sie von den Anhängern anerkannt wird. Aufgrund ihrer ‚außeralltäglichen' Qualität jedoch liefe die charismatische Herrschaft auf Dauer Gefahr, sich zu einer institutionalisierten Form im Sinne der legalen oder der ‚traditionalen' Herrschaft zu entwickeln. Zu einem solchen Prozess der ‚Veralltäglichung' könne es laut Weber vor allem durch eine Massenwirkung des Charismatischen kommen.

Das Modell der charismatischen Herrschaft deckt sämtliche Aspekte des George'schen Lebens ab. Für Weber war der Georgekreis eine künstlerische Sekte, ein freiwilliger Zusammenschluss spezifisch qualifizierter Menschen. Vermittels komplizierter Selektionsmechanismen bei der Auswahl seiner ‚Jünger' und durch seine eigenwillige Publikationspolitik wusste sich George vor einer ‚Veralltäglichung' seiner charismatischen Herrschaft zu schützen. Gleichzeitig war er in seinem Bestreben, die Rolle des Dichterführers zu erlangen, auf einen zunehmenden Bekanntheitsgrad angewiesen. Zeitlebens vollführte er einen Balanceakt zwischen Exklusivität und Massenwirkung. Walter Benjamin setzte sich ebenfalls intensiv mit dem Verhältnis von auratischer Wirkung und massenmedialer Präsenz auseinander. Für ihn ging die massenhafte Reproduktion eines Kunstwerks mit dem Verlust seiner Aura und damit einer Wertmin-

---

20 §10 in Weber 2002, 243.

derung einher: „Was im Zeitalter der technischen Reproduzierbarkeit des Kunstwerks verkümmert, das ist seine Aura."[21] Die Aura charakterisiert das Spezifische eines Kunstwerks oder auch einer Person und entsteht durch deren Einmaligkeit im ‚Hier und Jetzt', durch ihre Einbettung in die Geschichte. Die Empfindung des auratischen Augenblicks sei nicht reproduzierbar, da sich ein bestimmter geschichtlicher Moment nicht mehr wiederholen lasse.[22] Die Aura definiert Benjamin als „einmalige Erscheinung einer Ferne, so nah sie auch sein mag"[23]. Diese transzendente ‚Ferne' findet sich auch in den abgewendeten Blicken christlicher Ikonen oder in den fotografischen Posen Georges wieder. Die Unnahbarkeit ist für Benjamin ein eigentümliches Merkmal des Kunstwerks, was sich aus der Entwicklung der Kunst aus magischen und später religiösen Ritualen erklären lässt. Für Benjamin zeigt sich diese Herkunft zuletzt in der Lehre des ‚l'art pour l'art'. Eine verwandte Konzeption des Auratischen findet sich auch bei Adorno:

> Was hier Aura heißt, ist der künstlerischen Erfahrung vertraut unter dem Namen der Atmosphäre des Kunstwerkes als dessen, wodurch der Zusammenhang seiner Momente über diese hinausweist, und jedes einzelne Moment über sich hinausweisen lässt.[24]

So wie die Aura und damit die Wirkung des Kunstwerks bzw. der Person durch ihre massenmediale Vervielfältigung verloren gehen, verflüchtigt sich parallel dazu das Charismatische bei Weber im Moment seiner ‚veralltäglichten' Massenwirkung.

Für Benjamin müssen die Ikonen im Zeitalter der technischen Reproduzierbarkeit der ihnen eigenen Göttlichkeit entbehren. Doch wie sieht es aus mit den Ikonen von heute? Offenbaren sie ihre göttliche Aura nicht gerade *wegen* ihrer medialen Reproduktion und Omnipräsenz? Und steht dies nicht in unmittelbarem Widerspruch zu Walter Benjamin? Die charismatischen Führer der populären Kultur können auf die medialen Verbreitungsmechanismen und Inszenierungsmöglichkeiten nicht verzichten. Ein Popkonzert ohne Großleinwand, Titelstory und YouTube-Reflexion ist nicht denkbar. Welche Rolle spielt das ‚Charismatische'? Lässt es sich in der medial inszenierten Popkultur wiederfinden? Sind Glamour und Star ein

21 Benjamin 1963, 14.

22 Siehe ebd., 13.

23 Ebd.

24 Adorno 1993, 408.

würdiger Ersatz für Aura und Charismatiker? Dem *Handbuch populäre Kultur* zufolge bezeichnet ‚Glamour' in seiner ursprünglichen Bedeutung ausdrücklich eine magische Kraft. Das schottische Wort „glamour" sei bis ins 19. Jahrhundert gleichbedeutend mit Gaukelei, magischer Formel und Verzauberung. Für das Jahr 1721 finde sich die Verwendung „to cast the glamour over one" belegt und im Mittelalter sei „grammar" eine Hexenanleitung gewesen, um Zauber und Dämonen heraufzubeschwören.[25] Das Dämonische lässt wiederum an das Charismatische denken. Im Falle des Glamours handelt es sich also durchaus um einen Zauber, vielmehr aber noch um die Handlungsanweisungen zum *Ver*-zaubern. Dementsprechend müssen bestimmte Handlungsanweisungen, Regeln und Gesetzmäßigkeiten befolgt werden, um die Zauberwirkung zu erzielen. Dies gilt ebenso für den Fall des Charismas: Das Beispiel Stefan Georges lässt einen engen Zusammenhang zwischen charismatischer Wirkung und medialer Inszenierung vermuten. Doch bis zu welchem Punkt lässt sich Charisma einstudieren, inszenieren, performen? Stefan George sah seine Gnadengabe im Dienst an einer höheren Dichtkunst verwirklicht. „Was er auch tat, allem suchte George eine höhere Bedeutung zu geben, selbst Alltägliches schien durch ihn in einen magischen Zusammenhang zu rücken."[26] Diese aktiv hergestellte ‚Außeralltäglichkeit' fand allgemeine Zustimmung und begründete seinen Status als ‚begnadeter' Dichter einer hohen Kunst.

Wie aber steht es um die künstlerischen Produkte der Populärkultur? Die Dichotomie von Hoch- und Massenkultur wurde durch die massenmedial verbreitete Popkultur und ihren Gewinn an Definitionsmacht immer mehr in Frage gestellt. Trotzdem erscheint das Charismatische mit seinem Bezug zum Sakralen nach wie vor unvereinbar mit den medialen Abgöttern der Popkultur. Kann man einen Popstar und seine Sangestalente ohne weiteres mit einem Charismatiker wie Stefan George und seiner Dichtkunst gleichsetzen? Kann man im Falle einer gezielten Rekrutierung noch von Charisma sprechen? Verteilt eine Castingshow Gnadengaben? Doch auch im Falle Stefan Georges bleibt zu fragen, inwiefern man überhaupt von Charisma sprechen kann, wenn man davon ausgeht, dass sich ein Großteil seiner Wirkung einer geschickten Inszenierung verdankt. Wird hier nicht, wie auch in der Popkultur, derselbe mediale Aufzug benutzt, um das goldene Kalb in den Himmel zu hie-

25 Hügel 2003, 219f.

26 Karlauf 2007, 61.

ven? Schon in der Antike findet sich in Platons Schriftkritik[27] ein anschauliches Beispiel für den Wertverlust des Gedankens im Moment seiner Mediatisierung (hier in Form der Verschriftlichung), da das geistige Gut - wie die Aura im Falle Walter Benjamins - durch die mediale Reproduktion und Fixierung zum Abbild, zur leblosen Kopie des Urbildes würde und somit an Wahrheits- und Erkenntnisgehalt einbüße.[28]

Die Gestalt Stefan Georges vereint viele der angesprochenen Facetten und Widersprüche des Charismatischen. Als begnadeten Meister einer hohen Dichtkunst umwehte ihn beständig der geheimnisvolle Hauch des Übermenschlichen und dennoch konnte er der (massen-)medialen Inszenierung seiner Person nicht entbehren. Er bemühte sich zeitlebens, die Exklusivität seines Dichterzirkels zu wahren und war nichtsdestoweniger stets bestrebt, seinen Bekanntheits- und Wirkungskreis zu vergrößern. Eine wasserdichte Begriffsbildung erscheint im Falle des Charismatischen allerdings weiterhin nicht möglich. Die Faszination und Wirkungsmacht charismatischer Personen besteht in eben jener *Un*-begrifflichkeit ihrer Aura und vielleicht ist es ihnen nur deshalb überhaupt möglich, uns in ihren Bann zu ziehen. Dennoch ist im Verlauf der vorangegangenen Überlegungen deutlich geworden, dass die charismatische Wirkung in hohem Maße von Formen und Mitteln ihrer Inszenierung abhängt und in nicht zu unterschätzender Weise mit dem kulturhistorischen Medienverständnis assoziiert ist. An diesem Punkt würde sich nun eine genauere Untersuchung kulturspezifischer Auffassungen des Charismatischen anbieten. Die Fotografie ist auch heute noch ein sehr dominantes Medium, aber wird ein Foto Georges in weiteren hundert Jahren noch immer jene Wirkung erzielen können? Inwieweit sind die historischen Wahrnehmungskonventionen ausschlaggebend für die Generierung und Rezeption von Charisma? Wichtig wird sein, das Charisma und seine Wirkung aus seinem kulturellen Kontext heraus zu verstehen und damit eventuell Abstriche an seinem überweltlichen und überzeitlichen Absolutheitsanspruch in Kauf zu nehmen. Es geht nicht darum, das Charisma zu entzaubern. Das Charisma ist der Zauber, doch diesem liegen Zauberformeln zugrunde, die sich untersuchen lassen. Vielleicht verbirgt sich etwas mehr Alltägliches in der ‚Außeralltäglichkeit', als wir es gerne glauben würden.

---

27 Siehe Platon 2002, Kap. 59–63.

28 Siehe Szlezák 1985, 11.

Bibliographie

Adorno, Theodor W. (1993): Ästhetische Theorie. Herausgegeben von Gretel Adorno und Rolf Tiedemann. Frankfurt am Main.

Benjamin, Walter (1963): Das Kunstwerk im Zeitalter seiner technischen Reproduzierbarkeit. In: Ders.: Das Kunstwerk im Zeitalter seiner technischen Reproduzierbarkeit. Drei Studien zur Kunstsoziologie. Frankfurt am Main. S. 7-63 .

Die Bibel (1980): Einheitsübersetzung. Freiburg im Breisgau.

Boehringer, Robert (1955): Das Leben von Gedichten. Kiel.

Braungart, Wolfgang (1997): Ästhetischer Katholizismus. Stefan Georges Rituale der Literatur. Tübingen.

George, Stefan (1896): Blätter für die Kunst 3/5.

George, Stefan (1967): Der Teppich des Lebens und die Lieder von Traum und Tod. Mit einem Vorspiel. In: Blätter für die Kunst 5/1. [Orig. 1900].

Hügel, Hans-Otto (Hrsg.) (2003): Handbuch populäre Kultur. Begriffe, Theorien und Diskussionen. Stuttgart.

Karlauf, Thomas (2007): Stefan George. Die Entdeckung des Charisma. Biographie. München.

Platon (2002): Phaidros oder vom Schönen. Übersetzt von Kurt Hildebrant. Stuttgart.

Roos, Martin (2000): Stefan Georges Rhetorik der Selbstinszenierung. Düsseldorf.

Roscher, Wilhelm Heinrich (Hrsg.) (1965): Ausführliches Lexikon der griechischen und römischen Mythologie. Bd. 1, Abt. 1. Hildesheim. 873-884.

Salin, Edgar (1954): Um Stefan George. Erinnerung und Zeugnis. München.

Scholem, Gershom (1975): Walter Benjamin. Geschichte einer Freundschaft. Frankfurt am Main.

Szlezák, Thomas Alexander (1985): Platon und die Schriftlichkeit der Philosophie. Berlin.

Weber, Max (2002): Wirtschaft und Gesellschaft. Tübingen.

Maria Delimata

Audio Book – A New or just Renewed Medium?

Electronic technologies can re-establish nonlinear,
richer forms of communication and experience,
forms which existed before interpersonal communication
has been frozen by print.

Marshall McLuhan

Introduction

This essay is intended as a reflection on the relation between the audio book and the printed text (in which there is, to a certain extent, an unforgettable ‚romance' between eyes, hands and paper).[1] I would like to review the history and current state of the audio book medium – from the perspective of both creators and customers.

While one can find books about the radio, new media, broadcasting, and some pieces about the history of 20th century media studies, hardly anybody has ever written about audio books *as* a medium.

In my opinion the audio book opens a new perspective of cultural (audio, literary, sociological) experience. It is misleading to interpret this new type of reading as a development that caters to the commonly repeated concept of contemporary ‚laziness of readers'. Indeed, the audio book can be a challenge – both, for the listener and for the lector.

As I will argue, the audio book can be seen as a negotiation between the forgotten medium of *aoidos*[2] and the ‚usual' reading. In ancient

---

1 While preparing this article, I also conducted several interviews with teachers and students in Poznań. I asked them how audio books have changed their experience with literature, as well as their educational process. This semi-empirical method will be also seen in several chapters of this paper.

2 Cf. Faulstich 2000, 190–191. There are probably scholars who would not call the *aoidos* a medium, but this concept refers to Faulstich's concept of „communication media", where the *aoidos* would be defined as the primal (human) one.

Greece, the *aoidos*[3] was a nomadic storyteller, the *musicus-cantor*, who performed his song-poems at the princely courts.

Nowadays the renewed interest in sound studies is quite easily recognizable - the culture of writing and the culture of sound seem to display several cross-connections, not in the meaning of revolution, but rather as the temporally circular motion of history.

Roots and Development[4]

Audio books are not an invention of the second half of the 20th century. Its roots can be found in the 1930s, or even earlier.[5] In this passage I will briefly discuss the history of the audio book.

In the beginning, audio books were produced mostly as a kind of remedy for people who were not able to read printed books. By that time, the more popular name was „the talking books"[6] (nevertheless, even today we may find this term on particular websites containing contemporary audio books),[7] a term that may also be seen as a kind of personification of the medium. A book was not just an object anymore - for the blind people, the human voice reading the text became a guide in a world not accessible to them before.

> While it's true that digital recordings and online availability are recent advancements, the fact is that Thomas Edison anticipated the usefulness of audio books when he first applied

3 For this article I decided to use the term *aoidos*, as the best-known in the reference literature. However, it is important to notice that Werner Faulstich distinguishes two different terms: *aoidos* (performing mostly in the mykonos period, 1600–1200 BC) - a nomadic singer, who usually created poems and songs by himself - and *rhapsodist* (performing mostly the classical Greek period, 900–500 BC) - also a nomadic singer, but in contrast to the *aoidos* he performed poems and songs created earlier by someone else. Cf. Faulstich 2009–2010, 17.

4 Due to the lack of scholar publications on the history of the audio book (the majority of articles about media mostly consider print, radio, or television), it is necessary to describe it with references to articles published on websites and web-portals concerned with this particular medium.

5 Cf. Markovic 2009, <http://thehistoryof.net/edison-ipod-short-history-audio-books>.

6 Ibid.

7 Working Carers Gateway 2006, <http://www.workingcarers.org.au/index.php?option=com_content&view=article&catid=76:money&id=529:free-talking-books-online>.

> for a patent on his phonograph in 1877. He listed ten ways he thought his invention might be used with ‚phonograph books which will speak to blind people without effort on their part' coming in at number four.[8]

In 1931, the Congress of the United States founded a special program called *Books for the Adult Blind Project*. During this project, the first audio books were developed and later on published for everyone.

> By 1931, however, vinyl records that rotated at 33-1/3 rpm and played for twenty minutes or more have been developed. Edison's vision of talking books was finally within reach. That year the US Congress established the ‚Books for the Adult Blind Project'. It funded work by the American Foundation for the Blind to develop audio books. The earliest recorded audiobooks were the Bible and many US historic documents such as the Preamble to the Constitution and the Declaration of Independence. By 1935 improved methods of recording audiobooks have been developed and the Congress approved the free mailing of talking books to blind citizens. The project took off from that point and provided books for visually impaired Americans for decades.[9]

All of these audio books were prepared by highly-educated professionals, in fully-equipped recording studios.

At the same time, in 1933 to be precise, the anthropologist J.P. Harrington recorded oral story-tellings of Native Americans. From these sessions, he prepared a collection of dozens of aluminium discs.

> [A]udiobooks preserve the oral tradition of story-telling that J.P. Harrington pursued many years ago. Narration, sound-effects, and music can complement the reading experience.[10]

Describing the development of audio books, one must not forget the impact of radio. In the 1940s and the 1950s radio plays (also named as „radio dramas", „audio plays" or „radio theatres") became more and more popular, mostly in the United States.[11] However, in Europe (in Germany or the United Kingdom) radio plays became a highly influential art form from the 1920s onwards.

---

8 Markovic 2009, <http://thehistoryof.net/edison-ipod-short-history-audio-books>.

9 Ibid.

10 Audio Publishers Association (APA) Fact Sheet 1.

11 Cf. Crook 1999.

In the 1970s, books started to be recorded on audio-cassettes.

> Japanese cars made in the 1970s often came equipped with cassette players even on baseline models. When gasoline prices rose, these fuel-efficient vehicles became more popular, and many drivers saw the benefit of listening to books as they travelled or idled in a traffic jam.[12]

The change in the 1970s seems very interesting considering the fact that just a few years earlier, in the middle of the 1960s, one of probably the most important theoretical revolutions about orality and literacy had been discussed and published in books such as e.g. McLuhan's *Gutenberg Galaxy,* Havelock's *Preface to Plato*, or *The Consequences of Literacy* by Goddy and Watt.[13]

The 1980s can be seen as the first time when audio books became more popular and more accessible for everybody. This was especially true once CD technology appeared on the public market, mostly in the USA.

> Audio books on CD became available in the 1980's but this segment of the market did not grow nearly as quickly as the market for music CD's. This is most likely because people who enjoyed listening to books did not care as much about the quality of the sound as they did about the convenience of bookmarking their place in the recording. When car manufacturers began including CD players in most new models, however, CD audiobooks got a big boost in popularity.[14]

Today, audio books have become wide-spread and are even sold in traditional bookstores, having become as popular as their printed versions.

---

12 Markovic 2009, <http://thehistoryof.net/edison-ipod-short-history-audio-books>.

13 Cf. Havelock 2006, 46.

14 Markovic 2009, <http://thehistoryof.net/edison-ipod-short-history-audio-books>.

Media Theory/-ies

According to Marshall McLuhan's theory, one should focus on the medium, not on what it contains.[15] This is what I am trying to do in the following.

McLuhan proposed a binary division of media, between „hot" (only one sense is involved) and „cool" (more than one sense is involved) ones:

> Any hot medium allows of less participation than a cool one, as a lecture makes for less participation than a seminar, and a book for less than a dialogue.[16]

According to this binary, the audio book can be classified as a „hot" medium as long as it enhances only one sense – hearing (similar to a radio broadcast or a lecture).

However, we should not mistake this classification for a category of interactivity. Audio books (more so than radio – as long as a radio program is not recorded) provide several means of interaction. Of course this kind of interaction is still limited in several ways; to mention only one simple example – it is always separated into chapters by its creators. The interaction with audio books, in my opinion, can be understood as the action of a listener who can e.g. rewind, listen again to a particular chapter, etc. In the light of this audio books are closely related to Umberto Eco's concept of the „open work"[17], however, users of electronic media can be expected to be used to fragmentariness and hypertexts.

Perhaps, instead of considering audio books as an example of a hot medium (as McLuhan would expect us to do), we should notice that they seem to be a mix of at least a few various media, with a clearly visible influence of those invented earlier. As Jay David Bolter and Richard Grusin have pointed out in *Remediation. Understanding New Media*, new media refashions prior media forms.[18]

---

15 This sentence has already become a kind of McLuhan's hallmark. In his work *Understanding Media. The Extension of Man* he argued that the medium should rather be analyzed with regard to how it influences the society, than what it contains. Cf. McLuhan 2001.

16 Ibid., 23.

17 Cf. Eco 1984, 47–66.

18 Cf. Bolter/Grusin 1999.

Without any doubt, the most significant impact on the audio book has been made by the radio, and the similarity can be seen in the whole system of possibilities of connecting listening with various activities (like manual labour) it allows for. In this case radio should be understood in a very contemporary way - as a medium which ,accompanies' the everyday life, rather than in the historical meaning, especially in those years when e.g. the whole family gathered around it.

However, the audio book still appears as some kind of novelty - not in the meaning of technical development only, but rather with regard to deepening changes in social and individual practices.

Furthermore, the medium of *aoidos* can be understood as a reference to media history. The classical Greek singer (or to be more precise - skilled oral epic poet) can be seen as the root for both the later medium of story-tellers and for the contemporary audio book. Obviously, the orality performed in the presence of other people has been transformed into electronic orality. But - metaphorically speaking - one essential matter seems to have remained unchanged, namely the peregrination. The *aoidos'* word was rendered permanent in a way. He would walk from village to village to tell his stories. Since the audio book, thanks to portable devices, can be taken anywhere and performed at any time, it provides the possibility of erasing the former restrictions of time and space that had to be overcome when the ancient community wanted to listen to the story. Metaphorically speaking, the *aoidos* comes to us in the form of the audio book every time and everywhere we want him to, or, in other words, he can now be a perfect companion for every journey we take or any activity we are involved in (it does not mean of course that these two media can be easily compared - e.g. their degree of storability and availability is different). But even if the ,word' of audio book has been transformed into a recorded medium, it is still based on one particular voice, performed in a particular space and time. And this voice is what the audio book has in common with the ancient medium of *aoidos*.

Stanisław Obirek quotes Walter J. Ong, who claimed that

> oral communication links people together in a group. Writing and reading are supposed to be reclusive activities, they force psyche to burrow into itself.[19]

---

19 Obirek 2010, 109.

But in Obirek's opinion, it cannot be seen just as a simple opposition between orality and literacy. Ong rather tries to reconstruct a manner of reading, he

> pays attention to the need for community and inter-human exchange created by a word spoken to the second person. By emphasizing limitation of literacy, he would like to overcome it, showing the source, oral experience of the text.[20]

The audio books - as a kind of contemporary intersection of orality and literacy - might also be seen as the new media which provoke analyses of a hidden oral experience of the written text. Moreover, this medium claims to re-think the present needs for community built on the crossing between orality and literacy.

Audio Books and Educational Programs

It is very obvious that nowadays audio books become more and more popular in educational programs. Audio books have turned out to be a very useful tool, mostly in teaching programs for foreign languages.[21]

In the years 2010–2012 I interviewed several teachers and students from high schools in Poznań, who used audio books in their education. According to those conversations, audio books present another opportunity of perceiving the processes of remembering where complicated and highly-developed memory skills are required, like history classes (actually this subject is most popular among educational audio books).

Most students whom I asked admitted that they prefer to read and at the same time listen to their text books. It is rather a cognitive approach - in the age of ‚visual culture' as it will be described later on, there is still the need for hearing. To fully ‚reach' and experience the word, it needs not only to be read, but also heard. The human senses must be addressed simultaneously.

In the contemporary world, especially for children whose educational process starts and finishes at school (parents do not pay attention, or they are not well-read), audio books might become one of

20 Ibid.

21 This issue has been widely discussed by Katarzyna Trojan at the linguistic conference in Poznań on May 27th 2011 in her speech *Das hört sich gut an! Zur Arbeit mit Hörbüchern im universitären DaF-Unterricht.*

the most useful media, which fully elaborate students' ability to interpret and analyse literature as well as any other kind of text.

Even if audio books became a rather good alternative (especially for those students for whom hearing is the most developed sense) in education, of course there are also some disadvantages of this medium. According to Uttara Manohar

> audio books do not encourage children to read but instead provide an easy option for reading, which is bad since reading is a habit that can be very enriching if inculcated at a young age.[22]

The Person Who Reads, the Person Who Listens

According to Erick Havelock,

> [t]he reflection's development about differences between written and spoken word and complexity of their relations had needed a stimulus. Such stimulus became a specific kind of experience, the effect of culture impact between acts of spoken language and acts of writing. Nowadays it became a sort of relations between electronic sound and printed word - that means between listening and writing. Our electronic culture created the impact inside itself.[23]

We should also remember that the relationship between ‚performer' and ‚audience' - to use the metaphor from the field of theatre studies - is here much more complicated than it seems to be.

‚The person who reads' an audio book - is it a ‚lector', a person whose work is just the reading, or rather an ‚actor' who creates art? We should consider the fact that it also depends on the production of a particular audio book - is only the voice of a single reading person recorded, or is it enriched by a fully developed ‚sound scenography'? Also, the approach to gender is somewhat surprising - in audio books, there is usually only one person performing. It does not matter what part of the book is read - both female and male parts of the text are read only by one person.

Surprisingly enough, in contemporary times the majority of audio books are read by men. The male lector, who must act as a woman, provokes an important question about contemporary Western cul-

22 Manohar 2011, <http://www.buzzle.com/articles/audio-books.html>.

23 Havelock 2006, 49.

ture, where the female voice has become a rather ,othered', in the opposition to the ,neutral', male one.

,The person who listens' – is it a listener or maybe still a reader? It seems to be obvious that he or she is just a listener. Comparing this with the statement of several people I interviewed – some of them claim to have the impression that they have read this particular book, but only by using a different tool – this may be questioned.

Another important question is: how does the audio book medium change the perspective of reception? On the one hand, it provides a new experience for the reader/listener. It opens a new way of learning the meaning of the theatre of the word. One should also not forget that the person who listens is given an opportunity to recreate the narrative by stopping it, skipping some parts, or listening to them again.

On the other hand, the audio book restricts the reader's independence – his or her own way of interpreting the book. Everything that is made by the performer – an intensity or accent put on a particular word or sentence, a kind of tone of his or her voice etc. – prevents the readers from working on their own imagination.

Moreover, it should be mentioned here that criminal stories were chosen by Walter J. Ong as the best example of Freytag's pyramid concept[24] – where a drama (as many other kinds of literature) can be separated into five different parts (the inciting moment transforming into the exposition, the rising action – which gives rise to a complication, the climax – the moment of greatest tension, the falling action – which comes after the reversal, and dénouement – where *catharsis* is invoked and the plot can be untangled). According to Ong the plot line in a written text has more compact structure than the episodic plot in old oral artistic work. Ancient Greek drama can be seen as the first oral form controlled by writing and at the same time it has a typical compact structure of Freytag's pyramid. The 19th century novels broke the episodic structure, although they have not always been so consistently faithful to the culmination point of order as many other theatre plays. Ong indicates that crime stories (starting with Edgar Allan Poe's *The Murders in the Rue Morgue*, published in 1841) absorbed Freytag's pyramid as an element of the internal structure.[25] At the same time criminal stories can be seen as

---

24 Cf. Freytag 1968.

25 Cf. Ong 2011, 220–224.

one of the greatest examples of literature due to literacy and later print by itself. This structure is now taken to the realm of processed orality through the act of reading (and thus performative act).

In the World of Critics

Audio books have become rooted so deeply in contemporary culture that they have been awarded their own critical system. This layer has transformed as well in a kind of *in*visible layer - on the one hand, it can be understood as a way of experiencing literature, but on the other hand, audio books are often perceived as lacking independence, for they are marketed as a substitute for printed books.

Currently there are several associations and foundations which organize competitions and give awards to audio book authors and performers. Some of the best-known are inter alia *National Book Critics Circle Award Winner* and *Audie Awards* (they are awarded during *BookExpo America* banquets).[26]

One of the most threatening misunderstandings is to consider this medium as a ‚normal' book, or as just another form of e-book (from the common point of view, the only difference in this case is that the written letter is replaced by the spoken word). I have hardly found any critical essay which discusses and rates not only the subject and literary value of the book, but also the performance created by the record, the performance itself. Those qualities seem to be reserved for radio plays - one usually does not consider them as worth mentioning in the context of audio books. Even if they become more and more popular, the more phenomenological perspective is still missing. It should be claimed to find new ways of describing this medium in the context of the aesthetic of reception. In my own research on this topic, I have found that one of the most popular assumptions about audio books is that they should be considered only another ‚technique' for reading. They are hardly ever seen as an independent kind of art, which needs its own language, techniques, and dramaturgy.

The intersection of several media - like book, radio play, theatre -, the tension between reading, speaking and listening create a new

26 Cf. <http://www.theaudies.com/>, <http://audiopub.org/audies-gala.asp>, <http://bookcritics.org/awards>, <http://booksalley.com/bAMain/bAlleyAwards.php?awards=yes&nodeid=audie>.

kind of artistic experience. Therefore, the world of audio books is calling for interpretation and assessment.

The Commercial Issue and the Problem of ‚Laziness'

One of the most significant features of audio books is the easiness of their dissemination. Not only are they available in bookstores and libraries (one of the best-known online libraries with audio books is *PennSound*[27]), but they can be downloaded for free or at very competitive prices on several websites.

Moreover, there are many companies which distribute audio books made not only by professionals, but also in home-made studios (here, the *Open Book Audio*[28] should be mentioned). It highlights the lack of any restrictions - everybody can produce it, everybody can sell it, everybody can use it.

In many advertisements, audio books are promoted as a solution for the stereotypical audio book customer's main problem - the laziness to read or the lack of time to read. In this context audio books become the easiest and the most „productive" solution, but at the same time both - people who advertise them and the customers - forget that it should be seen as an independent medium, not as just another type of printed book.[29]

In 2011 a Polish radio program broadcasted a piece of news about the problem with reading among the younger generation. It was claimed that 90% of teenagers would not even touch a book that has more than 100 pages. One of the speakers said with regard to those facts: „OK, so probably books should be published in short parts now or made into audio books". Then, the second speaker said: „But if the audio book has more than 3 MB, surely nobody of the young generation will be interested in that either."

Both of those examples (rhetoric used in advertisements and in the radio broadcast) show that impulses makes us think of audio books

27 Cf. <http://writing.upenn.edu/pennsound/> and <http://www.learnoutloud.com/Results/Publisher/PennSound/556>.

28 Cf. <http://openbookaudio.com/>.

29 On the website www.audible.com one of the customers, Melinda B., supposed to promote audio book: „I love to read, but I don't have time to sit down and do it. Rather than give up on reading, I have gone the audio route!". Cf. <http://www.audible.com/whatis/186-292638>.

as easy substitutes for printed books. It might be true in some cases, but I think we should be aware of this stereotype's mechanism, which denies this kind of reading to be equivalent to the older, ,normal' one.[30]

It is said that we now live in the time of television and internet - that radio and music do not have as much of an impact as they had before. Looking around nowadays, observing people on public transport, people walking through the streets with earphones in their ears, students preparing for their final exams by listening to audio books, we should probably raise the question of whether there is perhaps a big turn of culture - not the return to the point when television did not exist, but rather a turn to where the need for the spoken word is emerging once again on the public scene.

Works Cited

Audio Publishers Association (APA) Fact Sheet.

Bolter, Jay/David, Grusin, Richard (1999): Remediation. Understanding New Media. Cambridge.

Cook, Tim (1999): Radio Drama. Theory and Practice. London/New York.

Eco, Umberto (1984): The Poetics of the Open Work. In: id.: The Role of the Reader. Explorations in the Semiotics of Texts. Bloomington. 47–66.

Faulstich, Werner (2009–2010): Muzyka i medium. Szkic historiograficzny od początków do dzisiaj [Musik und Medium. Eine historiographische Skizze von den Anfängen bis heute]. In: Images 13–14. 15–28.

Freytag, Gustav (1968): Technique of the Drama. An Exposition of Dramatic Composition and Art. New York.

Havelock, Eric A. (2006): Muza uczy się pisać. Rozważania o oralności i piśmienności w kulturze Zachodu [The Muse Learns to Write. Reflections on Orality and Literacy from Antiquity to the Present]. Translated and introduced by P. Majewski. Warszawa.

McLuhan, Marshall (2001): Understanding Media. The Extensions of Man. Introduced by L. Lapham. Cambridge.

---

30 An interesting discussion on the topic „Are audio books lazy?" can be found in the forum <http://forum.deviantart.com/entertainment/books/1641424>.

Obirek, Stanisław (2010): Uskrzydlony umysł. Antropologia słowa Waltera Onga [The Winged Mind. Walter Ong's Anthropology of Word]. Warszawa.

Ong, Walter Jackson (2011): Oralność i piśmienność. Słowo poddane technologii [Orality and Literacy. The Technologizing of the Word]. Translated and introduced by J. Japola. Warszawa.

Online References

Manohar, Uttara, (2011): Audio Books. <http://www.buzzle.com/articles/audio-books.html>. [Last access: 08.05.2012].

Markovic, Pete (2009): From Edison to iPod: A Short History of Audio Books. <http://thehistoryof.net/edison-ipod-short-history-audio-books>. [Last access: 06.05.2012].

Working Carers Gateway (2006). <http://www.workingcarers.org.au/index.php?option=com_content&view=article&catid=76:money&id=529:free-talking-books-online>. [Last access: 08.05.2012].

<http://www.audible.com/whatis/186-2926388-2963551>. [Last access: 08.05.2012].

<http://audiopub.org/audies-gala.asp>. [Last access: 07.05.2012].

<http://bookcritics.org/awards>. [Last access: 08.05.2012].

<http://booksalley.com/bAMain/bAlleyAwards.php?awards=yes&nodeid=audie>. [Last access: 08.05.2012].

<http://forum.deviantart.com/entertainment/books/1641424>. [Last access: 05.05.2012].

<http://www.learnoutloud.com/Results/Publisher/PennSound/556>. [Last access: 05.05.2012].

<http://openbookaudio.com/>. [Last access: 09.05.2012].

<http://www.theaudies.com/>. [Last access: 08.05.2012].

<http://writing.upenn.edu/pennsound/>. [Last access: 06.05.2012]

Janine Wahrendorf

Street Art und Culture Jamming als Zurückeroberung des urbanen Raumes?

Street Art ist eine Kunstform die, wie der Name schon sagt, direkt auf der Straße stattfindet. Sie hat ihre Wurzeln in der Graffiti-Kunst und ist, wie diese, bis auf einzelne offizielle Arbeiten illegal, da die Umgebung ungefragt mit verschiedenen Materialien behandelt wird. Die ästhetische Form ist gerade wegen der Vielfalt von Einflüssen, Techniken und Voraussetzungen sehr variabel. Street Art, oder auch Urban Art, wird in den Medien als eine neue Bewegung beschrieben - die so neu eigentlich nicht mehr ist. Schon die Situationisten[1] nutzten bestimmte Unterformen, wie zum Beispiel Poster und einprägsame Slogans, um ihre Botschaften in den Städten zu verbreiten[2].

An dieser Stelle soll nun versucht werden, Grundsätzliches über Street Art zu klären; des Weiteren interessiert der Stellenwert von Street Art als Kunst und der Einfluss der Kommerzialisierung auf sie. Schließlich soll ein direkter Bezug zu den Theorien der Situationisten der 1960er Jahre gezogen werden. Inwiefern an ihre Theorien und Praktiken auch heute noch angeschlossen wird, soll sich im Laufe des Aufsatzes zeigen, indem neben der Street Art vor allem auch das ‚Adbusting'[3] im Rahmen der sogenannten Culture-Jamming-Bewegung thematisiert wird.

> Die Bilder, die [...] entstehen, sind Bilder für den Augenblick. Das heißt, ihre Haltbarkeit ist nur von kurzer Dauer. Sie werden niemals die Lebensdauer eines Gemäldes erreichen, geschweige denn sie überschreiten, weil sie den ‚Gesetzen der Straße' unterliegen.[4]

---

1 Die Situationistische Internationale war eine 1957 gegründete, linksorientierte europäische Gruppierung von Künstlern und Intellektuellen, die ihren Höhepunkt während der Studentenrevolten im Jahr 1968 hatte. Sie verfolgten unter anderem den Wunsch nach einem alternativen Lebensentwurf und der Abkehr vom Kapitalismus.

2 Siehe Jappe 1999, 48ff.

3 Der Begriff ‚Adbusting' bezeichnet die Veränderung von Werbeplakaten durch künstlerische Akte, bei denen aus der Street Art bekannte Techniken angewendet werden.

4 Krause 2006, 60.

Dies ist nur eine der vielen Besonderheiten, die Street Art zu dem machen, was es ist - eine Vielfalt an verschiedenen Kunstwerken jeglicher Machart, die so schnell wieder verschwinden, wie sie aufgetaucht sind. Produziert und im öffentlichen Raum positioniert werden sie auf sehr unterschiedliche Weise: spontan oder lange vorher geplant und in Heimarbeit vorbereitet; an offensichtlichen oder versteckten Stellen der Stadt. So vielzählig wie die Künstler sind auch ihre Techniken und Motive. Keines scheint dem anderen zu gleichen und doch sind sie vereint unter dem Begriff Street Art.

Die Kunst im öffentlichen Raum und insbesondere die Street Art regen idealiter die Kommunikation der Bewohnerinnen und Bewohner untereinander und mit ihrer Nachbarschaft an,[5] werden aber zeitgleich noch immer strafrechtlich verfolgt und von großen Teilen der Bevölkerung als Vandalismus gesehen.[6] Dabei verfügt Street Art nicht über die dramatische Präsenz von *whole trains*,[7] Zügen, die von oben bis unten von Graffiti-Sprayern bemalt wurden, sondern besticht oftmals durch Understatement, Detailreichtum und Humor.

Der Masse an illegalen Kunstwerken kann man viele Intentionen unterstellen. Es zeigt sich jedoch eine Zweiteilung, die zwischen politischen Werken und ‚Spaß'-Werken unterscheidet. Die politischen Werke häuften sich ganz besonders zu Beginn des Irakkrieges im Jahre 2003.[8] Insbesondere an öffentlichen Orten stellen die Künstlerinnen und Künstler moralische oder politische Fragen an ihre Betrachterinnen und Betrachter. Dabei nutzen sie eine provokante Bildsprache, Humor oder parodistische Elemente, um ihren Botschaften zu einer breiteren, aufgeschlosseneren Rezeption zu verhelfen. Die ‚spaßigen' Kunstwerke dagegen vermitteln keine eindeuti-

4 Siehe ebd., 96. So kann der Betrachtende etwa eigene Kunst als eine Art Kommentar anbringen oder die interaktive Struktur des Werkes aufgreifen: Beispielsweise gibt es Flyer-Kampagnen, die Abreißblätter haben, oder auch ganze Wände, die als Zeitung konzipiert sind, auf der Bewohner Meinungen und Aussagen hinterlassen können und sollen.

6 Siehe §303, Abs. 2 und §304, Abs. 2 SGB. Die unbefugte Veränderung eines Erscheinungsbildes. <http://www.gesetze-im-internet.de/stgb/index.html>.

7 Siehe Reinecke 2007, 23.

8 Siehe ebd., 112.

gen Aussagen. Ihnen geht es um eine Atmosphäre, über die eine ‚unbemalte' Stadt nicht verfügt.[9]

Mit der Anbringung jeglicher Street Art vertreten die Künstlerinnen und Künstler allerdings ähnliche Ziele. Hauptsächlich geht es ihnen um eine Rückeroberung des öffentlichen Raumes, der mehr und mehr privatisiert wurde.

> Stadt und Kapitalismus werden zu Synonymen, wobei auf der Erscheinungsebene der Kapitalismus zunehmend seine produktive Dimension verliert und mehr und mehr über Reproduktion, Konsumption und Verwaltung definiert wird.[10]

Gleichzeitig damit wird der öffentliche Raum folgerichtig zum Ort für die Verbreitung von Werbung, damit einher gehen Kontrollen und Verbote. Die Stadt erscheint als repressiver Raum, der von einer eindeutigen, den Bewohnern auferlegten Struktur geprägt ist. Jeglichem öffentlichen Raum werden bestimmte Tätigkeiten und Regeln zugeteilt.[11] Eine Abweichung davon ist meistens ein Störfaktor oder gleich illegal. So auch die Street Art, die die Ordnung der organisierten Stadt durchbricht. Künstlerinnen und Künstler sowie Aktivistinnen und Aktivisten proklamieren damit das Recht auf die eigene Umwelt als einen freien und demokratischen Ort für ihre Werke.[12]

Die Street Art reiht sich mit ihren Zielen in verschiedene Aktivistengruppierungen ein, die Ähnliches verfolgen. Sie repräsentieren Gegenentwürfe zur bestehenden Konsumkultur, alternative Lebensentwürfe, die vor allem ästhetische Wege suchen, um ihre Meinung zu vertreten. Es ist tragisch und komisch zugleich, dass gerade die von ihnen verhasste Werbeindustrie genau diese Taktiken aufgreift, um mit ihnen neue werberelevante Gruppen zu erreichen und ihren Umsatz zu steigern. Seit den 1990er Jahren erkannte diese nämlich, dass ihnen ein wichtiger Teil der Gesellschaft bisher entkommen ist: Die ‚jungen, urbanen und hippen' Menschen waren zu erfahren im Umgang mit den Medien, sodass sie weniger empfänglich für die Macht der Werbung waren.[13] Jedoch erscheint Street Art, wie auch schon Graffiti in den 1980er Jahren, als ganz besonders authentisch

9 Siehe Klitzke 2009, 10.

10 Behrens 2007, 12.

11 Siehe Schwanhäußer 2009, 126.

12 So beispielsweise *56Ks* Straßenschilder, die an die zahlreichen Verbotsschilder in den Straßen erinnern und diese karikieren.

13 Siehe Klein 2001, 63ff.

und glaubwürdig, womit sie eben genau diese Zielgruppe direkt anspricht. Street Art war Anfang der 2000er Jahre *die* angesagte Bewegung, die von der Werbung aufgenommen wurde, indem nun auch die Industrie ihre Logos illegal an den Wänden anbringen ließ.[14]

Dabei treten die Werbung und die Kunst nicht nur ästhetisch in Konkurrenz, sondern auch in einen Kampf um Raum, da die Werberinnen und Werber an den gleichen Stellen aktiv sind wie die Künstlerinnen und Künstler, beide Gruppen wetteifern um die Aufmerksamkeit ihrer Betrachterinnen und Betrachter und müssen sich gegen die Informationsflut in den Straßen der Stadt behaupten.[15] Sicherlich gibt es nicht nur Gemeinsamkeiten zwischen Street Art und Werbung. Die Werbenden kreieren einen Monolog, den sie dann auf die Wände projizieren; dagegen setzen die Street-Art-Aktivistinnen und -Aktivisten auf den Dialog mit anderen Künstlerinnen und Künstlern, Betrachterinnen und Betrachtern. Einige haben auch keine speziellen Ansprüche, sondern wollen den Zuschauern vielmehr etwas Gutes tun.[16]

Werbung und Street Art stehen also vielmehr in einer Interdependenz. Die Werbung braucht frische Subkulturen, um sie zu kopieren, und die Kunst braucht die Werbung, um wiederum Material für ihre Kunst zu bekommen. So sieht Jacques Rancière eine vermeintliche Konkurrenz ebenfalls alles andere als negativ, wenn er sagt:

> We say we're snowed under the images that intimidate us to do this and buy this, but that's not true. It's precisely the multiplicity of images and the multiplicity of spectacle that allows us to create our own focus and to find strangeness. You have only to shift your gears and what was supposed to be an invitation to be a subjective consumer becomes a possibility for framing your own picture. You must think of the relationship between imagery and imagination in both senses.[17]

Obwohl Firmen ihre Werbung als Street Art verkleiden, scheinen die Künstlerinnen und Künstler die besseren Werberinnen und Werber zu sein. So schuf etwa Shepard Fairey im Anschluss an seine

---

14 Siehe Reinecke 2007, 158ff.

15 Siehe Lewisohn 2008, 92.

16 Siehe Krause 2006, 129.

17 Rancière 2008, 112.

OBEY-Kampagne[18] ein ganzes Imperium, das aus vielzähligen Artikelvarianten bestand. Mit dem Verkauf von Merchandise-Produkten bekam Fairey jedoch auch die Kritik seiner Künstlerkolleginnen und -kollegen zu spüren. Er selber betont häufig, dass die Verbreitung seines Labels durch seine Straßenkunst jederzeit vor dem Verkauf von Produkten komme und er sich somit von der Werbeindustrie unterscheide.[19] Und dennoch ist festzustellen, dass die Kritik an der Konsumgesellschaft zusehends selber zur Ware wird und Street Art damit mehr Ähnlichkeiten mit der Werbung hat, als sie es sich zugestehen möchte.

Neben der Werbeproblematik stellt sich außerdem die Frage, inwiefern Street Art außerhalb der Straße und der Öffentlichkeit überhaupt sinnvoll ist. Wie steht es etwa um die Möglichkeit der Präsentation und Konservierung von Street Art außerhalb des öffentlichen Raumes? Haben doch gerade die Künstlerinnen und Künstler von den Kommunikationsmöglichkeiten mit ihren Betrachterinnen und Betrachtern und von der Symbiose ihrer Werke mit der Umgebung geschwärmt. All das fällt in einem Museumskontext weg; die Kunst erlangt einen anderen Stellenwert. Da die Museen häufig staatlich subventioniert und die Werke von institutionalisierten Autoritäten ausgewählt werden, findet eine Selektion statt, die es in der Stadt nicht gibt. Museen und Galerien scheinen also, abgesehen von wirtschaftlichen Aspekten, lediglich als historisierende Institutionen zu fungieren. Wegen der extrem kurzen Lebensdauer von Street-Art-Werken ist die Fotografie und Aufbewahrung im Museum die einzige Möglichkeit zur Dokumentation. Durch den vermehrten Verkauf dieser Repliken in den Galerien erlangt Street Art auch in der Öffentlichkeit einen anderen Wert - so werden zum Beispiel frische Cut-Outs[20] immer häufiger von den Wänden genommen und Stencils[21] aus ihnen herausgebrochen.

---

18 Diese entstand vorerst als Aufkleberkampagne mit dem Konterfei des professionellen Wrestlers *André the Giant*. Nach mehrmaliger Überarbeitung kam das Wort *obey* hinzu, das sich, durch die Bereitstellung des Motivs, vor allem im Internet, weltweit verbreitete.

19 Siehe Lewisohn 2008, 167.

20 Entlang der Umrisse eines Bildes ausgeschnittene Motive, die mit Kleister direkt auf der Wand angebracht werden.

21 Mit Hilfe einer Schablone werden Stencils direkt mit Sprühfarbe auf die Oberfläche aufgetragen.

Es zeigt sich, dass die Street Art durch die Vermarktung in der Kulturindustrie eine Transformation erfährt: Sie entwickelt sich weiter und sucht nach neuen, noch nicht korrumpierten Ausdrucksmöglichkeiten.

Wie bereits erwähnt, entstand die Street Art nicht aus dem Nichts, sondern entsprang einer langwierigen Entwicklung. Durch verschiedene Einflüsse aus u.a. Kunst, Kultur und Politik entstehen neue Ästhetiken und Verarbeitungen von aktuellen Themen. Sicherlich ist der Einfluss von Graffiti auf die Street Art schon rein optisch am deutlichsten, doch kann man auch etwas weiter in der Vergangenheit Vorstufen der heutigen Werke finden - eine davon ist die Situationistische Internationale.[22]

Street Art und die Situationisten sind unter anderem durch ähnliche Techniken und Thematiken verbunden. Hinzu kommt, dass einige Künstlerinnen und Künstler, wie zum Beispiel der Franzose Blek le Rat, die Bewegung als eindeutige Quelle für ihr Werk beschreiben.[23] Worin genau die Parallelen bestehen und inwiefern situationistische Taktiken auf der Straße benutzt werden, soll an späterer Stelle gezeigt werden. Zuerst allerdings sollen die Aktivistinnen und Aktivisten der 1960er Jahre im Mittelpunkt der Betrachtung stehen.

Die Situationistische Internationale wehrte sich im Besonderen gegen den Kapitalismus und dessen Folgen für den Menschen. Sie klagte besonders die Beherrschung der - vor allem westlichen - Welt durch das ‚Spektakel' an. Mit dem Begriff des Spektakels beschrieb der Situationist Guy Debord die Entfremdung der realen und ‚wahren' Welt von ihrer Bevölkerung durch die stetig wachsende Bedeutung des Konsums:

> Das Spektakel ist der Moment, worin die Ware zur *völligen Besetzung* des gesellschaftlichen Lebens gelangt ist. Das Verhältnis zur Ware ist nicht nur sichtbar geworden, man sieht sogar nichts anderes mehr: die Welt, die man sieht, ist seine Welt.[24]

Das Spektakel funktioniert auf einer visuellen Ebene, indem es den Menschen durch Bilder Bedürfnisse einpflanzt, die Debord dann als Pseudobedürfnisse beschreibt:

---

22 Im Folgenden auch als S.I. abgekürzt.

23 Siehe ebd., 70.

24 Debord 1996a, 35.

> Zweifellos läßt sich das im modernen Konsum aufgezwungene Pseudobedürfnis keinem echten Bedürfnis oder Begehren entgegensetzen, das nicht selbst durch die Gesellschaft und ihre Geschichte geformt wäre. Aber die Ware im Überfluß existiert als der absolute Bruch einer organischen Entwicklung der gesellschaftlichen Bedürfnisse. Ihre mechanische Akkumulation macht ein unbeschränktes Künstliches frei, angesichts dessen die lebendige Begierde entwaffnet ist.[25]

Die Welt wird zu einem Ort, an dem nichts ‚authentisch' ist, sondern alles nur ein Schein sein kann. Nach Debord sagt das Spektakel nicht mehr aus als: *„Was erscheint, das ist gut; was gut ist, das erscheint"*[26] und stellt sich selber als das Maß aller Dinge dar - als zu erreichende Größe. Das Spektakel gibt vor, fordert ein und nimmt dabei seinen Betrachterinnen und Betrachtern allmählich jede Chance zur Gegenwehr.[27] Natürliche Begierden werden dem Kapitalismus und der Ware somit untergeordnet und in den Rahmen eines gesellschaftlichen Machtgefüges gestellt, das das Spektakel mit Hilfe von Visuellem erstellt und festigt. Nach Debord verwandelt die Wirtschaft *„[...] die Welt, aber nur in eine Welt der Wirtschaft."*[28].

Mit ihrer Kritik impliziert die S.I. das Vorhandensein einer wahrhaftigen und unkorrumpierten Welt ‚vor' dem Kapitalismus, zu welcher die Situationisten anscheinend zurück wollen.

Das Spektakel bedeutet auch die Organisation von Zeit. Der Alltag wird von außen strukturiert und verliert seine freie Form. Im Laufe ihres Bestehens erörtern die Situationisten mehrere Optionen, um aus dem Spektakel austreten zu können; dazu gehören u.a. eine veränderte Rolle der Kunst im Alltag sowie die Schaffung von Situationen - durch künstlerische Akte erzeugte Brechungen des Spektakels.

In Debords *Kommentaren zur Gesellschaft des Spektakels* zeigt sich allerdings, dass von seiner ursprünglichen Zuversicht und Kampfansage nicht viel mehr übrig bleibt als eine Resignation vor dem vollkommenen Spektakel. Debord bezeichnet die moderne Welt als das integrierte Spektakel: eine Form, in der das Spektakel sogar den

---

25 Ebd., 55.

26 Ebd., 17.

27 Siehe ebd., 26.

28 Ebd., 34.

Terrorismus braucht, um die Kritik von sich weg zu lenken und als das kleinere Übel angesehen zu werden.[29] Bei einer Betrachtung der Kritik der Situationisten aus den 1960er Jahren lassen sich diverse Ähnlichkeiten zur heutigen Zeit aufzeigen, die große Teile der radikalen Konsumkritik von damals bestätigen und bekräftigen können. Vor allem treten hier die aktuellen Massenmedien und ihre weitläufige Verbreitung von Werbung und Pseudopersönlichkeiten[30] in den Vordergrund, die zu Debords Zeiten noch in der Kinderschuhen steckten.

Zu Beginn ihrer aktiven Zeit ging es den Situationisten um die Schaffung einer neuen Kunst durch die Entfachung des Spiels, um eine Leichtigkeit der Kritik durch die Schaffung von Situationen und um die Erschütterung der bestehenden bürgerlichen Gesellschaft. Außerdem beschäftigten sie sich mit Architektur und Stadtplanung und versuchten einen neuen, andersartigen Urbanismus zu schaffen.[31] Besonders die Kunst sollte in der Lage sein, die drohende Entfremdung aufzuhalten und das Spektakel zu schwächen.[32] Nach den Situationisten sollten die Grenzen zwischen Politik, Theorie und Kunst verschwimmen. Die Kunst sollte nicht als Zeitvertreib dienen, sondern bewusst in den Alltag integriert werden, um so in die Gesellschaft eingreifen zu können. Die extreme Kraft, die die Situationisten in ihr sahen, war die Ermöglichung von Situationen. Nur diese konnten subversiv und provozierend wirken und dabei gleichzeitig spielerisch leicht sein. Die Situation war für die S.I. der bedeutendste Weg, um dem großen, allumfassenden Spektakel entkommen zu können.[33] Durch die Schaffung einer Situation sollte es zu einer kurzen Auflösung des Spektakels kommen. Die aufgebaute Scheinwelt wird für kurze Zeit durchbrochen und die Zuschauer bekommen die Möglichkeit, auf das ‚Wahre' zu schauen.[34] Hier voll-

---

29 Siehe Debord 1996b, 246ff.

30 Debord nennt in dem Zusammenhang die Starpersönlichkeit als „spektakuläre Vorstellung des Menschen" und „Objekt der Identifizierung mit dem untiefen, scheinbaren Leben" (Debord 1996a, 48). Besonders interessant ist hier die Verquickung von Werbung und Star.

31 Siehe Kotanyi/Vaneigem 1961, <http://www.sirevue.de/elementarprogramm-des-büros-für-einen-unitären-urbanismus>.

32 Siehe Jappe 1999, 63.

33 Siehe Marcus 1993, 168.

34 Was das genau das ‚Wahre' sein sollte, bleibt bei den Situationisten jedoch recht unklar und z.T. utopisch.

ziehen sich zwei unterschiedliche Enttäuschungen[35] - wobei der Begriff der ‚Enttäuschung' zweideutig ist. Zum einen werden die Betrachterinnen und Betrachter *ent*-täuscht: Ihnen wird die Basis des Scheins entzogen. Gleichzeitig werden sie enttäuscht bzw. irritiert von dem plötzlichen Übergang in eine Welt, die sie so vielleicht gar nicht sehen und erleben wollen. Darüber hinaus werden auch das Ende des Aktes und damit die Rückkehr in das Spektakel als Enttäuschung erlebt. Hier liegt auch die revolutionäre Energie, die von den Menschen aufgegriffen werden soll. Die ‚wahre' Welt, die die Situationisten aufzeigen wollen, nimmt den Betrachterinnen und Betrachter also die Basis, auf der ihr Leben bis dahin beruhte. Das Ergebnis der Situation wäre ein neuer, freier und aktiver Mensch, der dem Spektakel entkommen möchte.[36]

Die Situationisten nutzten in der ersten Phase vor allem zwei Techniken: *Dérive* und *Détournement*. Beim *Dérive* handelt es sich um das ziellose Umherschweifen im urbanen Raum. Die Umherschweifenden lassen sich von ihrer Fantasie leiten und von der Stadt überraschen, entdecken im besten Fall neue Gegenden und erleben ihre Stadt auf eine spielerische Art und Weise. Beim *Détournement* werden bestehende Objekte in einem neuen Kontext wiederverwendet, wodurch Werte und Normen umgedreht und verfremdet werden.[37]

Somit erinnern die Situationisten mit ihrer Einstellung zur Kunst und zur Stadt an die Street-Art-Künstlerinnen und -Künstler der heutigen Zeit. Wie beim *Dérive* lassen diese sich durch die Stadt treiben, unabhängig von der vorgegebenen Struktur oder den Magnetpunkten des Kapitalismus. Sie entziehen sich mit ihren Aktionen dem traditionellen Kunstbegriff und seinen Regeln und Normen. Ihre Werke sind in den Alltag integriert und finden ihren Platz nicht an einem separaten Ort, der ihnen die ungeteilte Aufmerksamkeit garantieren könnte. Vielmehr findet man sie genau dort, wo sie um diese konkurrieren müssen. Die Street-Art-Künstlerinnen und -Künstler nutzen die Stadt als ihren Lebensraum und als Raum der künstlerischen Verwirklichung, wie die Situationisten vor ihnen. Der Alltag wird gebrochen, die Kunst setzt sich an die Stelle des

35 Siehe Trend Onlinezeitung 1999, <http://www.trend.infopartisan.net/trd0499/t080499.html#5>.

36 Siehe <http://www.si-revue.de/der-fragebogen>.

37 Auf das *Détournement* wird an späterer Stelle unter Bezugnahme auf das Adbusting noch näher eingegangen.

Spektakels und entfacht Diskussionen um den Besitzanspruch auf die Stadt – sie produziert Situationen.

Neben der Veränderung des Straßenbildes bringt die zunehmende Freude an Street Art außerdem eine neue Art des Spaziergängers hervor, der durch die Straßen schlendert, um immer mehr Kunst zu entdecken. Wie Michel de Certeau sagte, sind „die Spiele der Schritte […] Gestaltungen von Räumen."[38] Durch sie entsteht ein anderes Verhältnis zur Stadt und die Stadt verliert ihre strikte Organisation. Erst durch den ziellos Gehenden werden Möglichkeiten realisiert und Verbote umgangen; durch ihn können verlassene Gegenden wiederbelebt werden.[39] Es wird demnach deutlich, dass das *Dérive* in der heutigen Kunst sowohl bei den Produzentinnen und Produzenten, den Street-Art-Künstlerinnen und -Künstlern, als auch bei den Rezipientinnen und Rezipienten zum Einsatz kommen kann.

Zusammenfassend lässt sich mit Blick auf die erste Phase der S.I. sagen, dass die Street Art diverse Einstellungen und Techniken der Situationisten aufgenommen und angepasst hat. Sie kann Situationen schaffen, indem sie überrascht, Humor und Parodie anwendet, Risiken eingeht und Texte verfremdet. Dadurch erlangt sie eine mediale Präsenz, die es ihr wiederum ermöglicht, ihre Themen auf breiterer Basis zu diskutieren.

Die erste Phase dauerte bis 1961, als die Situationisten sich von der Rolle der Kunst in der Gesellschaft abwandten und in den Klassenkampf eintraten. Von da an kämpften sie für die Auflösung des Klassensystems und für eine Neustrukturierung des Proletariats, das neben den Arbeiterinnen und Arbeitern auch „alle Unterdrückten, Manipulierten und Entfremdeten umfass[t]."[40]

Die Situationisten widmeten sich in dieser zweiten Phase ihres Bestehens der Definition und der Anklage des Spektakels und suchten nach neuen Lösungswegen. Infolgedessen prangerten sie die Langeweile der Konsumgesellschaft, die Arbeit und das Leistungsprinzip an. Vor allem durch die Publikation der Hauptwerke von Guy Debord und Raoul Vaneigem während der 1960er Jahre zeigt sich ein Wandel zum Theoretischen, insofern sich die Situationisten jetzt vor allem auf die Herrschaft des Kapitalismus und die wachsende Bedeutung der Ware konzentrierten. Durch die Verbreitung von

---

38 De Certeau 1998, 188.

39 Siehe ebd., 191.

40 Bartsch 1967, 289.

Werbung und Pseudostars entstehen nach Debord Pseudomenschen, die nur ein Abbild des ihnen vorgestellten Ideals sein können. Unfrei und gelenkt vegetieren sie in der Gesellschaft und haben durch das funktionierende Spektakel doch das Gefühl von Befriedigung. Während die erste Phase eng mit Street Art in Verbindung zu bringen ist, lässt sich die zweite, kritischere und radikalere Phase in der Culture-Jamming-Bewegung wiederfinden.

Culture Jamming ist die gezielte Störung oder Unterbrechung von kultureller Kommunikation, hauptsächlich in den Massenmedien. Die Aktivistinnen und Aktivisten kritisieren die Macht wirtschaftlicher Unternehmen über die Bevölkerung und versuchen mit ästhetischen Mitteln, ihre Kapitalismuskritik nach außen zu tragen.

Der von Debord geprägte Begriff ‚Spektakel' ist in der heutigen Zeit vielleicht gar nicht mehr passend. Vielmehr könnte man von einem ‚Spektakel 2.0' sprechen. Unter anderem durch die Globalisierung entstanden immer mächtigere Konzerne, die kleine, lokale Strukturen zunehmend zerstörten. So regieren etwa im Medienbereich sechs Konzerne[41] den gesamten Markt und lassen so individuellen Inhalten kaum Raum zur Entfaltung. Aktivisteinnen und Aktivisten aller Art lehnen sich im Internetzeitalter, vermehrt sichtbar, gegen diese Monopolstellung auf. Neben dem im Folgenden noch zu besprechenden Adbusting[42] sowie vielzähligen einzelnen Aktionen lassen sich in diesem Zusammenhang drei Hauptarten des ‚Jammens' festhalten: Beim *Hacking* handelt es sich um das Eindringen und Manipulieren von fremden Computersystemen. *Hoaxing* ist die Verbreitung von unwahren Nachrichten in den Medien und unter *Faking* versteht man die Fälschung von zum Beispiel Internetseiten oder Plakaten. Alle Arten haben gemeinsam, dass sie auf bestehende mediale Strukturen zurückgreifen und damit auch die weit verbreitete Akzeptanz derselben in der Bevölkerung offenlegen. Dadurch stellen sie subversiv und oft auch mit viel Humor Missstände bloß und versuchen sich daran, ihre Mitmenschen zu *ent*-täuschen. Es wird im Vergleich zur S.I. also deutlich, dass sich zwar die Techniken, nicht aber die Beweggründe oder Ziele verändert haben. Gründe für die vermehrte und vereinfachte öffentliche Kapitalismus- und Konsumkritik der Jammer sind vor allem in den neu-

41 Time Warner, Walt Disney, Viacom, News Corporation, CBS Corporation und NBC Universal.

42 Die Veränderung von Werbeplakaten durch künstlerische Akte, bei denen aus der Street Art bekannte Techniken angewendet werden.

en Technologien zu finden: Programme wie zum Beispiel *Photoshop* ermöglichen einen schnellen und erschwinglichen Weg zur kreativen Bearbeitung von bestehenden Medien; das Internet unterstützt die Aktivistinnen und Aktivisten durch diverse Möglichkeiten zur Vernetzung und Aktivierung untereinander. Mittels der drei genannten Formen, *Hacking*, *Hoaxing* und *Faking*, lassen sich also verschiedene Medien manipulieren.

Das Adbusting hingegen widmet sich ganz gezielt der Werbung im Print- und TV-Bereich. Während Kalle Lasn, der Gründer der *Adbusters Media Foundation*, unter Adbusting zu Beginn der Bewegung Ende der 1980er Jahren noch 30-sekündige Antiwerbung gegen den Konsum verstand, fasst man heute unter dem Begriff die gezielte Veränderung von bestehenden Werbekampagnen. Aufgrund ihrer großen Verbreitung und Dominanz im Stadtbild sind davon zumeist große Werbeplakate betroffen. Während man den Fernseher und das Radio ausschalten oder die Zeitschrift im Laden liegen lassen kann, wird man, wenn man sich in der Gesellschaft bewegt, immer auch von Werbeplakaten begleitet.[43]

Deutlich ist bei allen möglichen Formen des Adbustings der Wunsch nach der Rückeroberung der Zeichen und der Stadt. Die Adbusting-Aktivistinnen und -Aktivisten nehmen sich das Recht, aus dem imperativen Monolog der Werbung einen Dialog zu machen, und setzen sich damit Konzernen entgegen.

Mittlerweile machen Eigenschaften wie Glaubwürdigkeit, Sympathie und Akzeptanz den Wert einer Marke aus, wobei die Werbung einen entscheidenden Anteil an der Hervorbringung dieser Qualitäten hat. Hier sieht Christian Hartard in *Krieg der Zeichen. Culture Jamming als ästhetische Taktik des Widerspruchs* den Schwachpunkt des Kapitalismus und die Möglichkeit, sich subversiv einzuschalten.[44] Durch immer aggressivere Werbung, die die Menschen jederzeit und überall beschallt, so Hartard, entstünden immer ‚aggressivere' Bürgerinnen und Bürger, die gegen diese ‚visuelle Verschmutzung' vorgehen möchten. Wolfgang Fritz Haug beschreibt in seiner *Kritik der Warenästhetik* unter anderem auch, wie die Werbeglaubwürdig-

43 Siehe Napier/Thomas, <http://www.billboardliberation.com/manifesto.html>.

44 Siehe Hartard 2004.

keit in den amerikanischen Medien abnimmt und damit eine neue Kritik möglich wird.[45]

Kommen wir vor diesem Hintergrund noch einmal auf das situationistische *Détournement* zurück. Als zweite der wesentlichen Techniken der S.I. beschreibt es die Zweckentfremdung von Bestehendem und die daraus folgende Erschaffung von etwas Neuem. Die Situationisten hielten verschiedene Stufen und Regeln für das gelungene *Détournement* fest und nutzten es selbst - zum Beispiel, indem sie vorhandenen Comicfiguren ihre Theorien aufsagen ließen.[46]

Dabei unterscheiden sie zwischen zwei Arten der Zweckentfremdung: Die erste ist die Benutzung von Elementen ohne Sinn, die durch die Verbindung mit einem anderen Element eine Bedeutung bekommt. Die zweite ist die Umkehrung der bestehenden Bedeutung eines Elementes durch die Verknüpfung mit etwas Anderem.[47] Dieses *Détournement* ist besonders wirkungsvoll, da es die Betrachterinnen und Betrachter überraschen und ihre üblichen Sehgewohnheiten irritieren kann. Das weitreichendste *Détournement* ist das Ultra-*Détournement* - die Änderung des Alltags. Als Beispiel wird hier die Änderung der alltäglichen Gesten genannt. Unter dem Titel *Psychogeographical Game of the Week* gibt es dazu ein Beispiel:

> Depending on what you are after, choose an area, a more or less populous city, a more or less lively street. Build a house. Furnish it. Make the most of its decoration and surroundings. Choose the season and the time. Gather together the right people, the best records and drinks. Lighting and conversation must, of course, be appropriate, along with the weather and your memories.[48]

Beim Adbusting handelt es sich häufig um ein *Détournement* im situationistischen Sinne. Es gibt simple Verfremdungen, wie zum Beispiel das Bekleben von CDU-Wahlplakaten mit einem Anti-Atomkraft-Aufkleber, oder *Détournements* höheren Grades mit abwegigeren Vermischungen von symbolischen Kunstakten.

Da das Adbusting ähnliche Techniken wie die Street Art benutzt und im öffentlichen Raum stattfindet, gehört es zu einer Subkatego-

---

45 Siehe Haug 2009, 259ff.

46 Siehe Ohrt 1990, 268.

47 Siehe Debord 1956, <http://www.bopsecrets.org/SI/detourn.htm>.

48 [ohne Autor] 1954, <http://www.cddc.vt.edu/sionline/presitu/potlatch1.html#game>.

rie der Street Art. Allerdings beschränken sich die Akteurinnen und Akteure auf Werbung im öffentlichen Raum und nutzen keine anderen Orte für ihre Werke. Außerdem steht bei ihnen weniger die Ästhetik als vielmehr die Botschaft im Vordergrund. Beim Adbusting geht es nur indirekt um den ‚Spaßfaktor' oder die ‚Verschönerung' der Umgebung; die Aktivistinnen und Aktivisten sprechen sich gegen eine medial besetzte Stadt aus und wollen den Konzernen die Macht über den öffentlichen Raum nehmen sowie potentielle Konsumenten desillusionieren und die Wirkungsmechanismen der Werbung ändern.

Parallelen zur zweiten Phase der S.I. werden hier deutlich; denn beide Gruppierungen widmen sich nun verstärkt kritischen und theoretischen Diskursen. Während die S.I. den spielerischen und künstlerischen Aspekten den Rücken kehrte, bewahrten sich die Culture Jammer eine künstlerische Formsprache in ihrer Kritik; das lässt ihre Praxis zu einer Mischung von Street Art und Konsumkritik werden. Beide Gruppierungen aber klagen den Kapitalismus und die Herrschaft der Waren an. Was Debord damals jedoch nur als Teil seiner Kritik am Kapitalismus erahnen konnte, stellt jetzt den ‚Hauptfeind' der Culture Jammer dar - die Werbeindustrie, unterstützt durch mediale Strukturen. Dennoch haben beide Gruppierungen mit dem gleichen Problem zu kämpfen. Schon Debord warf den Begriff der „Rekuperation" auf - die „feindliche Übernahme der eigenen Mittel"[49]. Wie auch schon bei Street Art geschehen, kopierte der Markt die Techniken der Aktivistinnen und Aktivisten (zum Beispiel in Form des Guerilla-Marketings, der Schockwerbung, des Aufrufs zum Konsumverzicht[50], etc.). Eine andere Gefahr für das Culture Jamming entsteht aus der eigenen Bewegung heraus. Je mehr Öffentlichkeit für die Sache entsteht, je mehr Menschen für sie motiviert werden und je mehr erfolgreiche Anti-Kapitalismus-Bücher à la Naomi Kleins *No Logo* auf den Markt kommen - desto größer wird der Anti-Markt. Nonkonformistinnen und Nonkonformisten werden zu einer eigenen Zielgruppe.

Um die Ergebnisse abschließend zu rekapitulieren: Street Art und Culture Jamming auf der einen und die Situationistische Internationale auf der anderen Seite zeigen nicht nur Parallelen in ihrer Entwicklung und ihren Zielen, sondern auch in ihren Techniken. Im Vergleich der ersten Phase der S.I. und der Street Art wird dies am

49 Hartard 2004, 11.

50 Siehe ebd.

deutlichsten im Umgang mit dem öffentlichen Raum und im Erleben desselben sowie im Anspruch an dessen demokratische Nutzung durch die Bevölkerung. Beide Bewegungen vereinnahmen den öffentlichen Raum und kreieren durch ihre Aktivitäten etwas Neues, welches nur durch das Zusammenspiel mit der Umwelt funktionieren kann. Beide stellen ebenfalls die Rolle der Kunst in Frage, indem sie sich konventionellen Wegen verschließen und andere Möglichkeiten zu Verbreitung ihrer Werke suchen. Darüber hinaus wurde deutlich, dass Culture Jamming die Street Art weiterführt, indem es erprobte Techniken mit dem Ziel der Konsumkritik auf Werbungen und mediale Strukturen anwendet. Adbusting vereinigt zu guter Letzt Ansichten der S.I. mit den künstlerischen Möglichkeiten der Street Art.

Nicht nur nehmen die heutigen Aktivistinnen und Aktivisten, Künstlerinnen und Künstler den Begriff des ‚Spektakels' auf und adaptieren ihn auf die aktuelle Lage, sie suchen auch nach ähnlichen Lösungswegen wie die Situationisten damals. Durch die Schaffung von ‚Situationen' werden den Betrachterinnen und Betrachter gesellschaftliche Misssstände demonstriert sowie wünschenswerte Alternativen eröffnet. Street Art und vor allem auch Adbusting ermöglichen mit ihren Werken öffentliche Diskussionen, die demokratisch allen Bürgern zugänglich gemacht werden.

Neben all den ambitionierten Plänen haben die Situationisten und die heutigen Aktivistinnen und Aktivisten aber auch ähnliche Probleme. Vor allem stellt sich die Frage nach der Glaubwürdigkeit, wenn von den antikapitalistischen Inhalten eines/r Kunstschaffenden nicht mehr viel übrig bleibt, sobald eine Galerie Interesse an den Werken zeigt; oder wenn die Situationisten die Wichtigkeit der Arbeiterinnen und Arbeiter betonen, aber keinen derselben in ihren eigenen Reihen vorzuweisen haben. Guy Debord erahnte schon, was später von der Realität nur noch übertroffen wurde. So wurde seine Kritik immer wieder aufgegriffen und selbst verfremdet wiederverwertet - auch von den Street-Art-Künstlerinnen und -Künstlern sowie den Adbusterinnen und Adbustern. Ausgewählte Teile der situationistischen Kritik, vor allem die Kritik an der Ware, werden nun selber zum *Détournement*, dessen Ziel die Anklage der heutigen Form des Kapitalismus ist.

Es ist unklar, ob die heutigen Aktivistinnen und Aktivisten mit ihren Techniken erfolgreicher sind als die Situationisten damals. Eindeutig ist allerdings, dass Street Art international erfolgreich ist und praktiziert wird. Sie nutzt die neuen Medien als Waffe gegen die großen Feindbilder - den Konsum und den Kapitalismus. Vielleicht werden die Unbeschwertheit und der Humor der Kunst dazu beitragen, dass ihre gleichzeitige Konsumkritik überdauert und von einer breiteren Bevölkerung wahrgenommen wird.

Bibliographie

Bartsch, Günter (1976): Die Situationistische Internationale. In: Eastern Europe (Osteuropa) 4. 287-300.

Debord, Guy (1996a): Die Gesellschaft des Spektakels. Übersetzt von Jean-Jacques Raspaud. Berlin.

Debord, Guy (1996b): Kommentare zur Gesellschaft des Spektakels. In: Ders.: Die Gesellschaft des Spektakels. Übersetzt von Wolfgang Kukulies. Berlin. 189-280.

De Certeau, Michel (1998): Kunst des Handelns. Übersetzt von Ronald Voullié. Berlin.

Haug, Wolfgang Fritz (2009): Kritik der Warenästhetik. Frankfurt am Main.

Jappe, Anselm (1999): Guy Debord. Übersetzt von Donald Nicholson-Smith. Berkeley.

Klein, Naomi (2001): No Logo. London.

Klitzke, Karin (2009): Street Art - Legenden zur Strasse. Berlin.

Krause, Daniela (2006): Street Art - Die Stadt als Spielplatz. Berlin.

Lewisohn, Cedar (2008): Street Art - The Graffiti Revolution. London.

Marcus, Greil (1992): Lipstick Traces. Übersetzt von Fritz Schneider. Hamburg.

Ohrt, Roberto (1990): Phantom Avantgarde. Hamburg.

Rancière, Jacques (2008): Interview. In: Lewisohn, Cedar (Hrsg.): Street Art - The Graffiti Revolution. London. 112.

Reinecke, Julia (2007): Street-Art - Eine Subkultur zwischen Kunst und Kommerz. Bielefeld.

Schwanhäußer, Anja (2009): Die Stadt als permanentes Happening. In: Klitzke, Katrin (Hrsg.): Street Art - Die Stadt als Spielplatz. Berlin. 124-131.

Internetquellen

[ohne Autor] (1954): Psychogeographical Game of the Week. In: Potlatch 1. <http://www.cddc.vt.edu/sionline/presitu/potlatch1.html #game>. [Letzter Zugriff: 13.03.2012].

Behrens, Roger (2007): Kritische Theorie der Stadt. <http://txt.roger behrens.net/rb_stadt.pdf>. [Letzter Zugriff: 13.03.2012].

Debord, Guy/Wolfman, Gil (1956): A User's Guide to Détournement. Übersetzt von Ken Knabb. <http://www.bopsecrets.org/SI/det ourn.html>. [Letzter Zugriff: 13.03.2012].

Hartard, Christian (2004): Krieg der Zeichen. Culture Jamming als ästhetische Taktik des Widerspruchs. <http://www.freischwimmer.net/ jamming.pdf> [Letzter Zugriff: 13.03.2012].

Kotanyi, Attila/Vaneigem, Raoul: Elementarprogramm des Büros für einen Unitären Urbanismus. < http://www.sirevue.de/elementar programm-des-büros-für-einen-unitären-urbanismus >. [Letzter Zugriff: 13.03.2012].

Napier, Jack/Thomas, John: The BLF Manifesto. <http://www.billboard liberation.com/manifesto.html>. [Letzter Zugriff: 13.03.2012].

Trend Onlinezeitung (1999): Die Situationistische Internationale. Eine kleine Einführung. <http://www.trend.infopartisan.net/trd0499/ t080499.html#5>. [Letzter Zugriff: 13.03.2012].

<http://www.gesetze-im-internet.de/stgb/index.html>. [Letzter Zugriff: 13.03.2012].

<http://www.si-revue.de/der-fragebogen>. [Letzter Zugriff: 13.03.2012].

Über die Autorinnen und Autoren

Bernadette Appel, M.A.

Magister-Studium der Fächer Germanistik, Philosophie, Soziologie und Französisch im Rahmen des integrierten Doppelstudienganges Cursus intégré an der Johannes Gutenberg-Universität Mainz und der Université de Bourgogne Dijon. Stipendiatin der Studienstiftung des Deutschen Volkes und des Cusanuswerks. Seit 2012 Arbeit an einem Promotionsprojekt im Bereich der Neueren Deutschen Literatur.

Simone Brühl, M.A.

geboren 1987 in Koblenz. 2006–2012 Magisterstudium der Allgemeinen und Vergleichenden Literaturwissenschaft, Theaterwissenschaft und Romanischen Philologie (Französisch) an der Johannes Gutenberg-Universität Mainz und an der Universität Wien. 2009–2012 Studienstipendiatin der Heinrich Böll Stiftung. Magisterarbeit: *„Verwandelt in Lettern". Zum Problem des ethnographischen Schreibens bei Josef Winkler und Hubert Fichte* (Publikation in Vorbereitung). Seit 2012 Promotion zum Thema der Interdependenzen und Interferenzen historiographischer Metafiktion und postkolonialen Schreibens in der Postmoderne bei Prof. Dr. Axel Dunker an der Universität Bremen. Ab Wintersemester 2012/13 Lehrbeauftragte im Studiengang Germanistik an der Universität Bremen.

Mgr. Maria Delimata

Geboren 1988. Promotionsstudentin am Institut für Drama, Theater und Performance an der Adam Mickiewicz-Universität Poznań. In ihrem Promotionsprojekt beschäftigt sie sich mit Erotik als Ästhetik im zeitgenössischen Theater und in der Gegenwartskunst. 2008–2009 studierte sie an der Universität der Philippinen Diliman. Von 2008 bis 2012 war sie wiederholt Stipendiatin des Präsidenten der Adam Mickiewicz-Universität sowie des Polnischen Ministeriums für Wissenschaft und Hochschulwesen. In den Jahren 2010/2011 und 2011/2012 erhielt sie den Władysław Kuszkiewicz-Preis.

André Hansen, M.A.

Geboren 1985 in Rostock. 2006–2011 Magisterstudium der Allgemeinen und Vergleichenden Literaturwissenschaft und der Romanischen Philologie (Französisch) an der Johannes Gutenberg-Universität Mainz, an der Université de Bourgogne Dijon und der Università degli studi Bologna. Abschluss der Licence in Lettres Modernes und der Laurea triennale in Lingue e letterature straniere im Rahmen eines integrierten Studienprogramms der Deutsch-Französischen Hochschule. Praktikum am Istituto Italiano di Cultura in Berlin.

2009 und 2010 Teilnahme an Veranstaltungen der komparatistischen Summer School Synapsis der Universitäten Bologna und Siena. Magisterarbeit über die Darstellung relationaler Identität in den Kultur- und Sprachwechselfiktionen Uwe Johnsons und Antje Rávic Strubels.

Publikation:

L'ombra come metafora della memoria in *La case du commandeur* di Édouard Glissant. In: Francesco Cattani/Luca Raimondi (Hrsg.): Ombre. Quaderni di Synapsis X. Milano 2011.

Jakob Christoph Heller, M.A.

Geboren 1985 in Racibórz (Polen). 2006–2011 Studium der Allgemeinen und Vergleichenden Literaturwissenschaft, Theaterwissenschaft und Philosophie an der Johannes Gutenberg-Universität Mainz und der Adam Mickiewicz-Universität Poznań. 2008–2011 Stipendiat der Studienstiftung des deutschen Volkes. Seit 2011 Stipendiat des DFG-Graduiertenkollegs „Lebensformen und Lebenswissen" (Potsdam/Frankfurt (Oder)), ebenda Promotionsvorhaben unter dem Arbeitstitel *Das Pastorale und das Posthumane. Idyllische Subjektkonzeptionen in der Gegenwartsliteratur.*

Publikationen (Auswahl):

Figuren des intentionalen Protests. *Die Tödliche Doris,* Guy Debord, Andreas Maier und die Diskreditierung des Signifikanten. In: Stefan Bronner/Hans-Joachim Schott (Hrsg.): Die Gewalt der Zeichen. Terrorismus als symbolisches Phänomen. Bamberg 2012.

‚Doris und ihre Freundinnen': Die Band *Die Tödliche Doris* und die Praxis des Verbergens. In: Thorsten Schüller/Sascha Seiler (Hrsg.):

Hidden Tracks. Das Verborgene, Vergessene und Verschwundene in der Popmusik. Würzburg 2012.

Charlotte Kempf, B.A.

Bachelorstudium der Buchwissenschaft und Lateinischen Philologie an der Johannes Gutenberg-Universität Mainz. Seit 2011 Masterstudium im interdisziplinären Studiengang „Mittelalter- und Renaissance-Studien“ mit dem Schwerpunkt auf Lateinische Philologie des Mittelalters an der Albert Ludwigs-Universität in Freiburg im Breisgau. Stipendiatin der Studienstiftung des deutschen Volkes.

Publikationen:

Plinius minor. In: Christine Walde (Hrsg.): Die Rezeption der antiken Literatur. Der Neue Pauly. Supplemente. Bd. 7. Stuttgart 2010.

Französische Revolution. In: Heinz Heinen (Hrsg.): Handwörterbuch der antiken Sklaverei. Wiesbaden/Stuttgart 2011 (CD-ROM-Lieferung HAS III).

Jakob Kibala, M.A.

1985 geboren in Opole (Polen). Lebt seit seinem zweiten Lebensjahr in Deutschland. Er studierte Soziologie, Kunstgeschichte und Philosophie an der Johannes Gutenberg-Universität Mainz, wo er 2012 den Grad eines Magister Artium errang. Schwerpunktmäßig beschäftigt er sich mit Bild-, Objekt- und Praxistheorien; seine Magisterarbeit schrieb er über *Sozialtheoretische Zugriffe auf Bild und Evidenz in kritischer Perspektive*. Kibala schreibt zudem über Comic- und Popkultur, zeichnet experimentelle Comics und stellt regelmäßig eigene bildkünstlerische Arbeiten aus.

Publikationen (Auswahl):

Ausrangierte Menschen und Überleben am Sozialen Rand in *Desolation Jones*. Warren Ellis Pop Comics und der amerikanische Mainstream. In: Jonas Engelmann u.a. (Hrsg.): Überleben. Pop und Anti-Pop in Zeiten des Weniger. Testcard 21. Mainz 2011.

(Künstlerbuch) Bottom Up Constrained. Die Pornobilder 2009–2010. Mainz 2012.

Mgr. Anna Kołos

Geboren 1987 in Oleśnica (Polen). Promotionsstudentin der Literaturwissenschaft an der Fakultät für Polnische und Klassische Philologie an der Adam Mickiewicz-Universität Poznań. In ihrem Dissertationsvorhaben beschäftigt sie sich schwerpunktmäßig mit den philosophischen Implikationen älterer Literatur. 2011 Magisterabschluss in Polnischer Philologie und Kunstgeschichte im Rahmen des Programms „Interfaculty Individual Studies in the Humanities" an der Adam Mickiewicz-Universität Poznań. Von 2008 bis 2011 war sie Stipendiatin des Polnischen Ministeriums für Wissenschaft und Hochschulwesen. 2010 erhielt sie Stipendien der Kulczyk Family Foundation sowie der Woiwodschaft Großpolen. Sie organisierte zahlreiche Konferenzen, u.a. „Experiencing Space" (Gniezno 2008) und „Europe's Others. Postcolonialism as an Interpretative Perspective" (Poznań 2010). Sie veröffentlichte u.a. in: „ha! art", „Zeszyty Archeologiczne i Humanistyczne Warszawskie", „Podteksty" und „Perspektywy Kulturoznawcze".

apl. Prof. Dr. Werner Konitzer

Werner Konitzer studierte Germanistik und Publizistik an der Freien Universität Berlin und promovierte 1993 zu Sprachkrise und Verbildlichung. Von 1995 bis 1997 war er als wissenschaftlicher Mitarbeiter am DFG-Forschungsprojekt *Medien und Denkformen* am Lehrstuhl für Philosophische Anthropologie und Kulturphilosophie an der Humboldt-Universität Berlin tätig. Im Jahre 2002 habilitierte er sich mit der Schrift *Andauernde und gedehnte Äußerungen, Philosophie unter den Bedingungen von Schriftlichkeit und analoger Medialität* an der Europa-Universität Viadrina in Frankfurt/Oder. Bis 2006 forschte er am Hamburger Institut für Sozialforschung zu dem Schwerpunkt *Ethik nach dem Holocaust. Moralische Argumentationen in den Debatten um die Geschichte des Nationalsozialismus*. Diese Arbeit setzte er ab 2007 als stellvertretender Direktor des Frankfurter Fritz Bauer Instituts fort. Er lehrt als apl. Prof. an der Europa-Universität Viadrina.

Publikationen (Auswahl):

Medienphilosophie. München (u.a.) 2006.

Katharina Rein, M.A.

Geboren 1986. Sie studierte Kulturwissenschaft/Ästhetik, Philosophie und Alte Geschichte an der Humboldt-Universität zu Berlin. Publikationen zum Horrorfilm und anderen medien- und kulturhistorischen Themen in Sammelbänden und Zeitschriften sowie diverse Vorträge auf Konferenzen im In- und Ausland. Sie ist Mitherausgeberin von *Caligari. Deutsche Zeitschrift für Horrorstudien* (www.caligari-online.de) und arbeitet derzeit als wissenschaftliche Mitarbeiterin am Lehrstuhl für Medienphilosophie der Bauhaus-Universität Weimar. Promotionsprojekt zur Kultur- und Mediengeschichte der Zauberkunst im 19./20. Jahrhundert.

Publikationen (Auswahl):

Gestörter Film. Wes Cravens *A Nightmare on Elm Street*. Darmstadt 2012.

Agnieszka Roguski, M.A.

Kam 1983 in Tübingen zur Welt und teilte sich diese bereits im Mutterleib. Als Zwilling begleiten sie Phänomene der Dopplung, des Projizierens und Reflektierens bereits auf persönlicher Ebene. Ihr wissenschaftliches Studium der Theaterwissenschaft und Kulturwissenschaften absolvierte sie in Leipzig, Krakau sowie an der Freien Universität und an der Humboldt-Universität Berlin. Beruflich war sie u.a. an der Volksbühne und dem Ballhaus Ost Berlin tätig, seit 2007 arbeitet sie als freie Kuratorin und Autorin und nimmt an verschiedenen Projekten im Bereich Performance und Fotografie teil. Ihren wissenschaftlichen und publizistischen Schwerpunkt bilden visuelle Kultur, Neue Medien und Körperpolitik. Die 2012 von ihr verfasste Magisterarbeit kann als Vertiefung des hier erscheinenden Artikels gelesen werden.

Mag. Clara Rybaczek

Geboren 1986 in St. Pölten (Niederösterreich). Seit 2004 Studium an der Universität Wien. Erlangung des Magistergrades im Fach Bildungswissenschaft im Juni 2012. Aufrechtes Diplomstudium der Theater-, Film- und Medienwissenschaft. Aktuell konzipiert sie ihre Abschlussarbeit zum zeitgenössischen Tanztheater.

Publikationen (Auswahl):

Zus. mit Anna Katharina Kubizek: Management. In: Michaela Ernst/Stefanie Haider/Teresa Weinschenk (Hrsg.): Pädagogik macht Kritik. Texte zur Gouvernementalität. Wien 2007.

Kolonialisierte Erinnerung. Über die Menschenbilder bei Christoph Marthalers *Riesenbutzbach. Eine Dauerkolonie*. In: Fabian Bazant/David Krych/Johannes A. Löcker (Hrsg.): Irreal. SYN. Magazin für Theater-, Film- und Medienwissenschaft 1. Wien 2010.

Julia Timm, M.A.

Geboren 1986 in Hamburg. 2006–2012 Studium der germanistischen Literaturwissenschaft an den Universitäten Konstanz und Wien. 2010–2012 Stipendiatin der Studienstiftung des deutschen Volkes. Im Mai 2012 Master of Arts in Konstanz.

Jun.-Prof. Dr. Elke Wagner

Jun.-Prof. Dr. Elke Wagner studierte Soziologie, Sozialpsychologie und Kriminologie an der Ludwig-Maximilian-Universität München, wo sie während ihrer Promotion bei Armin Nassehi als wissenschaftliche Mitarbeiterin am Institut für Soziologie tätig war. In ihrer Dissertation *Der Arzt und seine Kritiker. Zum Strukturwandel medizinkritischer Öffentlichkeiten am Beispiel klinischer Ethik-Komitees* beschäftigte sie sich mit der Transformation von Öffentlichkeit und Kritik unter besonderer Berücksichtigung der Medialität von Öffentlichkeit. Seit April 2010 hat sie die Juniorprofessur für Mediensoziologie an der Universität Mainz inne.

Elke Wagner veröffentlichte zahlreiche Aufsätze, die sich dem Spannungsfeld zwischen Medizin, Ethik und kritischer Öffentlichkeit widmen. Derzeit untersucht sie die Medialität des Wandels von Öffentlichkeit im Web 2.0.

Publikationen (Auswahl):

Nischen, Fragmente, Kulturen. Zum Beitrag der Medientheorie und der Cultural Studies für die Öffentlichkeitssoziologie. In: Kurt Imhof (u.a.) (Hrsg.): Stratifizierte und segmentierte Öffentlichkeit – stratifizierte und segmentierte Aufmerksamkeit? Wiesbaden 2012 (im Erscheinen).

Zus. mit Martin Stempfhuber: „Disorderly Conduct“: On the Unruly Rules of Public Communication in Social Network Sites. Erscheint 2013 in: Global Social Networks. A Journal for Transnational Affairs (Special Issue).

Janine Wahrendorf, B.A.

Geboren 1985 in Hamburg. Seit Oktober 2010 Masterstudium der Medienwissenschaft an der Ruhr-Universität Bochum. Praktika u.a. beim Internationalen Videofestival Bochum und in der Düsseldorfer Redaktion der monatlichen Zeitschrift für Filmkritik *Playtime*. Freie Journalistin für den Festivalblog der *jungen Bühne* (herausgegeben durch die Theaterzeitschrift *Die Deutsche Bühne*) bei diversen Theaterfestivals.

Publikationen (Auswahl):

Gender Trouble im amerikanischen Fernsehen des 21. Jahrhunderts? *Glee* und das Spiel mit Geschlechtsidentitäten. In: Kultur & Geschlecht. Online-Journals der Ruhr-Universität Bochum 9 (Juni 2012).

Zeitfracht Medien GmbH
Ferdinand-Jühlke-Straße 7
99095 Erfurt, Deutschland
produktsicherheit@kolibri360.de